职业教育·城市轨道交通类专业教材

城市轨道交通企业管理基础

张景霞 主 编
吕漫池 张新媛 陈 静 副主编
乔 羽 主 审

人民交通出版社股份有限公司
北京

内 容 提 要

本书为职业教育城市轨道交通类专业教材。全书包含管理基础认知、管理职能认知、城市轨道交通企业运营管理、城市轨道交通车站综合管理4个模块，使职业院校学生在掌握管理通用知识的基础上，深入认知城市轨道交通企业运营管理理论及应用方法。本书每个单元设计了任务发布、任务目标、任务分组、知识储备、任务实施、任务评价等栏目，方便教与学。

本书可作为城市轨道交通类专业的企业管理基础课程教材，也可供行业相关人员参考。

本书配套丰富助教助学资源，请有需求的任课教师通过加入职教轨道交通教学研讨群（QQ群129327355）获取。

图书在版编目（CIP）数据

城市轨道交通企业管理基础/张景霞主编.—北京：人民交通出版社股份有限公司，2022.8（2025.6重印）
ISBN 978-7-114-18050-7

Ⅰ.①城… Ⅱ.①张… Ⅲ.①城市铁路—交通运输企业—企业管理—职业教育—教材 Ⅳ.①F570.73

中国版本图书馆CIP数据核字（2022）第105263号

职业教育·城市轨道交通类专业教材
Chengshi Guidao Jiaotong Qiye Guanli Jichu

书　名：	城市轨道交通企业管理基础
著 作 者：	张景霞
责任编辑：	钱　堃
责任校对：	赵媛媛
责任印制：	张　凯
出版发行：	人民交通出版社股份有限公司
地　　址：	（100011）北京市朝阳区安定门外外馆斜街3号
网　　址：	http://www.ccpcl.com.cn
销售电话：	（010）85285911
总 经 销：	人民交通出版社股份有限公司发行部
经　　销：	各地新华书店
印　　刷：	北京武英文博科技有限公司
开　　本：	787×1092　1/16
印　　张：	15.25
字　　数：	372千
版　　次：	2022年8月　第1版
印　　次：	2025年6月　第1版　第6次印刷
书　　号：	ISBN 978-7-114-18050-7
定　　价：	46.00元

（有印刷、装订质量问题的图书，由本公司负责调换）

前言

进入21世纪以来，伴随我国经济的快速发展，各大城市轨道交通建设进入高速发展期。一方面，城市轨道交通客流量大、多线换乘车站多，列车多交路运行，线网日趋复杂，多家运营商参与运营，为城市轨道交通企业运营管理增大了难度；另一方面，技术发展日新月异，自动化、智能化运营成为发展趋势，绿色出行、低碳出行、降本增效需求使得城市轨道交通企业管理尤其是车站管理面临挑战。面对新形势、新任务，职业院校城市轨道交通类专业学生，不仅要深入学习专业技能，同时也要了解和掌握企业管理的基础知识和车站管理的实践内容，以更好地适应城市轨道交通企业对人才的需求。

本书在城市轨道交通企业职业能力分析基础上构建了内容框架。全书分为2篇4个模块，分别是管理基础认知、管理职能认知、城市轨道交通企业运营管理、城市轨道交通车站综合管理。本书内容从管理的基础知识入手，剖析管理的基本职能，随后介绍城市轨道交通企业运营管理，最后阐述城市轨道交通车站综合管理，由宏观到具体，层层深入。

本书的主要特色有：

(1) 校企合作编写，教学内容丰富、深入浅出，立足企业管理实际，穿插大量企业管理案例，内容层层递进。编写风格图文并茂，贴合职业院校学生学习特点，可读性强，既可以作为职业院校教学用书，也可以作为城市轨道交通从业人员自学读物。

(2) 教、学、练一体化，包含任务发布、任务分组、任务实施等栏目，使学生在完成任务过程中，实现对课程知识的内化掌握。

(3) 设立单元教学目标，并细分成知识目标、技能目标和素养目标，使教与学都有明确的方向。

(4) 通过素养小课堂、小故事等栏目将教学内容与素质培养、课程思政有机融合，实现教学中的立德树人。

本书编写组由北京交通运输职业学院张景霞、吕漫池、张新媛、陈静、王珂组成。本书模块1和模块2由吕漫池、陈静编写(其中陈静负责编写模块2中单元2.5创新职能部分)，模块3由张新媛编写，模块4由张景霞、王珂编写。全书由张景霞统稿并担任主编，由吕漫池、张新媛、陈静担任副主编，由北京市地铁运营有限公司乔羽担任主审。本书在编写过程中得到许多城市轨道交通公司的大力支持，在此表示衷心感谢！由于编者水平有限，书中难免存在不足之处，敬请读者批评指正。

编　者

2022年5月

数字资源二维码

序号	名称	二维码	教材对应内容	序号	名称	二维码	教材对应内容
1	车站计算机系统（SC）介绍与操作		模块3	10	消防设备的使用		
2	行车指挥系统			11	灭火器设备的操作		
3	列车运行图的类型			12	城市轨道交通车站文化		
4	城市轨道交通客运服务人员仪容修饰要求(男)		模块4	13	服务态度差顶撞乘客		模块4
5	城市轨道交通客运服务人员仪容修饰要求(女)			14	服务用语要求		
6	出入口客运服务设施设备介绍			15	乘客与工作人员冲突事件		
7	客运组织设备、设施的运用			16	强暴雨出入口水淹事件应急处理演		
8	车站常备抢险器材和设备			17	乘客受伤(急病)救助演练		
9	担架搬运伤员时体位要求			18	站台门系统故障应急处理演练		

岗课融通

国家职业技能标准城市轨道交通服务员	行车值班员									
	三级/高级工				二级/技师			一级/高级技师		
	行车组织与施工组织	票务运作	应急情况处理	车站运作	车站运作	生产质量监督与指导	技术革新与传承	车站运作	生产质量监督与指导	技术革新与传承
教材模块2	单元2.1			√							
	单元2.2	√									
	单元2.4						√			√	
	单元2.5							√			√
教材模块3	单元3.4		√		√	√			√		
	单元3.5					√			√		
教材模块4	单元4.1					√			√		
	单元4.3							√			√

目录

数字资源二维码

岗课融通

第1篇 理 论 篇

模块1 管理基础认知 /1

单元1.1 管理与企业管理 ·· 2
    任务实施 ·· 11
单元1.2 管理思想的演进 ·· 13
    任务实施 ·· 21

模块2 管理职能认知 /23

单元2.1 决策职能 ·· 24
    任务实施 ·· 39
单元2.2 组织职能 ·· 41
    任务实施 ·· 51
单元2.3 领导职能 ·· 53
    任务实施 ·· 73
单元2.4 控制职能 ·· 75
    任务实施 ·· 83
单元2.5 创新职能 ·· 85
    任务实施 ·· 91

第2篇 应 用 篇

模块3 城市轨道交通企业运营管理 /93

单元3.1 城市轨道交通行业特性 ·· 94

　　　　任务实施 ………………………………………………………… 99

　单元 3.2　城市轨道交通运营管理模式 …………………………… 101
　　　　任务实施 ………………………………………………………… 107

　单元 3.3　城市轨道交通企业组织架构 …………………………… 109
　　　　任务实施 ………………………………………………………… 115

　单元 3.4　城市轨道交通企业运营管理工作内容 ………………… 117
　　　　任务实施 ………………………………………………………… 137

　单元 3.5　智慧地铁运营管理 ……………………………………… 139
　　　　任务实施 ………………………………………………………… 149

模块 4　城市轨道交通车站综合管理 /151

　单元 4.1　车站人员管理 …………………………………………… 152
　　　　任务实施 ………………………………………………………… 171

　单元 4.2　车站"6S"管理 ………………………………………… 173
　　　　任务实施 ………………………………………………………… 189

　单元 4.3　车站物资备品管理 ……………………………………… 191
　　　　任务实施 ………………………………………………………… 201

　单元 4.4　车站员工培训与应急演练 ……………………………… 203
　　　　任务实施 ………………………………………………………… 211

　单元 4.5　车站班组长团队管理 …………………………………… 213
　　　　任务实施 ………………………………………………………… 233

参考文献　/235

第1篇 理论篇

模块1 管理基础认知

　　管理工作是效率与效果的统一。管理科学作为一门实践性很强的学科,在我国的发展与我国经济体制改革的深化和市场经济体制的日益完备密切相关。企业管理作为管理学的重要分支,在现代生活中作用越发突出。企业管理的基础知识对于每个人而言都有着重要的现实指导意义。

　　本模块设计了管理与企业管理、管理思想的演进2个学习单元,全面阐述了管理基础知识,将企业管理概念清晰呈现,为学习者开启了企业管理的学习探索之路。

单元1.1 管理与企业管理

📖 学习目标

1. 知识目标

（1）理解管理的内涵和必要性、管理的职能、管理的过程。

（2）掌握管理者的角色与职责、管理的特征和性质。

（3）掌握管理、管理学、管理者的概念、理论和学习方法。

2. 技能目标

（1）初步培养自己的管理思想，能够理解管理行为，辨识出不同的管理角色和职能，有意识地提高自己的管理素质。

（2）能够划分出不同的管理职责，分析管理行为，逐步培养自己的管理技能。

3. 素养目标

（1）能够熟练掌握至少一种管理行为，并能清楚解释其所代表的管理思想。

（2）能够通过团队合作，运用知识扮演不同的管理者角色，开展管理。

📖 任务发布

请阅读以下案例，列举案例中出现的管理行为及其类型。（本任务根据本单元部分学习目标设计。在实际教学中，教师可根据本单元学习目标，灵活设计学习任务。）

小徐是北京市轨道交通运营管理有限公司新线（北京地铁大兴机场线）业务部部长，是大兴机场线当之无愧的"管家"。在她的办公室里，最显眼、最顺手的地方摆了一双绝缘鞋，还有两项白色的工程帽。她说："方便随时去线上。"从2018年4月3日开始，"新国门第一线"——大兴机场线正式启动了运营筹备工作。之后，大到编制大兴机场线运营筹备工作方案，小到一名车站站务员是否顺利入职，都需要小徐这个管理者操心。有一次，一名站务员发现，综合控制室的窗户旁没有预留扩音器线路。"姐，站里马上就要装窗户了。将来如果没有扩音器，乘客和我们有事儿沟通，就得隔着玻璃喊，那太不合适了，您快给想想办法。"一通电话讲了不足1min，小徐却为之忙活了至少两天。她先是自己找来图纸，查看原始设计，确定确实没有标注线路预留。之后，她与规划设计部门核实，向施工方反馈问题，最终圆满地解决了此问题。类似不起眼的小事儿，小徐已经数不清办了多少。设置车站里的导向标志时，小徐和同事们没有直接照搬已经开通的地铁车站经验，而是通过考察国内其他城市机场线设施、发放乘客调查问卷、模拟乘客走位等形式，最终敲定导向标志的形式。

除了这些细腻的"小事"，在城市轨道交通领域摸爬滚打了十多年的小徐还要牵头办不少大事。冬天，线路路基段停车场冷滑试验中，作为主管动车调试具体工作的小徐需要在现场测试线路、车辆等是否符合标准。空旷的停车场无遮无挡，凛冽的风呼呼地吹。平滑的轨道上,一列新车整装待发。相比一般地铁80km/h的速度,大兴机场线列车可跑出160km/h的"飞速"。"这次冷滑试验是一切的基础,整个过程在我心里的感觉就像是又参加了一回高考。"调试现场,小徐在临时控制中心和线路上列车之间反复往返,这条路单程大约需要步行5min。算上小徐,新线业务部团队一共7人,人人都能挑大梁。"我们的工作说得直白了就是上传下达,每一次接手的事都对应城市轨道交通领域的不同专业,供电的、通信的、票务的,如果我们一问三不知,对方肯定也会棘手,事情进展就不得不放慢。所以我们部门给自己定的标准就是,人人都要当'行家'。"一年时间,小徐和同事们梳理出大兴机场线筹备工作一级节点和二级节点400余个,采取工作联系单销号确认制度,及时与相关专项组及工程建设方进行沟通,有效地推进了大兴机场线工作联系单事项的落实。"有时候同时要推进好几件工作,每一件都关乎开通后的运营,所以我自己还是挺有收获感的。"小徐的工作本上记录着密密麻麻的内容:人员招聘工作持续开展,截至2019年6月下旬,已入职662人,复试通过待入职135人;规章制度编制工作,截至2019年6月下旬,共计601份文件已全部完成发布;培训相关工作按计划有序开展,订单班人员目前在燕房线进行理论培训,赴外培训工作已陆续启动,司机及调度人员赴外培训已全部完成;截至2019年6月下旬,到货物资1266项,数量77552件,物资采购及到货工作均按计划推进……看着自己"调理"的大兴机场线逐渐具备为广大乘客服务的能力,小徐觉得,这一年多来的忙碌,值。

摘编自北青网(2019年9月24日)

任务目标

(1)掌握组织中管理者的角色定位。
(2)列举企业管理的目标和管理行为。

任务分组

建议学习者组建学习小组,制订学习计划,共同完成相关任务。

姓 名	学 号	分 工	备 注	学习计划
			组长	

任务准备

引导问题1 管理的职能有( )。
A. 计划   B. 组织   C. 领导   D. 控制

引导问题2 管理者层次划分为哪几种?( )
A. 高层管理者   B. 中层管理者   C. 基层管理者   D. 作业人员
E. 临时工

引导问题3 管理包含哪些特性?( )
A. 科学性   B. 艺术性   C. 科学与艺术的统一

引导问题4 根据组织的_____、_____和_____划分工作部门,设计组织机构和结构。

引导问题 5 城市轨道交通企业的基本要素包含_____、_____。

引导问题 6 企业管理是对企业的生产经营活动进行_____、_____、_____、_____和_____等一系列职能的总称。

引导问题 7 管理的职能有哪些?

引导问题 8 城市轨道交通企业管理包含什么?

知识储备

1.1.1 管理概述

一 管理

(一) 管理的定义

管理是为了实现组织的共同目标,在特定的时空中,对组织成员在目标活动中的行为进行协调的过程。组织的成员大体上可分为两种类型:操作者和管理者。操作者是直接从事某项工作或任务,不具有监督其他人工作的职责的人;而管理者,简单地说是指挥别人活动的人。

管理,从根本意义上讲,意味着用智慧代替鲁莽,用知识代替习惯与传统,用合作代替强制。

——彼得·德鲁克(Peter F. Drucker)

管理的定义包含以下4层含义。

1. 实现组织目标是评价管理成效的标准

组织的目标,包含两方面的要求:一是"效率",就是要"用正确的方法做事",用最少的投入获得最大的产出;二是"效果",就是要"做正确的事",在确保安全、环保的前提下,最大限度地满足用户的需求。

2. 特定的时空是管理的必要条件

任何管理都是在特定的时空条件中进行的(在什么时间、什么地方做),并且对任何管理行为都必须有特定的时空要求。

3. 管理的核心是协调人的行为

管理的核心是协调人的行为。首先,管理者要加强自我管理,约束自己的行为。其次,管理者要用科学的理念和方法,使他人充分发挥积极性和创新精神,为实现组织的目标而奋斗。

4. 管理的本质是协调

任何工作都是通过一个个完全不同的人的个人行为来完成的。协调就是使个人的努力与集体的预期目标相一致。决策是协调的前提，组织是协调的手段，领导是协调的责任人，控制是协调的保证，创新是协调解决问题的途径。

(二) 管理的职能

决策、组织、领导、控制、创新，这五种职能是一切管理活动最基本的职能。管理的各项职能关系如图1-1-1所示。

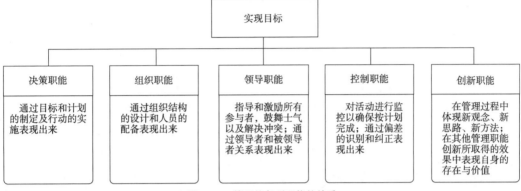

图1-1-1 管理的各项职能的关系

1. 决策

决策通过方案的产生和选择以及计划的制订表现出来。组织中所有层次的管理者必须制订支配和协调他们所负责的资源的计划，从事计划活动。

2. 组织

计划的执行是靠他人的合作完成的。组织即根据工作的要求与人员的特点设计岗位，通过授权和分工将适当的人员安排在适合的岗位上，使整个组织协调运转。

3. 领导

组织目标的实现要依靠组织全体成员的努力。各种岗位上的人员，在相互合作中必然会产生各种矛盾和冲突。因此，需要有权威的领导者通过沟通增强人们的相互理解，统一人们的思想和行动，为实现组织目标共同努力。

4. 控制

控制始于各个管理层次和各项管理活动。从纵向看，基层管理者控制的时效性强，控制的定量化程度高；高层管理者对控制的实效性要求低，对控制的综合性要求强。从横向看，对各项管理活动、各个管理对象都要进行控制。控制的实质就是使实践活动符合计划，计划是控制的标准。

5. 创新

管理者成功的关键在于创新。创新包括目标创新、技术创新、制度创新、组织机构和结构创新以及环境创新。

二、管理者

管理活动的主体是人。著名管理学者彼得·德鲁克说过，"如果一个企业运转不动了,我们当然是要去找一个新的总经理,而不是另雇一批工人"。德鲁克的话告诉我们管理者的重要价值和作用。

> 📖 **小故事**
>
> ### 帅才与将才
>
> 古代的军队管理中,当军队规模较小时,制定决策的人称为"帅才",他们常常也是英勇善战的"将才";当军队规模越来越大时,一个军队的首领就不能够"二者合一"了。汉高祖刘邦曾问自己的部下韩信:"像我这样的人,能统领多少士兵?"韩信说:"陛下能统领士兵10万人。"刘邦问:"那你呢?"韩信说:"我多多益善。""多多益善,那你为何听命于我、被我带领?""那是因为陛下虽然不善于统领士兵,却善于统领将领的缘故。"

(一) 管理者的三类角色

亨利·明茨伯格(Henry Mintzberg)一项被广为引用的研究认为,管理者扮演着十种角色,这十种角色又可进一步归纳为三大类:人际角色、信息角色和决策角色。

1. 人际角色

人际角色直接产生于管理者的正式权力基础。管理者在处理与组织成员和其他利益相关者的关系时,他们就在扮演人际角色。人际角色又包括代表人角色、领导者角色和联络者角色。

(1) 代表人角色。作为所在单位的领头人,管理者必须履行一些具有礼仪性质的代表人职责。如管理者有时出现在集会上,参加社会活动,或宴请重要客户等。

(2) 领导者角色。由于管理者对所在单位的成败负重要责任,他们必须扮演领导者角色。对这种角色而言,管理者需要与员工一起工作并通过员工的努力来确保组织目标的实现。

(3) 联络者角色。管理者必须对重要的组织问题有敏锐的洞察力,从而能够在组织内外建立关系和网络。

2. 信息角色

在信息角色中,管理者负责确保和其一起工作的人员具有足够的信息,从而能够顺利完成工作。管理者扮演的信息角色,具体又包括监督者角色、传播者角色、发言人角色三种。

(1) 监督者角色。管理者持续关注组织内外环境的变化,以获取对组织有用的信息。管理者通过接触下属来收集信息。根据这些信息,管理者可以识别组织的潜在机会和威胁。

(2) 传播者角色。管理者把他们作为信息监督者所获取的大量信息分配出去。

(3) 发言人角色。管理者必须把信息传递给单位或组织以外的个人。

3. 决策角色

在决策角色中,管理者处理信息并得出结论。决策角色具体又包括企业家角色、冲突管理者角色、资源分配者角色、谈判者角色四种。

(1) 企业家角色。管理者密切关注组织内外环境的变化和事态的发展,以便发现机会,并对所发现的机会进行投资,努力取得收益。

(2)冲突管理者角色。冲突管理者角色是指管理者必须善于处理冲突或解决问题,如平息客户的怒气,同不合作的供应商进行谈判,或者对员工之间的争端进行调解等。

(3)资源分配者角色。管理者决定组织资源用于哪些项目。

(4)谈判者角色。谈判是管理者不可推卸的工作职责,而且是其工作中的重要部分。

(二)管理者的三个层次

按照管理层次不同,管理者相应地可以划分为高层管理者、中层管理者、基层管理者。

(1)高层管理者:如董事长、首席执行官、总经理等。高层管理者处于组织最高层,负责企业战略及重大决策的制定。高层管理者作为组织的官方身份参与对外交往。

(2)中层管理者:如站区长、部门经理、科室主管、地区经理、分公司经理等。中层管理者处于组织中间层,直接负责或者协调管理基层管理人员与其他工作人员,负责层层组织和协调员工们完成各项部门目标,在组织中起着承上启下的作用。

(3)基层管理者:如工段长、队长、领班、值班站长等,更多的是班组长。基层管理者处于一线工作人员之上,负责管理其工作。

(三)管理者的三大技能

美国的管理学专家罗伯特·卡茨(Robert L. Katz)针对管理者的工作特点,提出了技术技能、人际技能和概念技能的概念。卡茨认为,有效的管理者将依赖于这三种技能。

技术技能是指使用技术手段完成组织任务的能力,人际技能是指在组织目标取得的过程中与人共事的能力,概念技能是指接受环境影响组织复杂性的能力。不同管理层次的管理者需要掌握的三种技能的结构不同,如图1-1-2所示。

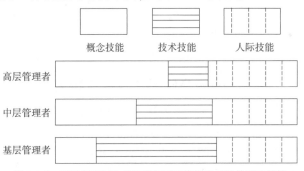

图1-1-2 不同管理层次的管理者需要掌握的三种技能的结构

三 管理学

(一)管理学的研究对象

管理学是研究管理的活动与过程的一般规律的科学。

管理学所提出的管理的基本原理、基本思想和基本原则是对各类管理学科的概括和总结,是在适应现代化社会大生产基础上产生的,目的在于研究现有条件下,如何通过合理地组织配置人、财、物资源,提高生产水平,实现组织目标。

(二)管理学的特性

1. 综合性

管理是非常复杂的社会活动,涉及经济、政治、文化等各个社会生活领域,还涉及一些自然因素。管理学是多种学科交叉渗透而产生和发展起来的一门综合性学科。

2. 不精确性

管理是人类有意识、有目的的活动,管理的主体、管理的对象、管理的环境都不可能是完全相同的,影响管理效果的因素也是非常复杂且变化无常的。

3. 应用性

管理学的理论具有很强的实用性,是对以往管理实践经验的概括和总结,是从管理实践中产生和发展起来的,是为了解决管理实践中的问题而提出的。

"既懂管理又懂技术的人才是一流人才;只懂管理不懂技术的人才是二流人才;只懂技术不懂管理的人才是三流人才。"请谈谈对这句话的思考。

1.1.2 企业管理

一 企业管理定义

企业管理是对企业生产经营活动进行决策、计划、组织、指挥、协调和控制等一系列活动的总称,是社会化大生产的客观要求。企业管理是尽可能利用企业的人力、物力、财力、信息等资源,实现多、快、好、省的目标,取得最大的投入产出效率。

从纵向结构上,企业一般可划分为三个管理层次:公司管理层、部门管理层、班组管理层。

素养小课堂

管理——责任、权力、利益的结合

有7个人住在一起,每天共用一桶粥。一开始他们通过抓阄决定谁来分粥,每天轮一个。于是每周下来,每个人只有一天是吃饱的,就是自己分粥的那一天。后来,他们选出一个道德高尚的人出来分粥。权力慢慢产生腐败,大家开始挖空心思去讨好他、贿赂他,搞得小团体乌烟瘴气。然后大家开始组成3人的分粥委员会及4人的评审委员会,互相扯皮,结果粥吃到嘴里都是凉的。最后大家想出来一个办法,轮流分粥,但是分粥的人要等到其他人挑完后拿最后一碗。为了不让自己吃到最少,每个人尽量分得平均,就算不平均的话也只能认了。大家快快乐乐,和和气气,日子越过越好。

启示:管理的真谛在"理"而不是"管"。管理者的主要职责就是要建立一个像"轮流分粥"一样的合理的游戏规则,让每个员工按照规则来自我管理。游戏规则兼顾公司利益和个人利益,并且让两者统一起来。责任、权力和利益是管理平台的三个支柱,缺一不可。缺乏责任,组织就会产生腐败,进而衰退;缺乏权力,管理者的执行就会变成废纸;缺乏利益,员工积极性就会下降,消极怠工。只有把责任、权力、利益平台搭好,员工才能发挥最大能动性和积极性,创造更大的价值。

思考:请以班级卫生管理为例,想一想采取怎样的规则才可以进行有效管理?

二 现代企业管理原理

(一)系统原理

系统原理认为管理是一个系统,其各要素不是孤立的,要实现管理目标必须对企业经营管理活动及其要素进行系统分析、综合治理,这就是系统原理。

(二)人本原理

现代管理思想把人的因素放在第一位,重视处理人与人的关系,强调人的自觉性和自我实现精神,主张以人的积极性、主动性、创造性为管理核心和动力。为了实现管理目标,一切管理工作必须以提高人的素质,调动人的积极性、主动性和创造性,做好人的工作作为根本,这就是管理的"人本原理"。

(三)动态原理

为了实现管理目标,使企业取得最佳效益,管理过程的每一个步骤都必须实行动态调节,这就是管理的动态原理。

(四)效益原理

企业的根本目的在于充分发挥企业组织的职能作用,取得更多更好的经济效益和社会效益,做到经济效益和社会效益的统一。

三 城市轨道交通企业管理

城市轨道交通系统是一种现代化的城市公共客运系统,其基本功能是为城市人口提供大众化的出行服务。城市轨道交通系统的产业链主要由三个阶段构成,即施工准备阶段、建设阶段和通车运营阶段,如图1-1-3所示。

图1-1-3 城市轨道交通系统产业链示意图

1. 城市轨道交通企业管理的基本要素

城市轨道交通企业管理的基本要素见表1-1-1。

城市轨道交通企业管理基本要素　　　　　表1-1-1

基本要素	设备	固定设备 (线路、车站、车辆段、环境-指挥系统等)
		移动设备 (动车组、自动停车装置等)
	人员	乘客、职工

2. 城市轨道交通企业管理的目标

城市轨道交通企业管理的目标是通过对设施、人员、技术、信息的有效组织管理,有序完成日常工作,并能根据客流需求变化,及时调整运营策略。城市轨道交通企业管理目标涵盖人员管理、技术管理、信息管理、经济效益、社会效益五部分。

3. 城市轨道交通企业管理的内容

按照城市轨道交通企业的特点,城市轨道交通企业管理内容主要包括:城市轨道交通企业规划管理、战略管理、建设管理、组织管理、运营管理、运营质量管理、生产管理、物流管理、设备管理、技术创新、安全管理、营销管理、人力资源管理、财务管理、资产管理、信息管理和文化建设等。

4. 城市轨道交通企业管理理念和管理思路

城市轨道交通企业要重视"企业发展,管理是关键"的思想观念,坚持解放思想、实事求是、与时俱进,不断创新管理理念、优化体制机制、提升管理能力,实现扩大管理幅度并提高运营管理水平。

城市轨道交通企业可按照"集团化、内部市场化"的总体思路,大力推进组织机构和体制机制改革创新,调整和优化企业内部责权划分和业务流程,着力强化各层级管理,大力推行市场化运作,使集团化管控水平不断提高,实现管理幅度不断扩大。这是成功应对客流快速发展、网络规模大幅扩张、乘客高品质出行需要快速增长等诸多挑战的关键所在。

城市轨道交通企业管理要围绕城市轨道交通前沿技术、路网发展和多种交通方式衔接,以人为本,突出方便快捷。

城市轨道交通企业管理要贯彻需求导向、持续改进的方针。通过定期开展乘客需求调查研究,及时掌握服务痛点、感知新需求,努力提高运力、增加换乘通道、推进卫生间改造、扩建站厅和站台等。目前,乘客对高品质服务的需求明显增强,特别是对运力提升、网络化高效运营以及智慧安检、便捷和信息化服务需求明显增加。新供给的提供需要整合网络资源、线网改造等一系列重大项目实施,未来需要加快实现新供给,满足高质量发展需求。

城市轨道交通企业管理要满足乘客合理需求,采取首问负责制、接诉即办等方式,为人民群众提供优质的服务。

班级		姓名		学号	
学习小组		组长		日期	

任务实施

采用头脑风暴法,结合案例情境,整理小组成员列举的具体管理行为并进行分类,填写至表1-1-2中。

任务实施表　　　　　　　　　　　　　　　　表1-1-2

序号	管 理 行 为	管理行为类型	小组及提出者
1	规章制度编制工作	制度管理	
2	培训工作开展	业务职责	

任务评价

请填写表1-1-3,对任务实施效果进行评价。

任务评价表　　　　　　　　　　　　　　　　表1-1-3

评价指标	分值(分)	组长评价(20%)	自我评价(10%)	教师评价(70%)
1.管理行为提炼准确	30			
2.管理行为分类正确	20			
3.小组总结的管理行为丰富(6条以上)	30			
4.小组成员共同参与	20			
任务成绩				

总结反思

单元 1.2 管理思想的演进

📖 学习目标

1. 知识目标

（1）理解管理的发展历程，能够辨识出不同的管理思想；能够了解出不同管理思想的观点及其发展脉络。

（2）掌握古典管理理论、行为科学理论、现代管理理论基本内容。

2. 技能目标

（1）能够理解管理思想演变，培养自己的管理思想，找出不同管理思想的侧重点和主要主张；能够辨识出不同管理思想的核心要点。

（2）能够在不同案例分析中阐述出不同管理思想，有意识地提高自己的管理素质；可以结合身边案例作出辨识与分析。

3. 素养目标

（1）个人能够完整阐述至少一种管理思想，了解其发展精髓和脉络。

（2）能够结合身边实际进行该思想的演变展示和具体应用。

📖 任务发布

利用思维导图，绘制管理理论主要观点及演化脉络。（本任务根据本单元部分学习目标设计。在实际教学中，教师可根据本单元学习目标，灵活设计学习任务。）

📖 任务目标

掌握不同管理思想内涵及其发展演变路径。

📖 任务分组

建议学习者组建学习小组，制订学习计划，共同完成相关任务。

姓 名	学 号	分 工	备 注	学习计划
			组长	

📖 任务准备

引导问题 1 哪种思想突出了义与情在管理中的价值；倡导见利思义、义然后取、兼相爱、交相利等？（   ）

A. 中国古代管理思想　　　　　　　　B. 科学管理思想

C. 组织管理思想　　　　　　　　D. 现代管理思想

引导问题2　人性假设理论分为哪几种？（　　）

A. X 理论　　　　　B. Y 理论　　　　　C. Z 理论

引导问题3　现代管理理论包含哪些思想？（　　）

A. 系统管理思想　　B. 权变管理思想　　C. 科学管理思想

引导问题4　组织管理理论中法约尔作为代表,提出适用于各类组织管理的五大职能具体指＿＿＿＿、＿＿＿＿、＿＿＿＿、＿＿＿＿和＿＿＿＿。

引导问题5　韦伯认为人类社会存在三种为社会所接受的权力,它们分别是：＿＿＿、＿＿＿＿、＿＿＿＿。

1.2.1　早期管理思想

管理的理论和实践是与各个国家的社会文化背景相联系的,各个国家对管理学的发展都具有各自的贡献和价值。

一　我国古代管理思想

中华文化源远流长,我国古代的管理思想对于管理发展有着巨大贡献,其主要呈现以下几个特点：

（1）顺"道",求实。顺"道"也称为守常、守则、循规,是我国古代管理活动的重要指导思想。求实是指实事求是,办事从实际出发。

（2）重人求和。这包括两个方面,一是重人心向背,二是重人才归离,把人作为管理的重心。求和即上、下、左、右团结一致。

（3）守信重义。办事要把诚信放在第一位。

（4）中庸之道。中庸之道是指把中庸思想作为管理行为的基准。

（5）对策谋略。"夫运筹策帷帐之中,决胜于千里之外",在竞争和对抗活动中都必须统筹谋划,正确研究对策,以智取胜。

二　西方早期管理思想

亚当·斯密（Adam Smith）在1776年出版的《国富论》中,系统地阐述了劳动价值论及劳动分工理论。他认为,劳动是国民财富的源泉。同时,他特别强调分工的作用,认为分工可以提高劳动生产率,原因如下：

（1）劳动分工可以使工人重复完成单项操作,精益求精提高效率。

（2）劳动分工可以缩减生产转换时间。

（3）劳动分工可以使劳动者注意力集中在一种特定的对象上,促进劳动工具发明(机械化)。

1.2.2 古典管理理论

一 泰勒的科学管理理论

早期管理思想实际上是管理理论的萌芽。在19世纪末至20世纪初这个阶段所形成的管理理论被称为古典管理理论或科学管理理论。

19世纪末,企业的管理职能逐渐与资本所有权相分离,管理职能由资本家委托给以经理为首的由各方面管理人员所组成的专门管理机构承担,从此出现了专门的管理阶层,同时管理工作也成为有人专门研究的一门学问,并产生了被称为科学管理的理论。

科学管理理论创始人是美国的弗雷德里克·温斯洛·泰勒(Frederick Winslow Taylor)。他从1881年开始在工厂进行一系列的试验,主要有搬运铁块试验、铲掘煤炭试验和金属切削试验。在试验中,他着重对工人的劳动时间和工作方法进行系统的分析研究,为后来建立科学管理理论奠定了基础。

泰勒所创立的科学管理理论有以下几个主要观点:
(1)科学管理的根本目的是谋求最高工作效率。
(2)达到最高工作效率的重要手段是用科学的管理方法代替旧的经验管理。
(3)实施科学管理的核心问题是要求管理人员和工人双方在精神上和思想上进行彻底变革。

根据以上观点,泰勒提出了以下的管理制度:
(1)为每项工作开发科学的操作方法,制定科学的工艺规程和劳动时间定额。
(2)科学选择和培训工人,废除"师傅带徒弟"的落后制度。
(3)采用计件工资制度,实现按劳分配。
(4)把管理和劳动分离,管理者制订计划,劳动者执行计划,管理者与劳动者要密切合作,以保证按规定的科学程序完成所有工作。

泰勒的科学管理理论管理原则集中于以下几个方面:
(1)用科学的管理代替凭借经验的管理方法。
(2)按照科学的操作方法制定科学的工艺管理规程。
(3)对工人进行科学培训,以此为基础实行差别计件工资制度。

科学管理理论的核心为"经济人"假设,认为人是以一种合乎理性的、精打细算的方式行事,人的行为受到经济因素的激发和推动。

二 法约尔的组织管理理论

组织管理理论学家亨利·法约尔(Henri Fayol)发表《工业管理和一般管理》,提出了适用于各类组织的五大管理职能(计划、组织、指挥、协调、控制)。

法约尔还提出了管理人员解决问题时应遵循的十四条原则:
(1)分工。实行劳动的专门化可以提高雇员的工作效率,从而增加产出。
(2)权责对等。管理者必须拥有命令下属的权力,这种权力又必须与责任相匹配,不能责任大于权力或者权力大于责任。

(3) 纪律。任何组织必须通过统一的纪律来规范人的行为。

(4) 统一指挥。组织中每个人都应该只接受一个上级管理人员的指挥，并向这个上级管理人员汇报自己的工作。

(5) 统一领导。每一项具有共同目标的活动都应当在一个管理者和一个计划方案的指导下进行。

(6) 个人利益服从集体利益。任何个人或者群体的利益不能够超越组织整体的利益。

(7) 报酬。对雇员的劳动，必须支付公平合理的报酬。

(8) 集权。管理者需要找到在每一种情况下最合适的集权程度。

(9) 等级链。从组织的基层到高层，应建立一个关系明确的等级链系统，使信息的传递按照等级链进行。

(10) 秩序。物品和人员都应该在恰当的时候处在恰当的位置。

(11) 平等。管理者应当友善和公正地对待下属。

(12) 人员保持稳定。每个人适应自己工作需要一定的时间，人员不能轻易流动，以免影响工作的连续性和稳定性。

(13) 主动性。应鼓励员工发表意见和主动地开展工作。

(14) 团队精神。强调团结精神，促进组织内部的和谐与统一。

法约尔的贡献是在管理的范畴、管理的组织理论和管理的原则方面提出了崭新的观点，为后续管理理论的发展奠定了基础。

素养小课堂

"战疫"中的集体主义

集体主义原则体现为古而有之的"天下兴亡，匹夫有责"的情怀，体现为战火纷飞年代的"苟利社稷，死生以之"，体现为复兴路上的"个人梦融入中国梦"，更体现为抗击新冠肺炎疫情中的齐心协力、众志成城、同舟共济、守望相助。

集体主义强调国家利益、社会整体利益与个人利益的辩证统一。国家强大，国民才有坚强后盾；国民奋斗，国家才能继续向前。新冠肺炎疫情发生后，个人的生命安全受到威胁，社会生活受到影响，我们更加清楚认识到个人利益与集体利益休戚相关，更加自觉地将个人作为与集体贡献对接。全国人民响应政府号召履行各自义务，自觉将支持疫情防控作为分内之事、应尽之责。

集体主义强调国家利益、社会整体利益高于个人利益，这是集体主义原则的根本出发点和归宿点。在 2020 年新冠肺炎疫情肆虐之际，武汉人民识大体、顾大局，全力以赴抗击疫情，这是对全国人民生命健康和国家利益的保护。疫情面前，医务工作者冲锋在前，科研人员强化攻关，建筑工人日夜奋战，防控人员坚守岗位，社会各方捐款捐物，普通民众自律居家。300 多支医疗队、4.2 万多名医疗队员为了全国人民的安危义无反顾驰援武汉，舍小家为大家，以生命践行使命，他们是守卫家国安宁的时代英雄。正是个体的甘于牺牲和无私奉献，保障了防疫工作全国上下一盘棋，成全了全国人民的集体福祉。

摘编自光明网（2020 年 6 月 14 日）

思考：解析法约尔的管理原则，讨论我国青年如何做到个人利益服从集体利益、服务国家利益？

三 行政组织理论

马克斯·韦伯(Max Weber)认为,理想的行政性组织应当以合理、合法的权力作为组织的基础,而传统组织则以世袭的权力或个人的超凡权力为组织的基础。他认为,人类社会存在三种为社会所接受的权力。

(1)传统权力:通过传统惯例或者世袭得来。人们对其服从是因为领袖人物占据着传统惯例所支持的权力和地位,同时领导人也受传统惯例的制约。

(2)超凡权力:即"爱"所带来的权力。爱源于别人的崇拜和追随,带有感情色彩并且是非理性的,不宜作为行政组织体系的基础。

(3)法定权力:法定权力即法律规定的权力,是"理性"的权力。只有法定权力才能作为行政组织体系的基础,其最根本的特征在于它提供了慎重的公正。

1.2.3 行为科学理论

20世纪20年代中期以后产生的人际关系学说和行为管理理论开始注意到人具有不同于物的许多特殊性,对人的重视和研究使得行为科学逐渐兴起。

一 梅奥与霍桑试验

行为科学的早期理论——人群关系论认为,科学的发展是从人群关系论开始的。人群关系论的代表人物是埃尔顿·梅奥(Elton Mayo)。梅奥曾参加1927—1932年在芝加哥西方电气公司霍桑工厂进行的试验工作及引起管理学界重视的霍桑试验。霍桑试验的目的是要找出工作条件对生产效率的影响,以寻求提高劳动生产率的途径。试验分四个阶段进行:车间照明变化对生产效率影响的各种试验;工作时间和其他条件对生产效率的影响的各种试验;了解职工工作态度的会见与交谈试验;影响职工积极性的群体试验。

霍桑试验得出的主要结论是:生产效率不仅受物理、生理因素影响,而且受社会环境和社会心理的影响,详见表1-2-1。

霍桑试验的结论　　　　　　　　　表1-2-1

序　号	结　　论
1	员工是"社会人",具有社会心理方面的需要,而不只是单纯地追求金钱收入和物质条件的满足。因此,企业管理者不能仅着眼于技术经济因素的管理,而要从社会心理方面去鼓励工人提高劳动生产率
2	企业中除了正式组织外还存在非正式组织。非正式组织是人们在自然接触过程中自发形成的,而非正式组织中人的行为往往遵循感情的逻辑,合得来的聚在一起,合不来的或不愿与之合的就被排除在组织外
3	新的企业领导能力在于通过提高员工的满意度来激发"士气",从而达到提高生产率的目的

二 人性假设理论

道格拉斯·麦格雷戈(Douglas M. Mc Gregor)在1957年发表的《企业的人性面》一文

提出 X-Y 理论。

（1）X 理论：人天性好逸恶劳，只要有可能就会逃避工作；人生来以自我为中心，漠视组织的要求；人缺乏进取心，逃避责任，甘愿听从指挥，安于现状，没有创造性；人通常容易受骗，易受到煽动。

针对 X 理论，管理者需要在工作中对员工采用强制、惩罚、解雇等管理方式，迫使他们工作。

（2）Y 理论：人天生并不是好逸恶劳的，外来的控制与惩罚并不是促使人为实现组织目标而努力工作的唯一方法，甚至可以说它不是最好方法；相反，如果能让人们参与制定自己的工作目标，则有利于实现自我指挥和控制。在适当条件下，人是能主动承担责任的，不愿负责、缺乏雄心不是人的天性。大多数人都具有一定的想象力和创造力。在现代社会中，人的智慧和潜能只是部分得到了发挥。

针对 Y 理论，管理者的重要任务是创造一个使人得以发挥才能的工作环境，发挥出员工的潜力，使其在实现组织目标的同时也能够达到自己的目标。要让员工担当具有挑战性的工作，让其担负更多的责任。在管理制度上应当给予员工更多的自主权，实现自我管理控制，让他们参与管理和决策并共享权力。

1.2.4 现代管理理论

现代管理理论是在泰勒的科学管理理论基础上的新的发展。现代管理理论的主导思想是使用先进的梳理方法及管理手段，使生产力得到最为合理的组织，以获得最佳的经济效益，而较少考虑人的行为因素。

一　系统管理理论

系统管理理论认为任务组织是一个与周围环境产生相互影响、相互作用的开放系统。一个组织的成败往往取决于其管理者能否及时察觉环境的变化，并及时作出正确的反应。

一个企业在研究计划、生产、质量、人事、销售、财务等各个部门的工作时，应该依据系统管理理论，把内部因素和外部环境结合起来，进行全面分析。具体来说，一个企业的系统包含六个要素，即人力、物资、设备、任务、财务、信息。

二　权变管理理论

权变管理理论认为管理者不仅需要掌握处理问题的多种模式和方法，还应该清楚各种模式和方法究竟要在什么样的条件下才能取得好的结果。

三　企业再造理论

20 世纪 80 年代，信息技术不断发展，并被广泛应用到企业管理中。一些管理学者提出了要在企业管理的制度、流程、组织、文化等方面进行创新。业务流程再造便是在这样的背景下产生的。

业务流程再造也被称为业务流程重组和企业经营过程再造，是针对企业业务流程的基本问题进行反思,并对它进行彻底的重新设计,使企业在成本、质量、服务和速度等方面取得显著的进展。该理论具体实施过程包括以下主要工作:

(1) 对原有流程进行全面的功能和效率分析,以发现目前流程中各活动单元及其组合方式上存在的问题。

(2) 改进相关单元的活动方式或单元间关系组合方式,设计流程改进的方案。

(3) 制订与流程改进方案相配套的组织结构、人力资源配置和业务规范等改进计划,形成系统的企业再造方案。

(4) 实施组织流程改进方案,并在实施过程中根据经营状况的变化,组织企业流程的持续改善。企业活动及其环境是动态变化的,因此,企业再造或流程重组将是一个持续不断的过程。

自 20 世纪 90 年代以来,随着经济全球化,特别是互联网、电子商务等技术迅速发展,企业的竞争环境和竞争方式正从根本上发生改变,企业之间的联系比以往更加密切,全球化的经济趋势和沟通互动日益密切,企业管理理论的研究逐步从竞争走向竞合。

学习笔记

班级		姓名		学号	
学习小组		组长		日期	

任务实施

利用思维导图,绘制早期管理思想、古典管理思想、行为科学理论、现代管理理论的主要观点及演化脉络。

任务评价

请填写表 1-2-2,对任务实施效果进行评价。

任务评价表　　　　　　　　　　　　　表 1-2-2

评价指标	分值(分)	组长评价(20%)	自我评价(10%)	教师评价(70%)
1.管理理论基本观点表述正确	30			
2.管理演变流程正确	20			
3.思维导图涵盖完整	30			
4.交任务及时	20			
任务成绩				

总结反思

模块2 管理职能认知

管理职能是管理系统所具有的职责和功能。一般根据管理过程的内在逻辑，可将管理的职能划分为几个相对独立的部分。划分管理的职能，并不意味着这些管理职能是互不相关、截然不同的。划分管理职能有助于在理论研究上更清楚地描述管理活动的整个过程，有助于实际的管理工作以及管理教学工作。

本模块设计了决策职能、组织职能、领导职能、控制职能、创新职能5个学习单元，全面阐述了5种管理职能，引导学生在内心根植学好、用好管理知识的决心。

单元 2.1 决策职能

学习目标

1. 知识目标

(1) 理解管理的决策职能内涵、流程,能区分不同决策类型。
(2) 掌握不同的决策方法,能够厘清各种决策方法的优缺点和适用范围。
(3) 理解决策和计划的关系,掌握计划工作的流程。

2. 技能目标

(1) 能够结合实际发展用不同的决策方法分析问题,制定符合实际的规划,掌握至少一种群体决策方法并能运用到实际生活管理之中。
(2) 能够利用目标管理法进行自我管理和职业生涯规划,提升自我规划和管理能力。

3. 素养目标

(1) 在日常生活和学习中,养成发现问题、分析问题的能力,对身边的问题能够运用某种决策方法进行正确决策。
(2) 具备良好的毅力,提升目标计划执行力。
(3) 以建设交通强国为己任,通过规划自我职业生涯,树立交通强国担当。

任务发布

请阅读案例,列举案例中的决策方法;以学习小组为单位,采用头脑风暴法,结合案例情境,开展角色扮演,分别代表市政府、地铁公司、社会群体、普通乘客等,运用所学决策方法(如德尔菲法)模拟决策过程,并提交决策意见书。(本任务根据本单元部分学习目标设计。在实际教学中,教师可根据本单元学习目标,灵活设计学习任务。)

北京市轨道交通建设管理有限公司(简称"轨道公司")于 2015 年 11 月取得了北京市第三家轨道交通运营商牌照。轨道公司践行"发展轨道交通,建设精品工程"的发展理念,秉承"敬业、诚信、严谨、务实"的企业文化,圆满完成了 5 号线、10 号线、7 号线、14 号线、昌平线、燕房线等 20 条线路的建设管理任务,负责工程多次荣获"建筑工程鲁班奖""中国土木工程詹天佑奖"等荣誉,为北京奥运会、国庆 60 周年庆典、2019 年中国北京世界园艺博览会等成功举办作出了巨大贡献。轨道公司还承担了 3 号线、12 号线、17 号线、19 号线等多条线路的建设管理任务,同时代建乌鲁木齐地铁 1 号线,是国内第一条自主化全自动运行系统国家科技示范线——燕房线的运营商。

2020 年,北京基础设施投资有限公司(简称"京投公司")和北京市轨道交通建设管理有限公司实施合并重组。多年来,京投公司和轨道公司在北京市轨道交通投资、建设、管理、运营等业务领域占据着十分重要的位置,为推动国有资产保值增值、促进首都经济社会发展、提升首都国企"四个服务"水平作出了积极贡献。此次重组是加快国有经济布局优化、结构调整、战略性重组,做强做优做大国有资本的具体实践。这次整合,有利于充分发挥两家企业在投融资和建设领域的经验优势和技术储备,提升轨道交通投资建设管理水平,更好地服务首都"四个中心"功能定位和京津冀协同发展;有利于统筹利用轨道交通产业资源,增强京投公司作为业主的投融资实力,进一步支持带动北京市轨道交通高端装备产业发展;有利于探索构建一体化运营模式,大力推动降本增效,全面提升轨道交通运营服务保障能力和水平,提高行业地位和影响力。

摘编自北京晚报(2020 年 8 月 4 日)

任务目标

(1)掌握一种群体决策方法。
(2)了解城市轨道交通企业决策内容。

任务分组

建议学习者组建学习小组,制订学习计划,共同完成相关任务。

姓 名	学 号	分 工	备 注	学 习 计 划
			组长	

任务准备

引导问题 1 计划工作涵盖哪几个方面?(　　)
  A. 做什么   B. 为什么做   C. 谁去做   D. 在何地做
  E. 何时做   F. 怎样做

引导问题 2 决策的流程有哪些?(　　)
  A. 发现问题   B. 确定目标   C. 拟订方案   D. 选择方案
  E. 执行方案   F. 检查评价和反馈处理

引导问题 3 定性决策方法分为哪几种?(　　)
  A. 德尔菲法   B. 头脑风暴法   C. 专家会议法

引导问题 4 按照决策的备选方案及后果不同,决策可划分为_____、_____和_____决策。

引导问题 5 按照被选定的决策目标的多少不同,可将决策划分为_____和_____。

引导问题 6 计划工作的过程简要概括为_____、_____、_____、_____和_____。

引导问题 7 德尔菲法广泛应用于_____、_____、_____和_____等众多领域。

引导问题 8 简述目标管理及其使用原则是什么。

引导问题9 简述头脑风暴法的流程。

知识储备

2.1.1 决　策

一 认识决策

决策是人们在管理行为中对行动目标和手段的一种选择或者抉择,其核心和本质为选择。决策不仅包括在某一瞬间作出明确、果断的决定,还包括在作出决定前采取的准备行动,以及决定之后所采取的具体落实方案。

决策是管理的核心,管理就是决策的过程,管理的各层次无论是高、中、低层都在进行决策,管理就是决策。

——赫伯特·亚历山大·西蒙(Herbert Alexander Simon)

管理是由一连串决策组成的,决策贯穿管理活动始末。决策是管理的中心,管理就是决策。

(一)决策的定义

决策是管理者识别并解决问题以及利用机会的过程。可以从三方面理解这个定义:

(1)决策的主体是管理者。

(2)决策的本质是一个过程,这个过程由多个步骤组成。

(3)决策的目的是解决问题和利用机会,因此,决策不仅是为了解决问题,有时也为了更好地利用机会。

(二)决策的类型

按照决策主体数量划分,可将决策划分为个体决策和群体决策。

(1)个体决策:由一个人作出决策的活动。

(2)群体决策:由两个或者两个以上的人共同作出决策的活动。

个体决策效率高,但是效果一般低于群体决策。群体决策质量高,决策方案的接受性高,但是效率方面相对较低。

城市轨道交通企业的管理决策中对于复杂、重要和需要有关人员广泛接受的问题,一般采用群体决策,如职工代表大会。简单、次要、不需要体现共同意志的问题,可以采取个体决策,如培训报名等。

按照决策的备选方案及后果不同,决策可划分为确定型决策、风险性决策、非确定性决策。

(1)确定型决策:指无论在这一决策下的备选方案有多少,每一方案都有一种确定无

疑的结果。

（2）风险型决策：指决策方案的自然状态有若干种，但每种发生的概率是可以作出客观估计的决策。

（3）非确定型决策：指不能对方案实施可能会出现的自然状态或者带来的后果作出预计的决策。

> **管理案例**
>
> **某地铁站台门伤人应急处理**
>
> 某日18时25分左右，正值晚高峰期间，某地铁一列开往M方向的列车到达N站后，因站台乘客较多，车门、站台门开关门两次，此时站务员发现有一男性乘客疑因在车门关闭、警告灯亮起后仍继续上车，被夹在站台门与列车中间，同时触发防夹人、夹物安全装置。
>
> 面对突发事件，当时在岗站务员立即按压附近的紧急按钮以锁定列车静止，并用对讲机快速向值班站长报告。值班站长立即向司机发出停车指令，要求以乘客生命安全为重。18时26分，司机根据指令重新开启车门与站台门，列车停驶，车门与站台门重开，站务员及相关站内工作人员即刻就位，抵达出事站台门处。受惊的被夹乘客在站务员及车厢内乘客的帮助下进入车厢。在岗站务员检查列车无故障、乘客平稳就位后向值班员上报情况。18时28分，车站在确认乘客安全无受伤且双门关闭无夹人、夹物后，恢复正常动车。
>
> 此次事件后，该地铁车站以广播形式提醒市民乘客"宁等一列车，不抢一扇门"。当站台门正上方的指示灯闪亮、蜂鸣声响起，表示车门即将关闭，车内车外乘客切忌抢上抢下，可耐心等候下一趟车，或在下一站下车到对面站台坐反方向列车返回。"冲门""抢门"不仅不能节约时间，往往会耽误更多人的时间，还可能发生车门夹人夹物，甚至危及生命安全，得不偿失。
>
> 本案例中，站务员等工作人员在岗应对突发情况时沉着淡定、训练有素，及时高效作出决策，迅速处理问题，有效地保障了乘客生命安全和地铁的安全运营。作为工作人员，乘客生命至上的理念要始终贯穿于工作之中；面对站台门的安全隐患或者故障时，务必要保持高度的冷静并能迅速作出决策；应对突发事件时，尤其要懂得按照流程处理，完成事件汇报、处置的闭环。

二 决策工作程序及影响因素

（一）决策的过程

决策的过程共分为六个部分，如图2-1-1所示。

（1）诊断问题，识别机会：即找出现有状况和理想状况之间的差距。

（2）确定目标：决策目标既是决策方案评价和选择中依据的标准，又是衡量决策行动是否达标

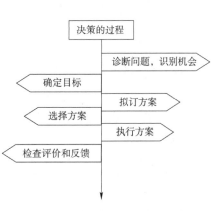

图2-1-1 决策的过程

的尺度。

（3）拟订方案：在决策过程中，一般为解决问题，需要拟订出两个或者两个以上备选方案，要根据目标达成情况适时调整方案。

（4）选择方案：本着较大限度实现预定的决策目标的目的，选定一个方案或者将多个方案综合成一个最终方案。

（5）执行方案：组织人员将方案落地。

（6）检查评价和反馈处理：通过追踪检查和评价，发现决策过程中出现的偏差，采取相应的处理措施进行决策控制。处理有三种可行方式：保持现状、纠错纠偏、修正决策。

（二）决策的影响因素

1. 环境

环境影响组织的活动选择。如果市场相对稳定，则当前可沿用以前的决策；如果环境发生重大变化，则需要经常对工作内容进行调整、修改。

对环境的习惯反应模式也影响组织的活动选择。对于相同的环境，不同的习惯反应模式会产生不同的组织决策。

2. 过去的决策

决策是非零起点的，组织中的决策都会对初始决策进行完善、调整或改革。过去的决策对目前决策的影响程度取决于多种因素，如过去决策者与现任决策者的关系等。

3. 决策者对风险的态度

人的理性有限，不同决策者对未来的认知程度的局限性，会导致方案未必能产生期望的结果。决策者对风险的态度会影响对方案的选择。

4. 伦理

不同的伦理标准会对决策产生影响。比如在巴西，一个人可能认为只要金额较小，贿赂海关官员在伦理上就是可以接受的。而在美国，这样的行为则是不符合伦理标准的。

5. 组织文化

决策过程中，决策者本人及其他组织成员对待变化的态度会影响到方案的选择与实施。在偏向保守、怀旧、维持的组织中，人们总是根据过去的标准来判断现在的决策；相反，在具有开拓、创新精神的组织中，人们总是用发展的眼光来分析决策的合理性，渴望变化、欢迎变化、支持变化。

6. 时间

时间敏感型决策是指那些必须迅速作出的决策，如战争中的指挥官根据战时状态作出的决策。知识敏感型决策是指那些对时间要求不高但是对质量要求较高的决策，在作此类决策时，决策者通常有宽裕的时间来充分利用各种信息。组织中的大多数决策属于知识敏感型决策。

素养小课堂

2021年是我国"十四五"开局之年，也是建设交通强国的开局之年。在《国民经济和社会发展第十四个五年规划和2035年远景目标纲要》（以下简称《纲要》）中，"交通强国"的图景振奋人心。《纲要》指出,我国将进一步完善综合运输大通道,加强出疆入藏、中西部地区、沿江沿海沿边战略骨干通道建设,有序推进能力紧张通道升级扩容。轨道交通发展将继续推进城市群都市圈交通一体化。我国将进一步加快城际铁路、市域(郊)铁路建设,构建高速公路环线系统,有序推进城市轨道交通发展。到"十四五"末,我国将基本建成京津冀、粤港澳大湾区、长三角轨道交通网。

"十四五"时期,交通运输部门将紧紧围绕"补短板、促融合、提质效、保安畅、强服务、优治理",加快建设安全、便捷、高效、绿色、经济的现代化综合交通运输体系,努力打造"一流设施、一流技术、一流管理、一流服务",更好支撑服务构建新发展格局,加快建设交通强国,为全面建设社会主义现代化国家提供坚强保障。交通运输部门将在"统、合、联"上下功夫——统筹各种运输方式规模、结构、布局和建设时序;强化部门协同、行业互动,做好与各相关规划的衔接平衡,做好与国土开发保护格局相统一,做好与其他产业发展相协调;强化基础设施的硬联通,着力推进综合运输通道线位共用、立体互联和资源优化配置,同时强化服务管理的软联通,积极推进各运输方式之间政策有效衔接、信息互联共享、标准互通协调。

"十四五"时期,科技创新将持续赋能交通运输发展。交通运输部门将推动传统基础设施数字化改造升级,推进自动驾驶、智能航运技术发展与试点应用,推进先进交通装备应用;构建数字出行网络、智慧物流服务网络、现代化行业治理信息网络,打造综合交通运输"数字大脑"。

摘编自中国交通新闻网(2021年3月25日)

思考: 未来可期,交通强国建设需要我们践行青年诺言,扛起时代责任,请通过决策列出自己的三年和五年职业生涯规划。

三 决策方法

决策方法有两大类:定量决策方法和定性决策方法。

(一)定量决策方法

定量决策方法是指决策的目标本身表现为数量指标的决策。定量决策方法涵盖确定性决策方法、风险性决策方法和不确定型决策方法。

管理案例

北京市于2014年12月28日对公共交通票制票价进行调整,同时建立了票制票价动态调整机制。当公共交通价格调整达到启动条件后,由公共交通运营企业提出价格调整具体意见即价格调整方案,经北京市发展改革委、交通运输、财政管理部门委托第三方机构评审、听取相关意见,并报请市政府同意后,对外公布实施。原有的2元票价制度成为历史,北京市开启了按照公里计价模式,依据具体里程实施浮动的票价机制。

摘编自新京报网(2014年11月27日)

(二)定性决策方法

定性决策方法是指在决策过程中充分发挥专家集体的指挥、能力和经验,在系统调查分析基础上,根据掌握的情况和资料开展决策。

1. 专家会议法

专家会议法是指根据规定的原则选定一定数量的专家,按照一定的方式组织专家会议,发挥专家集体的集体智慧,对预测对象的发展趋势及状况作出判断的方法。

2. 德尔菲法

德尔菲法是在专家个人判断法和专家会议法的基础上发展起来的一种专家调查法,它广泛应用于市场预测、技术预测、方案比选、社会评价等众多领域。

该方法通过书面方式单独与专家联系,专家们只同组织者发生联系,专家之间不存在横向沟通,以减少交叉影响和权威效应,使专家毫无顾虑地发表和修改自己的意见。每轮意见收集后,组织者都将意见进行处理,根据专家意见情况重新整理问题,再次征询专家意见,使之趋于集中,形成最终决策。

运用该方法的关键在于:选择好专家,这主要取决于决策所涉及的问题或机会性质;决定适当的专家人数,一般以10~15人较好;拟好意见征询表,因为它的质量直接关系到决策的有效性。

3. 头脑风暴法

头脑风暴法也称奥斯本激励法。它是以"会议"方式激发人们头脑中的智慧火花,会后从若干良策中优中选优,找出解决问题的最佳方案。

(1)采用头脑风暴法要注意的问题如下:

①参加会议的人数以5~10人为佳;

②时间一般定为30~60min;

③会议进行中不要受到其他事情干扰;

④准备一面大的黑板或白板,将创意不断写在上面,让与会者都能看到;

⑤最好设会议主席和会议记录员各一名;

⑥在会议进行过程中,会议主席要维持会场气氛,绝不可出现冷场;

⑦要将雷同的创意记录下来,不要对其进行批评;

⑧会议结束后,对所有的创意进行分类整理和评价,看能否发展出具体的方案。好的创意可以让非评价小组来选出,也可以由评价小组来选出。选择的标准有两个:一是该创意要能够达到目的;二是该创意必须是能够实现的。

(2)头脑风暴会议的基本原则如下:

①倡导扩散思维,任意思考;

②严禁会上相互批评;

③对任何人的发言,都不在会上作评论;

④解决问题的目标要集中;

⑤与会者无上下级之分;

⑥不许私下议论,给人泼冷水;

⑦不许用多数人意见压制少数人意见;

⑧对于各种设想,一律记录。

4. 名义小组技术法

在集体决策中,如果对于问题的性质不完全了解且意见分歧严重,就采用名义小组技术法解决。在这种方法下,小组的成员互不通气,也不在一起讨论、协商,从而使得小组只是名义上的小组。

在这种方法下,管理者先召集一些有知识的人,告知他们要解决的问题和关键内容,并请他们独立思考,要求每个人把自己的方案和意见写下来,然后再按顺序让他们轮流陈述自己的方案和意见。在此基础上,由小组成员们对提出的所有方案进行投票,根据投票结果,赞成数最多的方案胜出,但是,管理者有权决定是否最终采纳该方案。

> **视野拓展**

有关活动方向的决策方法

管理者有时需要对企业或者企业某一部分的活动方向进行选择,可以采用的方法有经营单位组合分析法和政策指导矩阵(法)等。

经营单位组合分析法由美国波士顿咨询公司建立,其基本思想是:大部分企业都有两个以上的经营单位,每个经营单位都有相互区别的产品市场,企业应该为每个经营单位确定其活动方向。

政策指导矩阵(法)是由壳牌化学公司在波士顿矩阵(法)基础上提出的决策方法。波士顿矩阵(法)把企业的经营单位分为四大类(图2-1-2)。

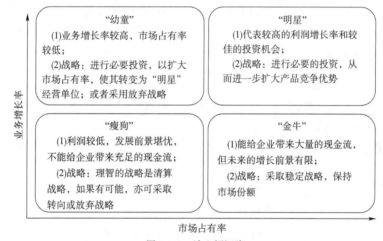

图2-1-2 波士顿矩阵

(1)"幼童"——业务增长率较高,而目前的市场占有率较低的经营单位,一般是企业刚刚开发的新领域。由于高增长速度需要大量投资,而较低的市场占有率只能提供少量的现金,企业面临的选择是投入必要的资金以提高市场份额,扩大销售量,使其转变为"明星"经营单位。如果认为开发的领域不能使其转变为"明星"经营单位,则应及时止损,放弃该领域。

(2)"明星"——市场占有率和业务增长率都较高的经营单位。该种经营单位代表较高的利润增长率和较佳投资机会,因此,企业应投入必要的资金,增加其生产规模。

(3)"瘦狗"——市场占有率和业务增长率都较低的经营单位。由于市场份额和销售量都较低,甚至出现负增长,经营单位只能带来较少的利润,而维持生产能力和竞争地位所需要的资金较大,从而可能成为资金的陷阱。因此,企业对这种不景气的经营单位可采取收缩或者放弃的战略。

(4)"金牛"——市场占有率较高,而业务增长率较低的经营单位。较高的市场占有率为企业带来较多的利润,而较低的业务增长率需要较少的投资。这种经营单位产生的利润可以满足企业的经营需要。

2.1.2 计划与计划工作

一 认识计划

(一)计划与决策的关系

计划与决策是两个既相互区别又相互联系的概念。计划是对组织内部不同部门和不同成员在一定时期内行动任务的具体安排,它详细规定了不同部门和成员在该时期内从事互动的具体内容和要求。决策则关乎组织活动方向、内容以及方式的选择。计划过程是决策的组织落实过程,决策是计划的前提,计划是决策的逻辑延续。

在实际工作中,决策与计划相互渗透。在决策制定过程中,不论是对内部能力优势或劣势的分析,还是在方案选择时关于各方案执行效果的评价,实际上都已经开始孕育着计划的部分内容;反过来,计划的编制过程既是决策的组织落实过程,也是决策更为详细的检查和修订过程。

(二)计划的概念

计划是决策所确定的组织在未来一定时期内的行动目标和方式,以及组织在一定时间和空间的工作开展方案,也是组织领导进行控制和创新等管理活动的基础,即为了实现决策所确定的目标预先进行的行动安排。

计划工作是确定组织未来发展方向和进程的工作,计划的具体内容涵盖六个方面,即"5W1H":

(1)WHAT——做什么?明确某一个时期的中心任务。

(2)WHY——为什么做?明确计划的意义和重要性。

(3)WHO——谁去做?明确计划工作中每个阶段的任务由哪个部门承担,由谁负责完成。

(4)WHERE——在何地做?明确执行计划的地点,了解清楚计划实施的环境条件和限制。

(5)WHEN——何时做?明确计划开始的时间、完成进度及其结束时间,以形成合理的资源配置。

(6)HOW——怎样做?明确计划实施的手段、途径、方法,制定实现的途径和规则,对资源开展合理分配和有效利用。

练一练

每年3月5日是学雷锋纪念日,也是中国青年志愿者服务日,学校会开展校内外志愿服务活动,比如社区敬老服务、垃圾分类桶前值守志愿服务、校园光盘行动志愿服务、关爱留守儿童志愿服务等。作为新时代的青年,请制订一个纪念日当天的志愿服务活动计划,可以是个人志愿服务计划也可以是团队计划,注意要体现出"5W1H"各项指标内容。

(三)计划的类型

按照计划表现形式,计划分为非正式计划和正式计划。

非正式计划一般不以书面形式表现,不容易在组织中进行交流和扩散,计划的内容也较为粗略且缺乏连续性。正式计划则是以书面形式呈现和表现出来的计划,内容丰富,目标明确,方案翔实,计划文件完整。

按照计划内容的翔实程度,计划分为具体性计划和指向性计划。

具体性计划有明确的目标和实现目标的方案。当环境不确定性很高且要求保持适当的灵活性时,指向性计划更为有效。指向性计划只规定一些一般性的方向,不对特定的行动方案予以制订,只是对组织使命展开阐述和传达。

二 计划工作过程

(1)收集资料。确定计划的前提条件,就是要广泛收集资料,确定工作的目标和方针,明确管理者自身的角色和任务,明确问题所在。

(2)确定组织目标和实现目标的总体行动计划。要确定出明确的目标,围绕目标制定出整体的行动计划,让工作的指向性更加明确。

(3)分解目标,形成合理的目标结构。依据实际情况分解目标并构建合理的目标结构,逐步推进目标实现,最终确保整体目标的完成。

(4)综合平衡任务,分析不同环节、不同任务与工作人员能力是否平衡。通过分析找出现状和目标之间的差距,寻找问题的原因,探索解决问题的方向。

(5)编制具体行动计划并下达执行。对各个可行方案进行分析、比较和评价,确定最终的计划方案并推进其落实。

素养小课堂

孔子的弟子子贡问怎样实行仁道。孔子答道:"工匠要做好工作,首先必须具备精良锋利的工具。住在一国,就要敬奉这国大夫中的贤者,结交这国士人中的仁者。"

工匠做工与实行仁道表面上看相关性不高,但实质上道理相通。做任何事情,准备工作都非常重要,正如俗话所说"磨刀不误砍柴工"。工匠在做工前打磨好工具,操作起来才会得心应手,从而事半功倍。实行仁道亦如此,要先了解这个国家的情况,与其贤达之士建立良好的关系,然后才能有施展抱负的机会,达到"仁"的目的。

启示:凡事预则立,不预则废。换句话说,就是不打无准备之仗。做好一件事情,仅仅有热情和能力是不够的,有热情是具备了想干事的态度,有能力是具备了干成事的条件,有方法才是干好事的保证。当企业管理改革进入攻坚期,利益主体纷起、思想观念多样,改革会变成庞大复杂的系统工程,任何一项改革举措都可能会对其他改革产生影响,每一项改革又都需要其他改革协同配合,都需要放在大系统内来考量。因此,推进改革更需要讲究"弹钢琴的艺术、走钢丝的智慧"。实际工作中,很多人由于没有掌握正确的方法,容易出现两种倾向:一种是"瞎子摸象",对工作没有全面的把握;一种是"纸上谈兵",眼高而手低,遇到具体事情不知何处着手。不管是哪种情况,都不利于工作的开展和深入。要把事情做好,就要善于未雨绸缪,既从大处着眼,学习曹冲称象;又从小处着手,学习庖丁解牛。

三 目标管理

目标管理是指在企业员工个体的积极参与下,自上而下地确定工作目标并在工作中实施自我控制,保证目标实现的管理方法。

小故事

有一位父亲带着三个孩子去沙漠猎杀骆驼,到达目的地后,他问大儿子:"你看到什么?"大儿子回答:"我看到了猎枪、沙漠和骆驼。"父亲摇摇头说不对。他问二儿子:"你看到了什么?"二儿子回答:"我看到了爸爸、大哥、弟弟、猎枪和骆驼。"父亲摇摇头说不对,于是又问三儿子同样的问题,三儿子回答:"我看到了骆驼。"父亲说答对了。

企业的任务必须转化为目标,管理人员需要通过目标对下级进行领导并以此来保证组织总目标的实现。目标管理是一种程序,使一个组织中的上下各级管理人员一起制定共同的目标,确定彼此的责任,并以此项责任来作为指导业务和衡量各自贡献的准则。组织内每个人的分目标就是企业总目标对他的要求,同时也是这个组织各人员对组织总目标的预期贡献。管理人员和组织成员要靠目标来管理,组织内的考核和奖励也依据这些目标实现。

(一)目标管理的原则

目标管理的原则,被称为"SMART"原则:

(1)S——设定清晰具体的目标。

(2)M——目标尽可能能够量化。

(3)A——目标具有挑战性且可达成。

(4)R——设定的目标一定要与组织宗旨和使命相关联,与具体岗位的职责相关联。

(5)T——有时间期限的约束。

(二)目标管理的过程

哈罗德·孔茨(Harold Koontz)认为,目标管理是一个全面的管理系统,含有六个步骤。

(1)制定目标。制定目标包括确定组织的总体目标和各部门的分目标。即组织在未来从事活动要达到的状态和水平,其实现有赖于全体成员的共同努力。为协调这些成员不同时期的努力,各部门需要建立与组织目标相结合的分目标。这个目标的制定需要主管人员和下属一起行动。

(2)明确组织的作用。由于不可能去建立一个完美的结构使得每一个特定的目标成为某个人的责任,因此,组织常采用设立一名主管人员来统一协调各种职能。

(3)执行目标。调动组织内的成员从事一定的活动,有效利用一定的资源使得目标执行活动更加有效。

(4)成果评价。成果评价包括上级、下级、同级相互间各层次的评价。多层级的评价有助于内聚力形成,引导目标实现。

(5)实行奖惩。组织对不同成员的奖惩是以上述各种评价的综合结果为依据的。奖惩可以是物质层面也可以是精神层面的,公平合理的奖惩有利于维持和调动组织成员饱满的工作热情和积极性,如果有失公正,则会影响成员的行为改变。

(6)制定新目标并开启目标管理循环。成果评价与成员行为奖惩是对某一阶段组织活动效果以及组织成员贡献的总结,可为下一阶段的工作提供参考依据和借鉴,可为各层级新目标的制定奠定基础。

(三)计划管理的误区

(1)工作计划不切实可行。某些计划跟生产实际不适应,没有实际指导意义,无法执行。

(2)执行与计划相脱离。有的执行与计划完全是两张皮,工作计划是一回事,实际执行得如何又是一回事。

(3)有计划、无检查。有计划、无检查,或有布置、无检查,将失去计划的作用。出现这种误区的原因是管理者对检查在管理活动中的重要性认识不够,没有制订正常的计划检查制度。另一原因是工作计划制订得不具体,导致无法检查。

(4)有检查、无总结。检查和总结是紧密相连的环节。检查重在发现问题,总结重在解决问题。有检查,无总结,实际上是只发现问题而不能解决问题,这是错误的。

视野拓展

PDCA 管理循环

PDCA 管理循环是在戴明环(图2-1-3)的基础上改造而成。PDCA 管理循环作为全面质量管理体系运转的基本方法,其实施需要搜集大量数据资料,并综合运用各种管理技术和方法。全面质量管理活动的全部过程,就是质量计划的制订和实现的过程,这个过程就是按照"PDCA"管理循环,不停顿地周而复始地运转。具体内容包括:

P(计划,Plan)——明确问题并对可能的原因及解决方案进行假设。

D(实施,Do)——实施行动计划。

C(检查,Check)——评估结果。

A(处理,Act)——如果对结果不满意就返回到计划阶段,如果对结果满意就对解决方案进行标准化。

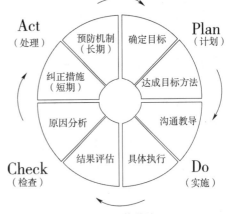

图 2-1-3 戴明环

步骤一:分析现状,找出问题。步骤一强调的是对现状的把握和发现问题的意识、能力,发掘题目是解决问题的第一步,是分析问题的条件。

步骤二:分析产生问题的原因。找准问题后分析产生问题的原因至关重要,运用头脑风暴法等多种集思广益的科学方法,把导致问题产生的所有原因全部找出来。

步骤三:要因确认。区分主因和次因是最有效解决问题的关键。

步骤四:拟订措施、制订计划。即:为什么制订该措施(Why)?达到什么目标(What)?在何处执行(Where)?由谁负责完成(Who)?什么时间完成(When)?如何完成(How)？措施和计划是执行力的基础,要尽可能使其具有可操作性。

步骤五:执行措施、执行计划。高效的执行力是完成目标的重要一环。

步骤六:检查验证、评估效果。"下属只做你检查的工作,不做你希望的工作"——IBM 公司的前首席执行官郭士纳的这句话将检查的重要性一语道破。

步骤七:标准化,固定成绩。标准化是维持企业治理现状不下滑,积累、沉淀经验的好方法,也是企业治理水平不断提升的基础。标准化是企业管理系统的重要动力,没有标准化,企业可能会停止进步,甚至下滑。

步骤八:处理遗留问题。所有问题不可能在一个 PDCA 管理循环中全部解决,遗留的问题会自动转进下一个 PDCA 管理循环。

2.1.3 城市轨道交通企业招聘

本小节以某地铁公司招聘信息为例,对城市轨道交通企业招聘信息进行分析。

【岗位一:综控员】

要求:

(1)23~35 岁,大专及以上学历;

(2)2 年以上地铁车站综合控制室工作经验;

(3)具有车站行车值班员、建(构)筑物消防员职业资格证书;

(4)能适应轮班制工作需要;

(5)身体健康,口齿清晰,普通话标准,语言表达能力强;

(6)无不良嗜好,非色盲、非色弱;

(7)熟练掌握综合控制室设备、消防设备等操作流程,具有良好的沟通能力;

(8)工作认真细致,有强烈的责任心、事业心和使命感,具有良好的思想政治素质和职业道德品质,品行端正,遵纪守法,无不良记录。

岗位职责:

(1)负责贯彻执行国家和企业各项方针、政策、法规、规章制度,保障地铁运营生产的正常运行;

(2)根据有关规定办理接发列车、接收命令、调控权变更、办理闭塞、排列进路、开闭信号、填写交递凭证等各项行车工作;

(3)主动与行车调度员、司机、邻站行车值班员及有关工种人员及时联系,密切配合,保证运营安全。

(4)站线内发生异常情况时,依有关规定向行车调度员、值班站长、站区领导及客运公司生产调度室等相关部门汇报。

(5)负责自动售检票(Automatic Fare Collection,AFC)系统相关数据的采集、统计,协助站务员组织票务工作。

【岗位二:值班站长】

要求:

(1)35 岁以下,大学专科及以上学历;

(2)1 年以上值班站长工作经验;

(3) 具有综控员资格证书;

(4) 具有全面的地铁客运管理专业知识和经验,熟悉相关法律法规;

(5) 具有较强的组织执行能力,学习和创新能力强,决策能力强,熟练使用办公软件;

(6) 工作认真细致,有强烈的责任心、事业心和使命感,具有良好的思想政治素质和职业道德品质,品行端正,遵纪守法,无不良记录。

岗位职责:

(1) 负责贯彻执行国家和企业各项方针、政策、法规、规章制度,保障地铁运营生产的正常运行;

(2) 为保证站区各项生产指标和工作任务的全面完成,负责制订本班组工作计划安排和教育培训计划;

(3) 负责根据本班组特点制定本班组各项管理制度、措施及客运组织预案实施细则、特殊情况下安全应急预案实施细则等;

(4) 负责组织班组各项教育、培训、演练工作,提高职工综合素质;

(5) 负责组织交接班,布置当班工作,掌握本班组出勤情况并根据运营需要合理安排各岗人员;负责现场有关事宜的处理及突发事件的现场指挥工作;负责班组运营生产、日常管理的原始记录及考勤审核上报工作,及时做好信息反馈、生产数据统计和工作总结;

(6) 负责主持召开班组各类会议,部署生产和管理各项工作;负责车站对外接待等事宜;负责班组思想政治工作和综合治理工作;负责对本班组严重违章违纪、各类事故及乘客投诉、批评信和新闻批评,组织调查分析,查清原因,对当事人进行批评教育,制定改进措施;

(7) 负责班组各项工作的监督检查,并依据站区和班组的有关规定进行考核;

(8) 负责本班组的班组建设工作。

可以看出,以上2个招聘公告,针对不同岗位,需求不一,标准不一。招聘计划的设置体现从实际出发又服从实际需要的原则,按照岗位需求列出详细的指标要求。招聘计划一般在每年3月和9月公布,按照实际需求启动两批次招聘工作。招聘可为企业发展补充适宜人员,助力企业健康发展和持续运营。

讨论:

(1) 如果你是一名地铁公司的招聘管理者,你会如何制订招聘计划?以某一岗位为例作出说明。

(2) 你认为案例中招聘计划的优缺点都有哪些?

学习笔记

班级		姓名		学号	
学习小组		组长		日期	

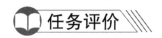

(1) 请阅读"任务发布"中的案例,列举案例中的决策方法。

(2) 以小组为单位进行角色扮演,分别代表市政府、地铁公司、普通乘客等,运用所学决策方法(如头脑风暴法)模拟决策过程,填写表 2-1-1,并将决策过程以视频的形式记录下来。

工作计划与人员分工   表 2-1-1

时 间	地 点	任 务	责任人 (岗位)	备 注

(3) 各学习小组提交决策意见书。

请填写表 2-1-2,对任务实施效果进行评价。

任务评价表   表 2-1-2

评价指标	分值(分)	组长评价(20%)	自我评价(10%)	教师评价(70%)
1. 群体决策方法过程正确	30			
2. 视频拍摄清楚	20			
3. 小组总结的决策意见合理	30			
4. 小组成员共同参与	20			
任务成绩				

总结反思

单元 2.2　组织职能

学习目标

1. 知识目标

（1）理解组织职能的概念，掌握组织工作的流程，熟悉各个环节。

（2）掌握典型的组织形式，能够对不同的组织形式作出辨识，了解组织文化内涵及功能；掌握组织文化的多种重要作用。

2. 技能目标

（1）能够理解组织行为，分析不同的组织行为方式；能够设计简单的企业组织结构。

（2）能够区分并辨识出不同的组织形式，能够结合实际区分出不同的组织形式并分析其优缺点。

（3）能运用组织文化的作用指导实际；简单说出践行核心价值观的方法。

3. 素养目标

（1）能够辨识出多种组织形式。

（2）能够联系实际掌握不同的组织文化内涵，具备将文化内化于心、外化于行的素养。

（3）善于运用组织文化的正向引导功能；对于自己认同的企业和组织文化有认同感、归属感和践行力。

任务发布

请阅读案例，总结案例中的组织文化。假设你是地铁公司的站务员，你将怎样用行动践行企业核心价值观？（本任务根据本单元部分学习目标设计。在实际教学中，教师可根据本单元学习目标，灵活设计学习任务。）

某地铁公司的企业文化

1. 愿景

本公司立足并拓展所在城市的轨道交通建设、运营及相关业务，以真诚的服务，促进社区建设和发展，建立可持续、健康环保和友爱的社区关系。

2. 目标

关注多方的社会利益。巩固与利益相关人之间的关系，其中包括但不仅限于员工、合作伙伴、媒体、消费者、社区和政府相关人员；开展企业社会责任项目，从每个员工及管理层共同做起。

3. 策略

建立一套企业社会责任的原则，公司上下不断交流、学习。鼓励交流、悉心听取外部的建议，与我们的利益相关人不断沟通，交流"企业社会责任"和可持续发展的理念；设立更高的企业社会责任和可持续发展的目标;通过多种途径与利益相关人分享进步、互相学习和吸取经验。

4. 社会责任

本公司积极履行各个领域的企业社会责任:

(1)倡导安全出行。城市轨道交通行业可持续发展的第一要务是"安全运营",本公司有责任为此付出不懈的努力。本公司坚持以高标准追踪故障率与乘客反馈,了解运营服务缺陷,并不断改进服务的质量与运营的安全性。本公司始终关注城市轨道交通与安全出行,并积极推进安全出行项目。

(2)与社区和谐发展。支持公益活动是企业社会责任的一个重要组成部分,本公司将积极与沿线社区保持联系,根据行业特点和社区共同举办各类公益活动,将会不断加强对社会公益活动的支持力度。增强居民对公共交通认识的同时,为沿线和谐社区的建设多做努力。

(3)与员工共同成长。本公司一向秉承注重人力资源开发的传统,坚持以人为本的原则,积极培训人才,提升员工的各方面才能,鼓励并推动员工多技能、全方位发展。公司视人才为企业之根本,为每一位员工提供具有竞争力的薪酬和完善的福利待遇。同时,公司拥有科学、公平的人力资源制度和激励机制,为员工提供广阔的发展空间。

(4)保护环境与节约资源。本公司关心地铁运行可能引起的环境问题,采取积极的环保政策,建立完善的规章制度,降低对环境的破坏。同时,在日常工作中,将环保的理念贯彻到每一个环节中。

任务目标

(1)熟悉组织文化的内涵及意义。

(2)掌握组织文化并列举践行方法。

任务分组

建议学习者组建学习小组,制订学习计划,共同完成相关任务。

姓 名	学 号	分 工	备 注	学习计划
			组长	

任务准备

引导问题1 典型的组织形式有哪些?(　　)

A. 直线制　　　　B. 职能制　　　　C. 直线职能制　　　　D. 事业部制

引导问题2 组织文化的功能有哪些?(　　)

A. 自我内聚　　　　B. 自我改造　　　　C. 自我调控　　　　D. 自我完善

引导问题3 北京地铁企业文化涵盖哪几个方面?(　　)

A. 平安型地铁　　　　B. 人文型地铁　　　　C. 高效型地铁　　　　D. 节约型地铁

E. 法治型地铁　　　　F. 创新型地铁

引导问题4 组织的工作职能涵盖_____、_____、_____

和_____。

引导问题 5　组织文化特征包含_____、_____、_____
和_____。

引导问题 6　直线职能制组织形式的特点有哪些?

引导问题 7　简述组织文化的作用。

知识储备

2.2.1 组织工作

一　组织与组织设计

组织是两个以上的人为了某个共同的目的而结合起来协同行动的集体。它具备一定数量的成员,有相对明确的目标,对于组织内的成员有明确固定的分工,形成了相对稳定的规则,最终实现一个共同目的。组织设计是为了实现组织目标,对组织的结构与活动进行变革与再设计的过程。

> **视野拓展**
>
> 金刚石和石墨都由碳元素组成,都是单质。但是由于碳元素构成排序不同,导致二者差异明显且价值相差甚远。金刚石是天然存在的最硬的物体,作为珠宝饰品价格不菲。石墨有金属光泽,质地较软,有滑腻感,常被作为铅笔芯,价格亲民。

(一)正式组织与非正式组织

组织设计的目的是建立合理的组织机构和结构,规范组织成员在活动中的关系。组织设计的结果是形成正式组织。但是在社会经济中,还存在着一种非正式组织。正式组织的活动以成本和效率为主要标准,要求组织成员为了提高活动效率和降低成本而确保形式上的合作,并通过对其表现的奖惩措施来引导其行为。但是非正式组织的成员是通过工作之外的联络,相互了解、彼此欣赏而建立起来的无形的、与正式组织有联系但是又独立于正式组织的小群体,因此,维系正式组织的是理性原则,维系非正式组织的则是以感情融洽关系为基础的原则。

非正式组织的影响力不可小觑。一方面,非正式组织可以满足成员的需要,成员的很多心理需要能够被非正式组织满足;人们在非正式组织中的频繁接触会加速关系的融洽与和谐进而促进合作;在沟通交往和接触中,组织中遇到困难的人会得到伙伴们自觉的指导和帮助,在某些程度上起到了培训作用;组织内成员会自发地为了群体利益而付出努力,帮助组织更好地发展。

但是,非正式组织也存在部分危害。比如,如果非正式组织与正式组织冲突,则会对

正式组织的工作产生不利影响。非正式组织往往给成员以一致性的压力,故而可能会束缚成员个人发展,另外还有可能影响正式组织的表现,发展组织的惰性。

管理者要善用非正式组织的优势,避免其劣势,正确发挥好正式组织和非正式组织的功能和效果,助推组织目标实现。

(二)管理幅度与管理层次

任何管理者能够直接有效地指挥和监督的下属数量总是有限的,这个有限的直接领导的下属数量被称作管理幅度。组织中,从最高管理者到具体工作人员之间形成不同管理层次。管理者直接控制的下属越多,管理层次越少;相反,管理幅度越小,则管理层次越多。

管理层次与管理幅度的反比例关系决定了两种基本的管理组织结构形态——扁平结构形态和锥形结构形态。

影响管理幅度的因素主要有:管理者和下属的工作能力,工作的内容和性质,工作条件,工作环境。

二 组织设计的任务与设计原则

(一)组织设计的主要工作

(1)职务设计与分析。职务设计与分析是组织设计的最基础工作。职务设计是在目标活动逐步分解的基础上,设计和确定组织内从事具体管理工作所需的职务类别和数量,分析担任每个职务的人员应负的责任、应具备的能力等。

(2)部门划分。根据各个职务所从事的工作内容的性质以及职务间的相互关系,依照一定的原则,可以将各个职务组合成被称为"部门"的管理单位。

(3)结构调整。根据组织内外能够获取的现有人力资源,可对初步设计的部门和职务进行调整,并平衡各部门、各职务的工作量,以使组织机构合理。再根据工作的性质和内容,规定各管理机构的职责、权限以及义务关系,使各管理部门和职务形成一个严密的网络。

组织设计工作过程主要可以概括为四个方面:
(1)确定组织目标及实现目标的必要活动。
(2)根据组织资源和环境对实现目标的活动进行分组。
(3)根据工作需求为各个职位配备合适人员,通过决策确定人员的职责和权限。
(4)建立各个层级、部门之间的协作机制。
某企业组织设计的工作过程如图 2-2-1 所示。

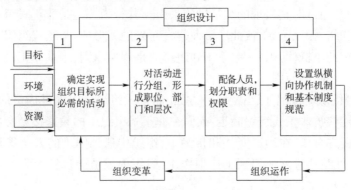

图 2-2-1 某企业组织设计的工作过程

> **视野拓展**
>
> 城市轨道交通企业在运行过程中首先要合理地选聘人员,鼓励上级人员向下级妥当授权、下级人员对上级人员全面负责,做到积极有效地进行信息沟通和联系;其次,还要在运行过程中制定和落实多种约束员工的规章制度,各项作业操作的标准程序、人员招聘和选拔制度、工作执行报告制度、绩效考核和评价机制、人员晋升与激励制度、人员培训提升制度等,实现正常运转和制度化建设。企业不同子公司制定不同的招聘制度、管理制度、生产经营制度等也是组织设计工作的一部分。从一定意义上讲,组织设计工作同管理其他方面的工作紧密联系在一起。

(二)组织设计的原则

组织所处的环境、采用的技术、制定的战略、发展的规模不同,所需的职务和部门及其相互关系也不同,但是组织在进行机构和结构设计时,都需要遵守一些共同的原则。

(1)因事设职与因人设职相结合的原则。组织设计的根本目的是保证组织目标的实现,因此,在组织设计过程中需要考虑工作的特点和需要,要因事设职、因职用人,而非相反。组织设计过程中必须考虑人的因素。

(2)责权对等的原则。组织中每个部门都必须完成规定的工作。部门为了完成工作需要利用一定的人、财、物等资源。因此,组织设计要明确各个部门的任务和职责,规定相应的取得和利用人、财务、物以及信息等工作条件的权力。没有明确的权力或者权力范围小于工作的要求,则可能使责任无法履行,任务无法完成。

(3)命令统一的原则。组织中所有成员在工作中根据上级管理部门或者负责人的命令,开始或者结束、进行或者调整、修正或者废止自己的工作。命令统一的原则可以理解为要求组织成员只能接受一个上级的领导。

2.2.2 典型的组织形式

一 直线制

在直线制组织中,命令单一传递,管理权力高度集中,实行单一化管理,决策迅速,指挥灵活,但对管理者的要求较高,需要其掌握更多的专业知识。

典型的直线制组织如图 2-2-2 所示。

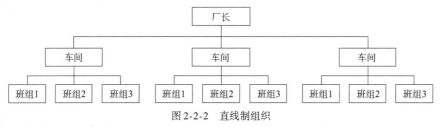

图 2-2-2 直线制组织

> **视野拓展**
>
> 直线制组织形式适用于规模小、成员不多、任务单一、生产(或作业)和管理工作比较

简单的组织,如小型企业等。在城市轨道交通运营管理中,车站班组可看作直线制组织。

二 职能制

在职能制组织中,设置若干职能专门化机构,这些机构在职能范围内有权向下发布命令和指示。该种组织能够充分发挥职能机构的专业管理作用,并使领导者摆脱琐碎的管理工作。但是不足之处是多头领导,与统一指挥的原则不符。

典型职能制组织如图 2-2-3 所示。

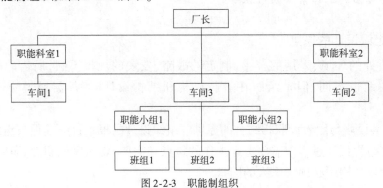

图 2-2-3 职能制组织

> **视野拓展**
>
> 职能制组织形式适用于只有单一类型产品或少数几类产品的企业。

三 直线职能制

直线制和职能制两种形式可组合形成直线职能制组织,这种组织保持了直线制组织集中统一指挥的优点,又具有职能组织分工专业化的长处。但是,直线职能制组织会导致职能部门之间横向联系较差,信息的传递路线较长,在环境应变方面较差。

典型的直线职能制组织如图 2-2-4 所示。

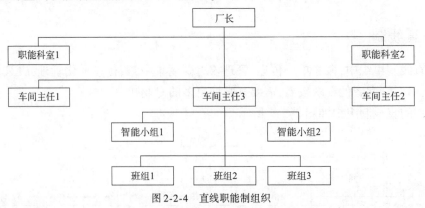

图 2-2-4 直线职能制组织

> **视野拓展**
>
> 直线职能制组织适用于绝大部分中小企业,不适宜生产多品种产品和规模很大的企业,也不适宜创新性的企业。

四 事业部制

在事业部制组织中,部门按照区域所经营的各种产品和事业划分,各事业部独立核算,自负盈亏,适应性和稳定性强,有利于组织的最高管理者摆脱日常琐碎事务而专心致力于组织的战略决策和长期规划,有利于调动各事业部的积极性主动性参与组织工作。其缺点为资源会重复配置,管理成本较高,事业部之间的协作性较差。

典型的事业部制组织如图 2-2-5 所示。

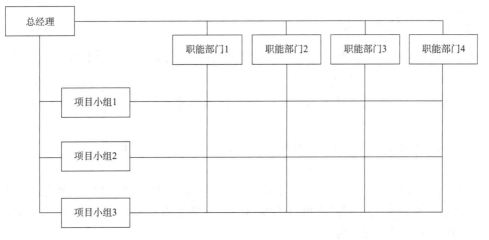

图 2-2-5　事业部制组织

> **视野拓展**
>
> 事业部制组织适应于大型企业、跨国公司、多元经营企业等。

2.2.3　组织文化

一 组织文化内涵

组织文化是组织成员的共同价值体系(价值观),是组织区别于其他组织的,基于成员共同认同的认知,能够强烈地影响组织成员的态度和行为。

(一)组织文化的特征

(1)核心为组织价值观。

(2)中心是以人为本。

(3)管理方式为柔性管理。

(4)重要任务是增强组织群体凝聚力,实现组织目标。

(二)组织文化的内容

(1)组织的价值观。组织的价值观即组织内部管理层和全体员工对组织的生产、经营、服务等活动以及指导这些活动的一般看法或基本观点,包括组织存在的意义和目的、组织中各项规章制度的必要性和作用等。

（2）组织精神。组织精神即组织成员经过共同努力奋斗和长期培养而逐步形成的，认识和看待事物的共同心理趋势、价值取向和主导意识。组织精神是一个组织的精神支柱，是组织文化的核心，它反映了组织成员对组织的特征、形象、地位等的理解和认同，也包含了对组织未来发展和命运所抱有的希望。

（3）伦理规范。伦理规范即从道德意义上考虑的，由社会向人们提出并应当遵守的行为准则。它通过社会公众舆论规范人们的行为。

二　组织文化的功能

（1）整合功能，自我内聚。通过培养成员的认同感和归属感，建立起成员和组织之间的相互依存关系，使个人行为、思想、感情、信念、习惯与整个组织有机统一起来，形成一种无形的合力与组织同向同行，由此激发组织成员的主观能动性，为实现组织目标共同努力。

（2）适应功能，自我改造。组织文化从根本上改变员工旧有的价值观念，建立起新的价值观念，使其同组织实践活动相互适应。

（3）导向功能，自我调控。组织文化对组织成员并未形成硬性的要求，而是一种软性的理智约束，通过组织共同的价值观不断向个人价值观渗透和内化，使组织形成属于自己的软约束来实现管理行为。

（4）发展功能，自我完善。组织文化通过无数次的辐射、反馈和强化，随着实践发展而更新变化，推动组织文化不断向新的高度迈进。这种进步会推动组织本身实现上升式发展，反过来又会促进组织文化的丰富完善。

（5）持续功能，自我延续。组织文化会受到社会环境、人文环境、自然环境等较多因素的影响而发生变化，它的形成和塑造必须经历长期的耐心倡导和培育，不断实践，在修改完善的过程中实现提高和升华。

2.2.4　城市轨道交通企业组织文化演变及影响作用案例分析

北京市地铁运营有限公司（简称"北京地铁公司"）成立于1970年4月15日，是北京市属大型国有独资公司，是国内最早成立的城市轨道交通运营企业。根据国际地铁协会的统计，北京地铁在安全、能耗等方面的达标率始终保持在国际领先水平。

北京地铁公司以提高管理能力、扩大管理幅度和建立内部竞争机制、提高运营管理水平为目标，开展了组织机构、管理体制和机构改革。北京地铁公司于2009年提出建设"六型地铁"的战略目标，于2011年将"六型地铁"发展战略写入公司"十二五"发展规划，并在公司"十三五"发展规划中将"法制型地铁"纳入"六型地铁"发展战略。

所谓"六型地铁"，即突出安全可靠、长治久安，着力建设"平安型地铁"；突出以人为本、提升服务，着力建设"人文型地铁"；突出提高运力、增加运量，着力建设"高效型地铁"；突出低耗环保、严控成本，着力建设"节约型地铁"；突出宣传引导、厉行法治，着力建设"法治型地铁"；突出改革创新、创新驱动，着力建设"创新型地铁"。

"六型地铁"文化源自北京地铁优秀文化的积淀，源自建设"六型地铁"的战略思考，源自"北京地铁"的文化价值。

"六型地铁"的理念如下：

企业愿景——国内领先，世界一流；

企业使命——畅通北京，让首都更美好；

核心价值观——安全为基础，服务为根本，效益为目标；

企业精神——忠诚，担当，联动，创新；

安全理念——以人为本创平安，永远追求零风险；

服务理念——需求导向 持续改进，首善服务；

人才理念——让平凡者成功，让成功者卓越；

品牌理念——"六型地铁"，快乐出行。

"六型地铁"的设计原则如图2-2-6所示。

图2-2-6 "六型地铁"设计原则

文化是企业的灵魂，是企业发展的不竭动力，文化管理是现代企业管理的最高管理模式。"十二五"期间，北京地铁公司开展企业文化总结提升，形成了与战略规划高度协调的"六型地铁"企业文化，在不断发展过程中，企业文化激励广大员工为之奋斗。与此同时，北京地铁公司推进安全、服务、效益、人才、法制、廉洁、品牌专项文化和子文化建设，完善组织文化体系，增强了企业的文化软实力和核心竞争力。"十三五"时期，北京地铁公司进一步健全"六型地铁"、文化教育培训机制和考核评价机制，强化文化引领，促进文化管理，通过分层次、分阶段地进行宣传教育培训，实现了"六型地铁"文化内化于心、固化于制、外化于行、显化于物，提升了企业核心竞争力。

讨论：依据北京地铁文化的演变过程，论述组织文化的功能，结合实际谈一谈，作为未来交通人，你将如何更好地践行企业组织文化？

班级		姓名		学号	
学习小组		组长		日期	

任务实施

(1) 明确工作计划与人员分工,填写表2-2-1。

任务实施表　　　　　　　　　　　　　　　　　表2-2-1

时　间	地　点	任　务	责任人 (岗位)	备　注
		分析案例		
		查阅资料		
		PPT内容设计		
		PPT制作		
		时间控制及提交		

(2) 以小组为单位,制作践行某地铁企业核心价值观措施PPT。

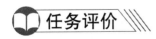

请填写表2-2-2,对任务实施效果进行评价。

任务评价表　　　　　　　　　　　　　　　　　表2-2-2

评价指标	分值(分)	组长评价(20%)	自我评价(10%)	教师评价(70%)
1.地铁企业文化归纳全面	30			
2.践行措施合理,文化理解与实践有机结合	20			
3.PPT图文并茂,内容丰富	30			
4.上交任务及时	20			
任务成绩				

总结反思

单元 2.3　领导职能

📖 学习目标

1. 知识目标

（1）理解领导职能的概念，掌握领导工作的主要构成要素。

（2）认识权力及其类型，能够区分不同权力类型；掌握权力运用过程中的方法技巧等。

（3）掌握不同的领导理论，了解领导效能及其影响因素；能够分析并辨识出不同的领导效能的呈现方法。

2. 技能目标

（1）能够理解领导行为，能够区分并辨识出不同的领导风格；正确进行自我角色定位；初步培养提高自身权威与有效运用权力的能力。

（2）能够掌握人性假设理论的内涵；能够结合实际开展分析辨识，运用人性假设理论分析问题。

（3）能够运用激励理论开展指导实际的激励行为，结合实际促进任务推进。

3. 素养目标

（1）能够辨识出符合自己特质的某些领导风格元素；掌握激励自我和他人的方法。

（2）能够联系实际，运用人性假设理论分析问题；能够结合案例和实际辨识出不同的人性特质并掌握应对方法。

📖 任务发布

结合需求层次理论、期望理论、强化理论等激励理论，联系职业院校学生学习现状，为促进学生全面成长，列出社会、学校、家庭及个人可以实施的具体激励措施。（本任务根据本单元部分学习目标设计。在实际教学中，教师可根据本单元学习目标，灵活设计学习任务。）

📖 任务目标

（1）充分认识激励理论。

（2）掌握有效激励的措施。

（3）利用激励理论，采取有效自我激励措施促进职业院校学生成才。

📖 任务分组

建议学习者组建学习小组，制订学习计划，共同完成相关任务。

姓　名	学　号	分　工	备　注	学习计划
			组长	

任务准备

引导问题 1　领导工作构成要素有哪些？（　　）
A. 影响力　　　　　B. 激励　　　　　C. 沟通　　　　　D. 组织文化

引导问题 2　权力包含哪些方面？（　　）
A. 法定权力　　　　B. 奖赏权力　　　C. 强制权力　　　D. 专家权力
E. 感召权力

引导问题 3　激励具有哪些作用？（　　）
A. 强化需求　　　　B. 引导动机　　　C. 提供条件

引导问题 4　双中心理论涵盖_____和_____。

引导问题 5　领导风格包含_____、_____、_____和_____。

引导问题 6　简述期望理论的主要观点。

引导问题 7　简述需求层次理论的观点。

引导问题 8　简述强化理论的主要观点。

引导问题 9　有效沟通的障碍有哪些？

2.3.1　领导的内涵

一、认识领导

（一）领导的定义

领导，作为名词具有领导者的含义，是指组织中确定和实现组织目标的首领。如公司的总经理，其要影响和激励组织成员充分发挥才能并密切配合实现组织目标。

领导作为动词是指一种管理职能，通过行使该项职能，领导者能够促成被领导者努力实现既定的组织目标。

领导还可以理解为指挥、带领、引导和鼓励部下为实现目标而努力的过程。这一含义包含了领导者必须有部下或者追随者;拥有影响追随者的能力或者力量;领导的目的是通过影响部下来实现组织目标。

(二)领导的作用

(1)指挥作用。领导者帮助人们认清所处的环境和形势,指明活动的目标和达到目标的途径。

(2)协调作用。领导者协调人们的关系和活动,把大家团结起来,抵抗各种因素干扰,团结组织成员,朝着共同的目标前进。

(3)激励作用。领导者需要引导组织成员朝着同一个目标努力,协调不同的成员在不同时期的贡献,激发成员的工作热情,使他们在组织活动中保持高昂的积极性,通过该项作用的发挥实现组织目标。

二　领导工作的构成

领导工作的构成如图 2-3-1 所示。

(1)影响力的形成和运用。领导的本质是影响力,影响力大小对领导效能的发挥起着重要作用。

(2)激励。领导者要取得被领导者的追随和服从,首先必须能够了解被领导者的愿望并帮助他们实现各自愿望。

(3)沟通。沟通是领导者和被领导者进行交往不可或缺的活动。通过沟通,领导者发布命令和任务,指导下属行为贯彻执行,还能够察觉执行中的问题。

(4)营造组织氛围,建设组织文化。领导者要对各种各样的激励因素作出反应,并建设组织文化,使得下属保持高昂的士气和良好的工作意愿。

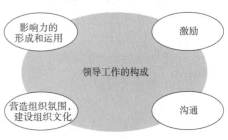

图 2-3-1　领导工作的构成

三　领导的本质

领导的本质是通过人与人之间的相互作用,使被领导者能义无反顾地追随其前进,自觉、自愿又充满信心地把自己的力量奉献给组织,促进组织目标的更有效实现。

领导与管理的关系见表 2-3-1。

领导与管理的关系　　　　表 2-3-1

领　　导	管　　理	领　　导	管　　理
重在激励鼓舞	重在约束控制	非权力影响力的运用	依赖硬权力的运用
革新和突破	秩序的维持	领导艺术的运用	规则的运用
效果的追求	效率的提高	强调人	强调制度和组织
决定做正确的事情	把已经决定的事做好		

2.3.2 领导权力

一 认识权力

权力是一个人主动影响另一个人的能力。从权力来源看,权力就是对资源拥有者的依赖性,依赖性是一个人可以对另一个人行使权力的基础。领导工作是指领导者运用其拥有的权力,以一定的方式对他人施加影响的过程。权力是领导者对他人施加影响的基础。

二 权力的类型和使用原则

(一)权力的类型

权力的类型如图2-3-2所示。

(1)法定权力。法定权力指管理职位所带来的、固有的、合法的、正式的权力。这种权力可通过领导者利用职权向直属人员发布命令、下达指示来直接体现,有时也可借助组织内的政策、程序和规则等来间接实现。

(2)奖赏权力。奖赏权力指提供奖金、提薪、表扬、升职和其他任何令人愉悦东西的权力,通常称为奖励权。这种奖赏对下属越显重要,则表明领导者拥有的影响力越大。

图 2-3-2 权力的类型

(3)专家权力。专家权力指因个人的特殊技能或某些专业知识而产生的权力或影响力,也称专长权。如医生、教授、律师、工程师等,都拥有较大的专家权力。

(4)强制权力。强制权力指可施加扣罚工资奖金、批评、降职乃至开除等惩罚性措施的权力,也称为作处罚权。强制权力和奖赏权力都与法定权力密切相关。

(5)感召权力。感召权力是与个人的品质、魅力、经历、背景等相关的权力,通常也称个人影响权。

一个领导者获得影响力的途径是多样的,法定权力、奖赏权力和强制权力统称为职位权力,而与个人因素相关的感召权力、专家权力统称为个人权力。正式组织中的有效领导者应该兼具职位权力和个人权力。

(二)权力的使用原则

(1)慎重用权。作为管理者有一定的管理权力,少数领导者认为有了权力就拥有一切,往往自觉或者不自觉地炫耀手中权力,以此树立自己的权威。成熟的领导必须十分正视组织给予的权力,决不能滥用权力,但在确实需要用权时又要当机立断地使用权力来维护组织和成员的利益,而不应当为了维护个人私利而患得患失、谨小慎微,使组织利益受损。

(2)公正用权。领导者必须用自己的实际行动让下属相信,在其运用权力时一定做到不分亲疏、不徇私情、不谋私利。只有如此才能服众。

(3) 例外处理。规章制度是组织成员必须共同遵守的行为原则,领导者必须维护规章制度的严肃性,按照规章制度的要求正确使用手中的权力,但在特殊的时候,领导者也应当有权进行特殊事件的例外处理。必须在坚持组织根本目标和成员普遍利益的前提下实施例外处理。

视野拓展

正人先正己,做事先做人。领导者想要管好下属,必须以身作则。领导者一旦通过表率树立起威望,将会使上下同心,大大提高团队的整体战斗力。得人心者得天下,做下属敬佩的领导者会使管理事半功倍。

成功的管理者一定是勇于承担责任并直面错误的。只有具有担当精神和诚信,严格要求自己,才能够在管理的岗位上收获更多信任,走得更远。

2.3.3 领导理论

一 领导特质理论

领导特质理论形成于20世纪40—50年代,侧重在领导者本身特质上,主要集中在领导者与非领导者以及有效的领导者和无效的领导者之间的素质差别,认为领导的工作效能的高低与领导者素质、品质或者个性特征密切相关。有学者认为,有效的领导者的特性是在完成任务中具有强烈的责任心,能精力充沛地执着追求目标,在解决问题中具有冒险性和创造性,在社会环境中能运用首创精神,富有自信和具有辨别力,愿意承担决策和行为的结果,愿意承受人与人之间的压力,愿意忍受挫折和弹劾,具有影响他人行为的能力。

二 领导行为理论

领导行为理论认为个人可以通过合适的、最优的领导行为的学习和培训,使其能够有效地开展领导工作。

前高盛集团总裁兼首席执行官约翰·桑顿说:"领导力本质上来说就是一个永无休止的问题,也是自我学习、自我培养、自我觉醒的一个过程。"领导者需要每天必须通过取得的成就甚至通过错误进行学习,也通过读书、思考、讨论,乃至通过观察其他领导人的行为等进行学习。

2.3.4 领导风格和效能

一 领导风格及特点

1. 专制式领导风格

专制式领导风格指领导者习惯独自作出决策,然后命令下属予以执行,并要求下属不容置疑地遵从命令。专制式领导者通过发号施令和实施奖惩的权力进行领导。

优点:决策制定和执行速度快,可以在短时间内解决问题。

缺点:下属依赖性大,领导辅导较重,容易抑制下属的创造性、工作积极性和创新性思维。

2. 民主式领导风格

民主式领导风格指领导者在采取行动方案或作出决策之前会主动听取下级意见,或者吸收下级人员参与决策制定。

优点:利于集思广益,制定出质量更好的决策,同时还能使决策得到认可和接受,减少执行阻力,并增进下属的自尊心和自信心,提高他们的工作热情和工作满足感。

缺点:制定决策过程长,耗费精力大,领导者周旋于各个意见之间,容易优柔寡断,唯唯诺诺。

3. 放任式领导风格

放任式领导风格指领导者极少行使职权,留给下属更大的自由度,让其自行处理事情,任凭下属设定工作目标和决定实现目标的手段,很少或者基本上不参与下属的活动,偶尔与下属有些联系,且常处于被动地位。

优点:能够培养下属的独立性,激发下属的活力。

缺点:由于领导者无为,下属会各自为政,容易造成意见分歧,决策难以统一。

放任式领导风格很难持久,除非被领导者是技术专家且具有高度的工作热情。

三种领导风格各具特色,也各适用于不同的环境中。领导者要根据所处的管理层次、所担负的工作的性质以及下属的特点,在不同时空处理不同问题时针对不同下属,选择合适的领导风格。

视野拓展

双中心理论

以任务为中心:领导者最关心工作任务的完成情况,他们总是把任务放在首位,对人际关系却不甚关心,有时为了完成任务甚至不惜损害与不同层次组织成员的关系。这种领导风格通常可以带来较高的工作效率,但是会降低组织成员的满意程度,且影响群体团结。

以员工为中心:领导者把主要精力放在下属身上,关注他们的感情和相互之间的人际关系,关注员工的个人成长和发展,领导的权力更多建立在个人的专长和模范表率作用基础上。这种领导风格能够提高组织成员的满意度,强化群体团建,但是与对工作效率的提升作用并不成正比,领导者表现出关心体谅下属未必就能够提高工作效率。

二 领导效能及其影响因素

领导效能是指领导行为产生的效果。影响领导效能的因素有如下几个:

(1)领导者。领导者是决定领导工作有效性的重要因素,领导者是领导工作的主体。领导者对领导效能起到十分重要的作用。领导者本身的知识、经验、能力、个性、价值观念及对下属的看法等都会影响到组织目标的实现。

(2) 被领导者。被领导者是领导工作的客体,被领导者的知识、经验、技能、个人要求、责任心和个性等都会对领导工作产生重大影响。被领导者的情况既影响领导方式和方法的选择,也影响领导工作的效率。

(3) 领导风格。领导风格表现为领导行为,领导者可以通过对合适的、最优的领导行为的学习和培训,使自己更加有效地开展领导工作。不同的领导风格会带来不同的领导效果,领导者和被领导者的默契配合决定着效能的发挥程度。

(4) 领导工作环境。领导工作是在一定环境下进行的,领导工作环境更多的是组织内部环境,与环境相适应的领导方式才是有效的。

三 管理方格理论

领导者在管理过程中,或以生产为导向,或以员工为导向。

1964年,美国的罗伯特·布莱克(Robert R. Blake)和简·穆顿(Jane S. Mouton)提出了著名的管理方格理论(图2-3-3)。该理论可用一张方格图来表示。在这张图上,横轴表示领导者对生产的关心程度,纵轴表示领导者对人的关心程度。每条轴划分为9个小格,第一格代表关心程序最低,第九格表示关心程度最高,整个方格图共有81个方格,每一小格代表一种领导方式。

布莱克和穆顿列举了5种典型的领导方式。

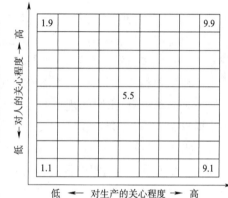

图 2-3-3　管理方格理论示意图

(1) 1.1型方式(贫乏型)。这种方式对职工的关心和对生产任务的关心都很差。这种方式无疑会使企业失败,在实践中很少见到。

(2) 9.1型方式(任务型)。这种方式只注重任务的完成,不重视人的因素。这种领导是一种专制式的领导,下属只能奉命行事。职工失去进取精神,不愿用创造性的方法去解决各种问题,不能施展所有的本领。

(3) 1.9型方式(乡村俱乐部型)。这种方式与9.1型方式相反,即特别关心职工。持此方式的领导者认为,只要职工精神愉快,生产自然会好。这种管理的结果可能很脆弱,一旦和谐的人际关系受到了影响,生产成绩会随之下降。

(4) 5.5型方式(中庸之道型)。这种方式既不过于重视人的因素,也不过于重视任务因素,努力保持和谐和妥协,以免顾此失彼,遇到问题总想敷衍了事。此种方式比1.9型方式和9.1型方式强些,但是由于固守传统习惯,从长远看,会使企业落伍。相当多的管理者属于这种类型:不求有功,但求无过,不愿承担责任,缺乏创新精神,不愿冒险。

(5) 9.9型方式(团队型)。这种方式对生产和人的关心都达到了最高点。在9.9型方式下,职工在工作上希望相互协作,共同努力去实现企业目标;领导者诚心诚意地关心职工,努力使职工在完成组织目标的同时,满足个人需要。应用这种方式的结果是,职工都能运用智慧和创造力进行工作,关系和谐,出色地完成任务。

四 权变理论

权变理论的核心是指世界上没有一成不变的管理模式，一名高明的领导者应是一个善变的人，即根据环境的不同及时变换自己的领导方式。

权变理论认为不存在一种"普适"的领导方式，领导方式强烈地受到领导者所处的客观环境的影响。换句话说，领导方式是某种既定环境的产物，即领导方式是领导者特征、追随者特征和环境的函数：

$$S = f(L, F, E) \tag{2-3-1}$$

式中：S——领导方式；

L——领导者特征；

F——追随者特征；

E——环境。

领导者特征主要指领导者的个人品质、价值观和工作经历。如果一个领导者决断力很强，并且信奉 X 理论，他很可能采取专制型的领导方式。

追随者特征主要指追随者的个人品质、工作能力、价值观等。如果追随者的独立性较强，工作水平较高，那么领导者采取民主型或放任型的领导方式比较适合。

环境主要指工作特性、组织特征、社会状况、文化影响、心理因素等。工作是具有创造性还是简单重复，组织的规章制度是比较严密还是宽松，社会时尚是倾向于追随服从还是推崇个性等，都会对领导方式产生强烈的影响。

弗雷德·菲德勒（Fred E. Fiedler）将领导环境具体分为三个方面，即职位权力、任务结构和上下级关系。所谓职位权力，是指领导者所处的职位具有的权威和权力的大小，或者说领导的法定权、强制权、奖励权的大小。权力越大，群体成员遵从指导的程度越高，领导环境也就越好。任务结构是指任务的明确程度和部下对这些任务的负责程度。这些任务越明确，并且部下责任心越强，则领导环境越好。上下级关系是指群众和下属乐于追随的程度，下级对上级越尊重，群众和下属越乐于追随，则上下级关系越好，领导环境也越好。

菲德勒设计了一种最难共事者问卷（LPC）来测定领导者的领导方式。该问卷的主要内容是询问领导者对最难合作的同事的评价。如果领导者对这种同事的评价大多使用敌意的词语，则该种领导趋向于工作任务型的领导方式（低 LPC 型）；如果评价大多用善意的词语，则该种领导趋向于人际关系型的领导方式（高 LPC 型）。

菲德勒认为，环境的好坏对领导的目标有重大影响。低 LPC 型领导比较重视工作任务的完成。如果环境较差，其将首先保证完成任务；当环境较好，任务能够确保完成，其目标将是搞好人际关系。高 LPC 型领导比较重视人际关系。如果环境较差，其将把人际关系放在首位；当环境较好，人际关系也比较融洽，其将追求完成工作任务。领导首要目标与环境的关系如图 2-3-4 所示。

图 2-3-4 领导首要目标与环境的关系示意图

菲德勒对1200个团体进行了抽样调查,得出了以下结论(表2-3-2)。

抽样调查结果统计表 表2-3-2

人际关系	好	好	好	好	差	差	差	差
工作结构	简单	简单	复杂	复杂	简单	简单	复杂	复杂
职位权利	强	弱	强	弱	强	弱	强	弱
环境	Ⅰ	Ⅱ	Ⅲ	Ⅳ	Ⅴ	Ⅵ	Ⅶ	Ⅷ
	好			中等			差	
首要目标 低LPC型领导	人际关系			不明确			工作任务	
首要目标 高LPC型领导	工作任务			不明确			人际关系	
最有效的方式	低LPC型			高LPC型			低LPC型	

领导环境决定了领导的方式。在环境较好的Ⅰ、Ⅱ、Ⅲ和环境较差的Ⅶ、Ⅷ情况下,采用低LPC型领导方式,即工作任务型的领导方式有效;在环境中等的Ⅳ、Ⅴ和Ⅵ情况下,采用高LPC型领导方式,即人际关系型的领导方式比较有效。

2.3.5 激 励

一 认识激励

企业首先是人的集合体,企业的生产经营活动是靠人来进行的,企业经营的各种要素是在人的主动参与经营下才发挥作用的。因此,只有使参与企业活动的人始终保持旺盛的士气、高扬的热情,企业经营才能实现较好的绩效。管理的激励功能就是要研究如何根据人的行为规律来提高人的积极性。

(一) 激励的定义

什么是激励？管理学家认为:一切内心要争取的条件、希望、愿望、动力等都构成了对人的激励。它是人类活动的一种内心状态。心理学家一般认为,人的一切行动都是由某种动机引起的。这种对人的行动起激发、推动、加强的动机称为激励。简言之,激励就是创设满足职工各种需要的条件,激发职工的工作动机,使之产生实现组织目标的特定行为的过程。人类有目的的行为都是出于对某种需要的追求。未得到满足的需要是产生激励的起点,进而导致某种行为。行为的结果,可能使需要得到满足,之后再产生对新需要的追求;行为的结果也可能是遭受挫折,即需要未得到满足,由此而产生消极态度或积极态度。激励模型如图2-3-5所示。

未满足的需要对人的激励作用的大小,取决于某一行动的效价和期望值。所谓效价是指个人对达到某种预期成果的偏爱程度,或某种预期成果可能给行为者个人带来的满足程度;期望值则是某一具体行动可带来某种预期成果的概率,即行为者采取某种行动,获得某种成果,从而带来某种心理上或生理上的满足的可能性。显然,能够满足某一需要的行动对特定个人的激励力是效价与实现可能性综合作用的结果。激励力、效价以及期望值之间的相互关系可用下式表示：

$$激励力 = 某一行动结果的效价 \times 期望值$$

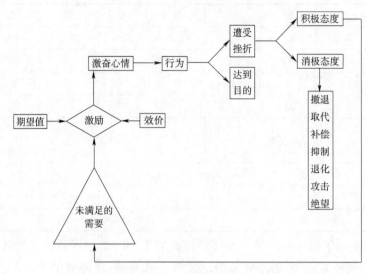

图 2-3-5　激励模型

激励可通过影响组织成员需要的实现来提高他们的工作积极性,引导他们在组织活动中的行为。激励是领导工作的重要方面,它能够促使员工的潜力得到最大限度的发挥。

视野拓展

英国有一家著名的长寿企业俱乐部,申请加入该俱乐部的企业经营时间必须超过300年。这些企业有一个共同点,就是能跟随时代造就出符合时代要求的对企业内部管理的高度敏感,对企业发展技术的高度敏感,对内部控制的高度敏感和对人才吸引的高度敏感。正是这样的原因塑造了企业的百年老店。企业的这份高度敏感就是激励制度带来的企业活力,因此他们总结出:要做好一家企业,关键是要给20%表现优秀的员工不断地加薪,并不断地淘汰企业里表现较差的10%的员工。

激励对员工潜能的发挥有着重要作用。激励可以通过一定的手段使员工的需要和愿望得到满足,以调动他们的工作积极性,使其主动而自发地把个人的潜能发挥出来并奉献给组织,从而确保组织达成既定的目标。

激励与沟通是领导的关键手段。领导者要想取得下属的认同进而让下属追随与服从,首先必须能够了解下属的愿望,知道他们心里想什么、需要什么,他们的工作动机是什么,并在此基础上采取有针对性的激励措施,这样才能成为有效的领导者。

（二）激励的作用

（1）强化需要:通过激励工作强化有利于组织目标实现的人的需要。

（2）引导动机:强化了需要不一定就能得到预期的行为,因为可能会产生多重行为,所以领导者就应该加以引导,以杜绝不良行为的发生,同时尽可能做到不让优秀员工流失;通过激励措施的制定,引导员工行为利于组织发展和目标实现。

（3）提供条件:激励员工的行为就应该为其行动提供条件,助力其实现目标。在激励过程中,行动结果提供的反馈从两方面影响人的行为,需要得到满足会促使更强烈的行动动机或进一步的需要,反之则会影响到下一次的激励效果。

二 激励理论

激励理论主要包含需要层次理论、期望理论、公平理论。

(一)需要层次理论

需要层次理论有两个基本论点:

(1)人是有需要的动物,其需要取决于已经得到了什么,还缺少什么,只有尚未满足的需要能够影响行为。换言之,已经得到满足的需要不再能起激励作用。

(2)人的需要都有轻重层次,某一层需要得到满足后,另一层需要才出现。

亚伯拉罕·马斯洛(Abraham H. Maslow)将需要划分为五级:生理的需要、安全的需要、感情的需要、尊重的需要、自我实现的需要(图2-3-6)。

图2-3-6 需要层次图

作为最基层的领导者,班组长对于个人需求的追求如果仅限于多长两级工资,有人多喊自己几声"领导",那么这种低层次的追求便很难促成个人事业上的更大进步。反之,个人成就欲望越高,事业成功的可能性越大。

(二)期望理论

维克托·弗鲁姆(Victor H. Vroom)的期望理论认为:只有当人们预期到某一行为能给个人带来有吸引力的结果时,个人才会采取这一特定行为。根据这一理论,人们对待工作的态度取决于对下述三种联系的判断:

(1)努力——绩效的联系。需要付出多大努力才能达到某一绩效水平?我是否真能达到这一绩效水平?概率有多大?

(2)绩效——奖赏的联系。当我达到这一绩效水平后,会得到什么奖赏?

(3)奖赏——个人目标的联系。这一奖赏能否满足个人的目标?吸引力有多大?

期望理论的基础是自我利益,它认为每一员工都在寻求获得最大限度的自我满足。期望理论的核心是双向期望,管理者期望员工的行为,员工期望管理者的奖赏。期望理论的假设是管理者知道什么对员工最有吸引力。期望理论的员工判断依据是员工个人的知觉,而与实际情况不相关。不管实际情况如何,只要员工以自己的知觉确认自己经过努力工作就能达到所要求的绩效,达到绩效后能得到具有吸引力的奖赏,他就会努力工作。

期望理论强调:积极性 = 绩效价值 × 期望值。该理论认为,同一项政策在不同的员工身上会产生不同的作用,管理者应在条件和权力允许的范围内适当调整奖励措施,因人而异地制定一些奖励措施,调动员工的工作积极性。

(三) 公平理论

这种激励理论主要讨论报酬的公平性对人们工作积极性的影响。人们将通过两个方面的比较来判断其所获报酬的公平性,即横向比较和纵向比较。

所谓横向比较,就是将"自己"与"别人"相比较,来判断自己所获报酬的公平性,并据此作出反应,即:

$$\frac{Q_p}{I_p} = \frac{Q_x}{I_x} \tag{2-3-2}$$

式中:Q_p——自己对所获报酬的感觉;
　　Q_x——自己对别人所获报酬的感觉;
　　I_p——自己对所投入量的感觉;
　　I_x——自己对别人所投入量的感觉。

在这种情况下,此人觉得报酬是公平的,他可能会因此而保持工作的积极性和努力程度。这里需要说明的问题是:

(1)投入量包括个人所受到的教育、能力、努力程度、时间等因素,报酬包括精神和物质奖励以及工作安排等因素。

(2)"别人"包括本组织中的其他人以及别的组织中与自己能力相当的同类人。

如果 $\frac{Q_p}{I_p} > \frac{Q_x}{I_x}$,则说明此人得到了过高的报酬或付出的努力较少。在这种情况下,他一般不会要求减少报酬,而有可能会自觉地增加投入量。但过一段时间他就会通过高估自己的投入而对高报酬心安理得,于是其产出又会恢复到原先的水平。

如果 $\frac{Q_p}{I_p} < \frac{Q_x}{I_x}$,则说明此人对组织的激励措施感到不公平。此时他可能会要求增加报酬,或者自动地减少投入以便达到心理上的平衡。当然,他甚至有可能离职。管理人员对此应特别注意。

除了"自己"与"别人"的横向比较外,还存在着自己的目前与过去的比较。如以 Q_{pp} 代表自己目前所获报酬,Q_{pl} 代表自己过去所获报酬,I_{pp} 代表自己目前的投入量,I_{pl} 代表自己过去的投入量,则比较的结果也有三种:

(1) $\frac{Q_{pp}}{I_{pp}} = \frac{Q_{pl}}{I_{pl}}$,此人认为激励措施基本公平,积极性和努力程度可能会保持不变;

(2) $\frac{Q_{pp}}{I_{pp}} > \frac{Q_{pl}}{I_{pl}}$,一般来讲此人不会觉得所获报酬过高,因为他可能会认为自己的能力和经验有了进一步的提高,但其工作积极性不会提高多少;

(3) $\frac{Q_{pp}}{I_{pp}} < \frac{Q_{pl}}{I_{pl}}$,此人觉得很不公平,工作积极性会下降,除非管理者给他增加报酬。

尽管公平理论的基本观点是普遍存在的,但是在实际运用中很难把握。个人的主观判断对此有很大的影响,因为人们总是倾向于过高估计自己的投入量,而过低估计自己所得到的报酬,对别人的投入量及所得报酬的估计则与此相反。因此,管理者在运用该理论时,应当更多地注意实际工作绩效与报酬之间的合理性。当然,对于有些具有特殊才能的人,或对完成某些复杂工作的人,应更多地考虑到其心理的平衡。

(四) 强化理论

强化理论是由美国心理学家斯金纳首先提出的。该理论认为,人的行为是其所获刺激的函数。如果这种刺激对他有利,这种行为会重复出现;若对他不利,这种行为会减弱直至消失。因此,管理者要采取各种强化方式,以使人们的行为符合组织的目标。根据强化的性质和目的不同,强化可以分为两大类型。

1. 正强化

所谓正强化,就是奖励那些符合组织目标的行为,以便使这些行为得到进一步加强,从而有利于组织目标的实现。正强化的刺激物不仅包含奖金等物质奖励,还包含表扬、提升、改善工作关系等精神奖励。为了使强化能达到预期的效果,还必须注意实施不同的强化方式。

(1)连续的、固定的强化。譬如对每一次符合组织目标的行为都给予强化,或每隔一固定的时间都给予一定的强化。尽管这种强化有及时刺激、立竿见影的效果,但随着时间的推移,人们对这种正强化的期望就会越来越高,或者认为这种正强化是理所应当的。在这种情况下,管理者只能不断加强这种正强化,否则,其作用就会减弱甚至不再起到刺激行为的作用。

(2)间断的、时间和数量都不固定的强化,即管理者根据组织的需要和个人行为在工作中的反映,不定期、不定量实施强化,使每一次强化都能起到较大的效果。

2. 负强化

所谓负强化,就是惩罚那些不符合组织目标的行为,以使这些行为削弱直至消失,从而保证组织目标的实现不受干扰。实际上,不进行正强化也是一种负强化,譬如,过去对某种行为进行正强化,现在组织不再需要这种行为,但基于这种行为并不妨碍组织目标的实现,这时就可以取消正强化,使行为减少或不再重复出现。负强化还包含着减少奖酬或罚款、批评、降级等。实施负强化的方式与正强化有所差异,应以连续负强化为主,即对每一次不符合组织目标的行为都应及时予以负强化,消除人们的侥幸心理,减少直至完全避免这种行为重复出现。

视野拓展

人性假设理论

不同时期的管理学者和组织行为学者对人的本质及其行为特征进行了研究,总结归纳出4种人性假设(图2-3-7)。

(1)经济人假设:这是对人性的最早期传统认知,认为人是以一种合乎理性的、精打细算的方式行事,人的行为是由经济因素推动和激发的,个人在组织中处于被动的、受控制的地位。

该理论引发的管理方式是:组织应该以经济报酬来使人们服从并应以权力与控制体系来保护组织本身及引导员工。领导者管理的重点在于提高效率,完成任务。管理特征是制定各种严格的工作规范,加强各种法规和管制,为了提高士气用金钱予以刺激,对不服从者采取严厉惩罚。

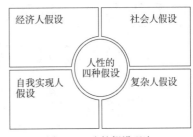

图2-3-7 人性假设理论

(2)社会人假设:认为人是受社会需求所激励的,集体伙伴的社会力量要比上级主管的控制力更加重要。

该理论引发的管理模式是：领导应关心和体贴下属，重视人们之间的社会关系，通过培养和形成组织成员的归属感来调动人的积极性，促进组织目标实现。

(3) 自我实现人假设：认为人是自我激励、自我指导和自我控制的。人们要求提高和发展自己，期望获取个人成功，认为自己工作的最根本目的是自我实现。

该理论引发的管理模式是：领导者应当把人当作宝贵的资源来看待，通过提供富有挑战性的工作使人的个性不断成熟，体验到工作内在的激励。当工作设计得富有意义，能够吸引人的成就感时，会使员工在高强度工作之下不用借助外在激励力也能自愿地发挥才能，实现组织目标。

(4) 复杂人假设：认为现实组织中存在着各种各样的人，不能把所有的人都简单归纳，而是应该看到不同的人及同一个人在不同环境中的不同动机和需要。

该理论引发的管理模式是：领导者对人进行激励的措施和领导方式应该灵活多变，做到因人、因事、因环境不同而不同。

思考：如果你是城市轨道交通企业的一名管理者，如何运用不同的人性假设理论调动员工的积极性？

2.3.6 有效沟通

一 认识沟通

沟通是指可理解的信息或思想在两人或两人以上的人群中的传递或交换的过程。

(一) 沟通的方式

沟通按使用方法分，有口头沟通、书面沟通、非言语沟通及电子媒介沟通；按沟通途径分，有直接沟通和间接沟通；按组织系统分，有正式沟通和非正式沟通；按方向分，有上行沟通、下行沟通和平行沟通。管理者在沟通过程中，应根据不同沟通对象和问题，选择适合的沟通方式。

部分沟通方式的常见表现形式及优缺点见表2-3-3。

部分沟通方式和常见表现形式及优缺点　　　　表2-3-3

沟通方式		常见表现形式	优　点	缺　点
按照方法划分	口头沟通	交谈、演说、正式或非正式的讨论、传闻或小道消息	快速传递和快速反馈，且信息量大	经过多人传送时，信息失真的可能性大
	书面沟通	备忘录、信件、发行的期刊、布告栏	持久、有形、可以核实；逻辑性强，条理清楚	耗费更多时间，缺乏反馈
	非言语沟通	体态语言、语调	信息意义明确真实，内涵丰富	一般只存在于口头沟通过程中，传递距离有限，只可意会，容易引起误解
	电子媒介沟通	电话、闭路电视、计算机、静电复印机、传真机等	方便、快捷、信息容量大、可远程传递	单向传递，看不到表情，有时不利于反馈

续上表

沟通方式		常见表现形式	优　点	缺　点
按沟通途径划分	直接沟通	直接或者电话交谈	便捷快速,不但能够听到语意,还能感知情感	有时受个人情绪影响较大,不太系统,沟通常常会受"善谈一方"所左右,难以体现信息的对等
	间接沟通	书信类、文件报告式沟通	一般比较冷静理智,沟通交流观点比较系统、委婉,不太容易受感情和氛围因素影响	缺少情感交流,适合于正式方案类、决策类的沟通
按组织系统划分	正式沟通	各种形式的会议、正式的宴会以及领导和下属之间约见式的谈话等	沟通目的明显,及时形成决策	气氛严肃,有时参与沟通的人员信息表达不真实或不愿说
	非正式沟通	以双方情感分享和交流为主,一起娱乐、一起运动	比较随意,氛围轻松,更能了解对方真实想法	不能形成正式文件
按方向划分	上行沟通	下级向上级进行工作汇报、反映问题、提出建议等		
	下行沟通	上级向下级安排工作任务、了解工作进展、激励部署、化解矛盾等		
	平行沟通	平级间交流、协商配合		

(二) 有效沟通的障碍

在沟通过程中,由于存在外界的干扰以及其他种种因素,信息往往被丢失或曲解,使得信息的传递不能发挥正常的作用。影响有效沟通常见的障碍有以下几种。

1. 个人沟通水平差异

(1) 语言障碍会产生理解差异。

(2) 接受的有选择性影响沟通的有效性。接受的有选择性是指人们拒绝或片面地接受与他们的期望不相一致的信息。研究表明,人们往往听或看他们感情上有所准备的东西,或他们想听到或看到的东西,甚至只愿意接受中听的,拒绝不中听的。

(3) 沟通技巧上的差异也影响着沟通的有效性。

2. 认知的偏误

人际知觉中存在各种偏见,主要表现为第一印象、晕轮效应、优先效应和近因效应,以及定型效应。认识的偏误会极大地影响沟通的实际效果。

常见的人际知觉效应见表 2-3-4

常见的人际知觉效应　　　　　　　表 2-3-4

名称	概　念	表　现	启　示
首因效应 (第一印象)	两个素不相识的人第一次见面所形成的印象	如果一个人在初次见面时给人留下了良好的印象,就会影响到人们以后对他一系列行为的解释;相反,如果初次见面给人留下不好的印象,以后要改变这种印象就需要很长一段时间	一方面,管理人员在看待别人时,要尽量避免受到第一印象的影响而发生对别人错误的看法;另一方面,管理人员也应该注意在群众中给人留下第一个良好的印象,这对他以后的工作显然是有利的

续上表

名称	概念	表现	启示
晕轮效应（以点概面效应）	在观察某个人时，由于他的某种品质或特征比较突出，使观察者看不到其他品质和特征，于是就从这一点出发，作出对他整个心理面貌的判断	突出的品质或特征掩盖了对其他品质和特征的知觉，起到一种类似晕轮的作用，使观察者看不到其他的品质。如"一白遮百丑""情人眼里出西施"	容易导致缺少对有关知觉对象信息的情况下就作出总体判断，或者受到某种情感的支配而忽略了其他因素。深入了解和研究这种现象的实质和发生的原因，将有助于管理人员克服自己在待人接物时可能产生的这种偏见，也有助于帮助别人克服这种偏见
优先效应和近因效应	优先效应是最先给人的刺激，具有强烈的印象；近因效应是指最后给人留下的印象，往往对人具有强烈的影响	一般而言，在感知陌生人的时候，优先效应往往起到更大的作用，而感知所熟悉的人的时候，近因效应会起到更大的作用。如唱好开场戏和压轴戏	根据这两种效应的不同作用，在现实生活中可按照信息出现的顺序不同给人不同影响，来加强宣传工作的效果
定型效应（刻板印象）	人们对社会上某一类人所产生的一种比较固定的看法	最常见的刻板印象就是把一些人轻易地划归到某一类人群中去。如：20世纪80年代人们常把留长发、穿喇叭裤的男青年归为不良少年	它的产生是由于人们在知觉过程中，尚未全部掌握感性材料就作出了概括，因而形成了对某一类人的错误印象。它的优点是可以帮助人们对人进行大概的了解和归类，它的缺点是容易形成社会偏见。如果根据偏见去处理人和事，也就容易作出错误的判断

3. 信息的可信度

沟通是发送者与接受者之间"给"与"受"的过程。信息传递不是单方的而是双方的事情，因此，沟通双方的诚意和相互信任至关重要。如果沟通者在接受者心中的形象不好、存有偏见，则后者对其所讲述的内容往往不愿意听或专挑毛病，有时虽无成见，但认为所传达的内容与己无关，从而不予理会、拒绝接受。

4. 沟通要求不明，渠道不畅

(1) 条件不清，理解各异。

(2) 环节过多，引起信息损耗。

(3) 由于地理障碍导致沟通困难。

5. 情绪的影响

情绪所涵盖的不只是精神层面，其所影响的也不只是个人感受的问题而已，还影响认知思考、行为表现。有人将情绪、行为、认知比作等边三角形的三个角，三者必须配合而非抗衡，才能使个人身心状态处于平衡状态。

6. 利害冲突，有意隐瞒

社会上和企业里都有报喜不报忧的情况，这个情况的产生主要取决于利害关系，如担心"报忧"会给自己带来损失。

(三) 沟通的技巧

具备同理心,学会换位思考,是学习沟通技巧的前提。世上没有天生的演说家,成功沟通的技巧不外乎以下两点:第一,讲话的人要把这个话讲给别人听,要怎么讲;第二,听的人要怎么去听。

📖 **小故事**

有一位农夫使尽力气想把小牛赶进牛栏里,可是小牛的脚就好像是被钉牢在地上一样,丝毫不动。农夫的太太正好出来,她不慌不忙地把食物放入小牛嘴里,很快就把小牛牵进栏里了。农夫的太太就是站在小牛的立场替它考虑的,她知道小牛现在需要什么。用这样的方法,就算是大象,我们也可以使它移动。

1. 要学会"听"

"听"不进去一般有下列三种表现:

(1)根本不"听"——对发言者带有敌意或偏见,从一开始就没打算听。
(2)只"听"一部分——感兴趣的听听,不感兴趣的则不听。
(3)不正确地"听"——戴着有色眼镜或心不在焉或没听到重点。

如何才能较好地"听"呢? 表 2-3-5 列出了一些要点。

"听"的要点　　　　表 2-3-5

正　确	错　误
(1)表现出兴趣; (2)全神贯注; (3)该沉默时必须沉默; (4)选择安静的地方; (5)留适当的时间用于辩论; (6)注意非语言暗示; (7)当你没有听清楚时,请以疑问的方式重复一遍; (8)当你发觉遗漏时,直截了当地问	(1)争辩; (2)打断; (3)从事与谈话无关的活动; (4)过快地或提前作出判断; (5)草率地给出结论; (6)让别人的情绪直接影响你

2. 要能说会道——"说"的艺术

(1)讲话要有重点。到对方那里去沟通、作简报,先准备一下:对方如果给你 2h,你讲什么? 对方如果给你 1h,你讲什么? 对方如果给你 30min,你讲什么? 对方如果只给你 10min 或只给你 3min 或只让你讲一句话,你分别想要讲什么?

📖 **视野拓展**

30s 电梯理论

麦肯锡咨询公司曾经丢失一个客户,原因是客户在电梯里碰到了麦肯锡咨询公司的项目经理,要求他谈谈项目的结果,但项目经理没有在电梯运行的短短 30s 内把结果说清楚。后来麦肯锡咨询公司就要求员工能在最短时间内把结果表达清楚,凡事要尽量归纳在 3 条以内。

(2)善举例,少批评。生动的事例非常容易打动人,使对方能快速理解。批评太多会使被批评者自尊心受到较大伤害，甚至会使被批评者痛恨管理者，使管理者的形象受到影响并可能被大家疏远。

（3）有话也要少讲。这个沟通技艺可显示你对对方的尊重，还可留下空间供对方思考。在你夸夸其谈时，把自己的想法毫无保留地流露，若他的观点和你的一致还好；若不然，对方就可能三缄其口，不想进行沟通。

（4）控制情绪化行为。当情绪激动时，不要用情绪化的字眼，不要拉高声调。会讲话的人是不怒而威，说话要威严有分量。

（5）指示不要过于抽象。作为管理者，指示内容要确切；要言之有物，有针对性，语意确切，尽量通俗化、具体化和数量化；要尽量避免笼统含混和过于抽象的语言，更不要讲空话、套话和废话。

在工作现场，有的管理者经常给作业人员这样的指示："看看来料有什么不良，要是有，统统给我挑出来！""为了提高品质，我们要全力以赴！""做完以后一定要自检一下，凡是有异常的一个也不要放过！"收到这样的指示，作业人员真的会按照指示去执行吗？不一定。为什么？因为他没有听懂指示的真正含义。要看什么来料的哪种不良？要怎么做才算是全力以赴？自检要检什么内容？工作人员从指示里听不出来，可又不好当面拒绝领导，只好按照自己的理解去执行了。因此，做出来的结果往往不符合要求，或不得要领。体恤部下的主管，会再指示一遍，而急躁的主管，则会迁怒于部下。

2.3.7　城市轨道交通企业员工绩效激励案例分析

某地铁运营公司负责所在城市地铁1号线、2号线、3号线、6号线等线路的运营管理和相关工作，包括为乘客提供优质的列车出行服务，负责车站及车辆基地的日常管理、各专业设备设施的维修养护等工作。该公司员工近5000人，职工的平均年龄为29岁，是一个年轻化的企业。

该公司基层岗位员工的薪酬组成较为单一，包括月基础工资、月岗位工资、月绩效工资、月工龄工资、年终绩效。对于同一岗位员工的薪酬没有作出区分，单一地将员工划分为科员或技术管理人员、维修工、值班员、电客车司机。这四类员工的薪酬标准是统一的，处于同一岗位的员工工资待遇没有差异，工作年限、经验的差别只体现在工龄工资的细微差异上，月度薪酬待遇与员工日常表现、工作质量没有太大关系；年终绩效与员工的年终考核结果挂钩，但是级别也比较单一，且每一级别之间绩效数目的差异很小，很难通过薪酬对不同表现的员工、不同工龄的员工起到良好的激励效果。这样的薪酬水平，对于刚毕业的学生而言尚能度日，但是对于已经入职10年以上、成家立业的员工而言则显得过于保守。同时，公司存在基层员工薪酬与领导级别人员薪酬差异较大的情况，这也对基层员工积极性产生了重要影响。

该公司通过分析员工调查问卷结果得出：员工对于绩效福利满意度极低，对公司考核制度的合理性、完善性认同度不高，员工对整体的薪酬体系管理制度不满意（表2-3-6）。这说明员工职业发展和绩效激励方面急需加快改进步伐。该地铁运营公司现有的薪酬绩效制度将员工工作岗位进行简单分类，同一岗位员工之间的薪酬标准基本一致，缺乏对于同岗位、同职级员工更细化的层次划分，无法做到对服务多年员工及平时表现更优、工作量大的员工给予更好地激励。员工除非职级晋升，否则，其薪酬待遇可能会常年保持不变。薪酬体系无法公平公正地反映员工的工作强度和质量,使员工认为即使努力工作也无法获得满意的绩效,直接打压了工作士气和积极性,导致较长时间内有员工混日子的现象,也对新员工起到了不好的负面影响。

讨论:针对绩效管理的问题,应该从哪些方面作出调整和改进?

某地铁运营公司员工调查问卷结果 表2-3-6

维度	项目	内容	项目均值	维度均值
绩效福利	绩效激励	我充分了解公司的奖惩制度	4.19	3.69
	绩效激励	我的绩效能够对我的收入产生较大影响	3.93	
	绩效激励	绩效考核能使我更出色地完成工作	3.76	
	绩效激励	我通过自身的努力可以得到满意的积分评定结果	3.76	
	绩效激励	我觉得公司目前绩效管理体系非常简洁、易懂	3.71	
	绩效激励	上级对于我的绩效评价比较客观,能反映实际表现	3.69	
	绩效激励	当我某些方面做得不足时,公司的考核是公平的	3.65	
	福利保障	我对公司的福利政策(节日福利、生日蛋糕、体检、带薪休假、探亲假、补充医疗保险等)感到满意	3.60	
	绩效激励	公司为员工提供的各种福利非常好	3.60	
	绩效激励	公司考核制度完善,我的工作强度可以从绩效奖励中体现出来	3.58	
	绩效激励	我觉得公司的绩效管理机制公平、公正	3.58	
	绩效激励	考核指标的设计非常合理	3.57	
	福利保障	我通过努力能够得到更满意的绩效奖励	3.39	

学习笔记

班级		姓名		学号	
学习小组		组长		日期	

📖 任务实施

结合需求层次理论、期望理论、强化理论等激励理论,联系职业院校学生学习现状,为促进学生全面成长,以小组为单位,列出社会、学校、家庭及个人可以实施的具体激励措施,填入表2-3-7。

任务实施表　　　　　　　　　　　　　　表2-3-7

序号	激励措施 (含激励实施者,如学校、班主任、个人等)	激励理论	提出者
1			
2			
3			
4			
5			
6			
7			
8			
9			
10			

📖 任务评价

请填写表2-3-8,对任务实施效果进行评价。

任务评价表　　　　　　　　　　　　　　表2-3-8

评价指标	分值(分)	组长评价(20%)	自我评价(10%)	教师评价(70%)
1.激励措施合理具体,可行性强	30			
2.符合所属激励理论	30			
3.激励措施达到8条以上	30			
4.上交任务及时	10			
任务成绩				

📖 总结反思

单元 2.4 控制职能

学习目标

1. 知识目标

(1) 理解控制职能的概念,能够辨识出不同的控制职能。

(2) 认识控制及其原则,掌握不同控制方法;能结合实际可分析出不同的控制手段。

2. 技能目标

(1) 能够区别控制行为和控制类型,了解控制原则指导下的控制工作开展方法。

(2) 能够区分并运用不同的控制方法并联系实际开展控制行为。

(3) 逐步培养自我总结与评价的能力。

3. 素养目标

(1) 能够辨识出多种控制方法,具备控制管理的能力。

(2) 能够联系实际运用控制方法分析问题,指导实际。

任务发布

请阅读案例,判断地铁车站针对大客流采取的客流组织措施属于哪一类控制方式。(本任务根据本单元部分学习目标设计。在实际教学中,教师可根据本单元学习目标,灵活设计学习任务。)

某地铁车站在大客流组织中,采取了以下措施:

(1) 人工引导客流。

(2) 利用广播做好乘客疏导、安抚宣传工作。

(3) 增设临时检票点来疏散大客流。

(4) 把车站部分入站闸机调整为出站闸机模式。

(5) 加快售票速度,在站台和站台上引导客流,不让乘客在站台和站厅处于停顿状态,确保乘客疏散的安全。

(6) 在站台对客流进行限制,保证乘客在站台候车的安全。

(7) 督导员在综合控制室通过闭路电视(Closed Circuit Television,CCTV)实时监控大客流所处地点,并与现场的站务员保持密切联系。

车站清人出站措施:

(1) 值班站长请求行车调度员派空车接载乘客,向行车调度员报告车站出现的突发情况。

(2) 播放广播清空车站乘客。

(3) 转换电梯方向来疏导站台站厅乘客,引导乘客有序出站,将车站部分入站闸机调整为出站闸机模式。

阻止乘客进入车站的措施:
(1)值班站长请求行车调度员安排列车不停站。
(2)关闭车站出入口,采取只出不进措施。
(3)在出入口放通告(关站原因)。
(4)停止连接站台的电扶梯。

任务目标

(1)掌握控制工作的过程。
(2)辨识不同的管理控制方法。
(3)运用管理控制方法指导实际行动。

任务分组

建议学习者组建学习小组,制订学习计划,共同完成相关任务。

姓　名	学　号	分　工	备　注	学习计划
			组长	

任务准备

引导问题1　按照控制行动的时间划分,控制可分为哪几种?(　　)
A.前馈控制　　　　　B.同期控制　　　　　C.反馈控制　　　　　D.终端控制

引导问题2　控制工作包括(　　)。
A.纠正偏差　　　　　B.修改标准　　　　　C.颠覆方案

引导问题3　控制工作的步骤分为哪三种?(　　)
A.确定目标　　　　　B.衡量和比较　　　　C.纠正偏差

引导问题4　管理控制原则包括＿＿＿＿＿＿、＿＿＿＿＿＿、＿＿＿＿＿＿、＿＿＿＿＿＿、＿＿＿＿＿＿和＿＿＿＿＿＿。

引导问题5　简述开展控制工作的方法。

引导问题6　简述作业控制方法,并结合实际举例说明。

知识储备

2.4.1 认识控制

一 认识控制

(一) 控制的定义

在一个组织机构中,一个计划无论做得多么完善,如果没有令人满意的控制系统,那么在实施过程中仍然会出现问题。有效管理必须依赖于设计良好的控制系统。

控制职能是管理过程中的重点之一。管理实践中虽然有事先的计划,通过组织和领导职能确保按照计划执行,但是理想状态和现实发展往往存在差异,无论工作计划制订得如何周密,由于多种原因存在,在执行计划过程中总会出现和计划不一致的现象,因此,要弄清楚问题并采取妥善的处理措施,就需要富有成效的控制工作。

广义角度上,控制工作包括纠正偏差和修改标准两方面内容。控制职能是指对组织的各项活动及其效果进行监控和衡量,并采取措施纠正偏差或者为了适应已变化的情况而作出整体调整,以保障组织目标的实现。

(二) 控制的类型

按照采取控制行动的时间划分,在活动全过程中可将控制划分为三种类型:前馈控制、同期控制、反馈控制。

(1) 前馈控制是一种预防性的控制,发生在实际工作开始之前,即防患于未然的控制。但由于这种类型的控制需要及时、准确的信息和对未来的合理预估,事实上不总能完全实现。

(2) 同期控制是在过程进行中开展的控制。同期控制是一种即时进行的控制,所以在面对问题时能够及时予以纠正,从而避免问题的扩大或者重大损失产生。

(3) 反馈控制是在活动结束后开展的控制,是根据活动结果采取的控制,是一种事后控制。但是,其对于已发生的结果无能为力,只能对下一次的活动起到改善作用。

小故事

魏文王问名医扁鹊:"你们家兄弟三人都精于医术,到底哪一位医术最好呢?"

扁鹊回答说:"大哥最好,二哥次之,我最差。"

文王再问:"为什么你最出名呢?"

扁鹊回答:"我大哥治病,是治病于病情发作之前,由于一般人不知道他事先能够铲除病因,所以名气无法传出去,只有我家人知道。二哥治病是治疗于病情刚刚发作之时,一般人认为他只能治疗轻微小病,所以只在我们村子有名气。而我治病是治疗于病情严重之时,我会在经脉上用针来放血、用毒性大的药来治病、在皮肤上敷药等,所以诸侯们认为我医术最高明。"

启示:在城市轨道交通运营管理中,这段话在安全管理工作中折射出的道理就是:事

后控制不如事中控制,事中控制不如事前控制。

二 管理控制的原则

(1)反映计划要求。控制是实现计划的保证,控制的目的是实现计划,因此,控制系统对计划要求反映得越明确、全面、完整,控制工作就越有效。

(2)组织适宜性原则。组织结构的设计越明确、全面和完善,所设计的控制系统就越符合组织机构中的职责和职务的要求,就越有助于控制工作的开展。控制工作开展时,不仅要考虑到每位人员的具体职务要求,同时还要考虑到人员的个性化特点。

(3)控制关键点原则。有效的控制需要特别注意对关键控制点的控制,即关注那些对计划工作完成影响最大、控制效果最明显的因素。

(4)控制趋势原则。现状所反映的趋势可能会比现状本身更重要,控制变化的趋势比仅改善现状重要得多也困难得多。

(5)例外原则。如果领导者将注意力集中在那些超出一般情况的特别好或者特别坏的情况上,控制工作的效能和效率往往就越高。在实际运用中,例外原则必须与控制关键点原则相结合,仅立足于寻找例外情况是不够的。应该把注意力集中在对关键点的例外情况的控制上。

(6)灵活性、及时性和经济合理性原则。计划本身因为各种原因不再适合而需要变化时,相应的控制工作也应作出调整。此外,控制工作要适时地开展,必须讲究经济合理性。

2.4.2 控制过程

控制过程主要分为三步:确定标准、衡量和比较、纠正偏差,某企业控制过程如图2-4-1所示。

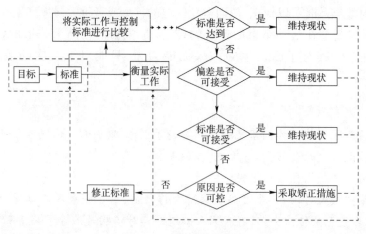

图 2-4-1 某企业控制过程

一 确定标准

控制标准的制定对计划工作和控制工作起到承上启下的作用。计划是控制的依据,但若各种计划的详尽程度不一样,没有标准,控制工作就失去了参照和标杆,无从开启。任何一个组织确定控制标准工作包含三个方面:确定标准的来源和范围、确定标准的表达形式、选择制定标准的方法。

二　衡量和比较

标准的衡量和比较工作包含两部分,一是测定或者预测实际工作成绩;二是进行实际与标准的比较。标准的衡量和比较可以通过个人观察、统计报告和图表查阅、抽样检查等方式实现。在进行实际和标准的比对中,要注重获取信息的准确性、及时性、实用性和完整性。

三　纠正偏差

解决问题首先要找出产生差距的原因,然后采取措施纠正偏差。每一种可能的原因和假设都不是通过简单的判断确定的,对造成偏差的原因判断不准确则会导致纠正措施无效。

对产生偏差的原因作出彻底分析后,才能使领导者确定采取什么样的纠偏行为。一是纠偏以改进工作绩效,如果分析结果显示计划是可行的,标准也切合实际,问题出在工作本身,领导者就应该采取纠正行动立即行动执行临时性应急措施或者永久性根治措施。二是修订标准。某些情况下偏差还可能带来不切实际的标准,因此,领导者确认不符合控制要求时,即可作出修正的决定。

管理案例

某医院用计算机安排病床和病人的住院天数,病人的住院天数根据同类型症状的一般需要的治疗时间来确定。如果病人发生了其他并发症,计算机会自动根据病情适当调整住院天数;如果病人没有在预定的时间出院,计算机则要求有关医护人员写明理由。如此,医院的病床周转率大大提高。原来每个病人的平均住院日期是20天,实施计算机管理后,缩短为10天,对医院和病人都带来了好处。

谈一谈:案例中医院是如何实现管理控制行为的?

小故事

一天,员工小汤为了赶在中午休息前完成2/3的工作量,在切割台上工作了一会儿之后就把切割刀前的防护挡板卸下来放在一旁,因为没有防护挡板,收取加工零件更方便快捷一些。但是他的举动被无意间走进车间巡视的主管发现,主管大声训斥小汤然后亲自看着他装上防护挡板,之后又训斥其半天,并声称要把他一天的工作量作废。小汤以为事情就这样结束了,没想到第二天一上班,有人通知他去见老板,老板对他进行了严肃的批评。

启示:若工人某一天少完成几个零件,少创造了利润,公司可以换个人、换个时间把它们补回来,可是工人一旦发生事故失去健康甚至生命,那是公司难以补偿的。

2.4.3 管理控制的方法

一 市场控制法

市场控制法是利用外部市场机制开展控制的方法。运用这种方法的组织,其控制系统是围绕诸如价格竞争和市场份额这类指标建立的,组织各部分被视为一个利润中心,并且对其的评价也主要是考虑其对组织整体的贡献度。

视野拓展

平衡记分卡控制法是一种综合的控制方法,它将各个方面的控制整合起来,以使管理者对组织的绩效进行全面的把握。该方法基于综合财务评价和经营评价,从与企业经营成功关键因素相关联的方面建立绩效评价指标体系,并用这个指标体系对组织进行综合的管理控制,使管理者将注意力集中在决定一个组织未来成功的关键性战略绩效指标上,也有助于从更全面、更长远的视角看待组织的控制工作。

二 财务控制法

财务控制法是对控制工作中使用的各种财务方法的总称,具体包括预算控制、财务分析和财务审计方法。预算控制方法是使用最广泛的一种控制方法。预算清楚地表明了计划与控制的紧密联系,是用数字编制的未来某一个时期的计划,即用财务数字(例如在财务预算和投资预算中)或者非财务数字(例如在生产预算中)来表明预算的结果。其内容可以简单概括为三个方面,即多少——为实现计划目标的各种管理工作的收入或产出与支出或投入各是多少;为什么——为什么必须收入或者产出这么多数量,以及为什么需要支出或投入这么多数量;何时——什么时候实现收入或产出以及什么时候支出或者投入以使得收入与支出取得平衡。其次,预算是一种预测,是对未来一段时期内收支情况的预计。最后,预算主要作为控制手段,本身具有可考核性,有利于根据标准来评定工作成效,找出偏差,采取纠偏措施消除偏差。

三 作业控制法

作业控制法是针对企业的重点工作环节如采购、库存、生产及质量管理等与生产相关的管理环节发展出的控制方法。比较有代表性的作业控制法为全面质量管理方法,其管理和控制的触角不仅局限于质量方面,而是几乎延伸到企业的所有方面。全面质量管理方法本身还包含着诸多比较高端和流行的管理控制技术和方法(如质量管理小组、标杆管理等),从而使得全面质量管理成为一种全员、全工程、全方位的系统而复杂的管理控制方法。

管理案例

某汽车公司向国家市场监督管理总局备案了召回计划,计划召回部分存在安全隐患的问题汽车。该汽车公司计划通过售后服务中心主动与用户联系,安排免费检修事宜。用户可拨打免费客户服务热线、登陆国家市场监督管理总局网站进出口商品检验栏目或缺陷产品管理中心网站,并关注微信公众号来了解本次召回活动的详细信息。此外,还可拨打国家市场监督管理总局缺陷产品管理中心热线电话或地方出入境检验检疫机构的质量热线反映在召回活动实施过程中的问题或提交缺陷线索。

2.4.4 城市轨道交通企业员工接发车作业控制案例分析

在城市轨道交通系统中,车站将列车接入站内实行停车并从站内出发的作业组织过程称为车站接发车作业。保证接发车作业过程的安全是城市轨道交通运行的重中之重,因此,在接发车作业过程中,需要车站值班员、车站助理值班员以及列车司机三方之间良好、准确地进行信息沟通,并需要使用相应的车站接发车作业系统。

车站用于车站接发车作业的信号系统中,车站值班员、车站助理值班员和列车司机之间主要通过对讲机、手势等方式来实现信号传递。以地铁车站为例,通常地,其接发车作业操作过程基本包括以下过程:列车进站→车停稳→开门→开妥门→乘客上下车→司机按关门按钮→提示音响起→开始关门→关好客室车门→司机进行核对操作→司机上车关上司机室车门→司机室坐上驾驶位→列车起动。对于地铁的车站接发车过程,车停稳到开门的时间为3~6s,乘客上下车时间为25~45s,关门警报到关好门的时间为6~7s,关好门到列车起动的时间为6~9s。

思考: 分析对接发车作业流程进行管理控制的方法。

> **视野拓展**
>
> ### 危机与管理控制
>
> 控制的目的是根据预定的目标和标准实时监测企业经营活动,使之根据预定的规则、按预定的要求和线路进行经营活动,防止出现重大的偏差。然而,由于企业经营是面向外部延伸到未来的活动,活动过程中要受到许多企业无法控制的因素和力量控制和影响,因此,企业在经营管理实践中不仅可能存在不希望出现的偏差,甚至可能产生引发企业生存的危机。因此,面对危机的管理控制工作应运而生。最有效的危机防范在于完善管理制度。
>
> 首先,管理者需要辨识危机,重视一些前瞻信号,并保持对这些信号的敏感性。其次,危机性事件一旦爆发,管理者应当迅速响应,防止事件负面影响蔓延。从某种程度而言,行动的迅速性可能比行动的正确性更加重要。再次,企业与外部公众及内部员工的信息沟通非常重要。真实信息的传递在网络普及、信息爆炸的今天尤为重要,真实信息的传递不仅反映企业的真诚态度,而且可以避免企业不同部门在与外部接触时可能出现的不一致以及因此可能导致的各种猜疑。最后,要努力向危机学习,要懂得在危机中发现和挖掘机会,同时还要通过危机管理的实践掌握危机管理的一般规律,掌握并总结规律,指导今后的工作推进。

班级		姓名		学号	
学习小组		组长		日期	

任务实施

(1) 阅读"任务发布"中的案例,讨论地铁车站针对大客流采取的客流组织措施属于哪一类控制方式。

(2) 以近期参与的一次学生活动(如志愿服务活动)为例,填写表2-4-1,列举活动计划并说明相应的控制措施。

活动分析　　　　　　　　　　　　　　　表2-4-1

活动计划	控制措施

任务评价

请填写表2-4-2,对任务实施效果进行评价。

任务评价表　　　　　　　　　　　　　　表2-4-2

评价指标	分值(分)	组长评价(20%)	自我评价(10%)	教师评价(70%)
1. 材料分析结论正确	20			
2. 活动计划合理	30			
3. 活动控制方式正确	30			
4. 活动计划及控制内容丰富	20			
任务成绩				

总结反思

单元 2.5　创新职能

学习目标

1. 知识目标
(1) 深入领会创新职能的内涵。
(2) 掌握创新职能的具体内容。

2. 技能目标
(1) 能够区分创新的不同阶段。
(2) 能够联系实际开展创新行为。

3. 素养目标
(1) 培训坚韧的意识,在遇到挫折时不退缩,而是创新方法再做尝试,具备应用创新的能力。
(2) 具备创新思维,能够联系实际,运用创新方法解决生活中的困难。
(3) 在国家创新发展的大潮中,树立"交通强国、城轨担当"的信念。

任务发布

请阅读以下文字,调研某城市轨道交通企业管理创新的发展现状,分析其在管理目标创新、制度创新、组织创新及技术创新方面的成就。以"城市轨道交通智慧服务便捷化"为题,制作调研报告 PPT。(本任务根据本单元部分学习目标设计。在实际教学中,教师可根据本单元学习目标,灵活设计学习任务。)

中国城市轨道交通协会印发的《中国城市轨道交通智慧城轨发展纲要》中提到:"智慧城市轨道交通建设是交通强国建设的重要路径和战略突破口。在自主创新基础上,围绕数字化、智能化、网络化,大力应用新技术革命成果并与城市轨道交通深度融合。一手抓智能化,强力推进云计算、大数据、物联网、人工智能、5G、卫星通信、区块链等新兴信息技术和城市轨道交通业务深度融合,推动城市轨道交通数字技术应用,推进城市轨道信息化,发展智能系统,建设智慧城市轨道交通。一手抓自主化,创新创优,增强自主技术创新能力,持续不断研发新技术、新产品,增强自主品牌创优能力,不断研发新产品、新品牌。通过持续不断的智能化和自主化建设,完成城市轨道交通由高速发展向高质量发展转变,强力助推交通强国建设。"

任务目标

了解城市轨道交通企业管理创新的最新成果。

任务分组

建议学习者组建学习小组,制订学习计划,共同完成相关任务。

姓　名	学　号	分　工	备　注	学 习 计 划
			组长	

任务准备

引导问题1　从组织选择创新的主动与否来划分,创新可以分为(　　)和(　　)。
　　A. 主动型创新　　　　B. 被动型创新　　　　C. 部分创新　　　　D. 整体创新

引导问题2　从创新涉及的范围和创新对组织的影响程度来看,可以将创新分为(　　)和(　　)。
　　A. 主动型创新　　　　B. 被动型创新　　　　C. 部分创新　　　　D. 整体创新

引导问题3　创新职能的内容包括＿＿＿＿＿＿、＿＿＿＿＿＿、＿＿＿＿＿＿和＿＿＿＿＿＿。

引导问题4　管理创新的四个阶段是:＿＿＿＿＿＿、＿＿＿＿＿＿、＿＿＿＿＿＿和＿＿＿＿＿＿。

引导问题5　从创新的发生过程来看,创新怎样分类?

引导问题6　简述组织通常在哪些情况下能够发现创新的机会。

知识储备

2.5.1　创新与创新职能

与管理的其他职能不同,创新职能的任务并不是维持组织的正常运转,而是在不断变化的环境中调整组织自身的目标及组织活动的内容,以适应动态的环境。

一　认识创新

创新最早出现在管理实践或是管理理论中时,主要指技术方面的创新,但这远远不能体现今天我们能看到的管理创新。创新首先体现在思想和思想指导下的实践中,是管理的一项基本职能。

创新是指以现有的知识和物质资源,在特定的环境中,改进或创造新的事物(包括但不限于各种方法、元素、路径、环境等),并能获得一定有益效果的行为。

管理的前四项职能——决策、组织、领导和控制,都是维持组织正常运转的职能,而创新职能则是组织系统为了应对动态环境的变化使组织能保持良性成长的选择。作为管理的基本职能,维持与创新职能对组织的生存和发展同样重要。维持与创新职能作为管理的两方面职能,体现在组织的生存与发展上,是相互联络、不可缺少的。创新是在维持现状的基础上发展,而维持是延续创新之后的状态。维持是为了实现创新的成果,创新是为更高层次的维持提供新的平台。任何管理实践与理论,都应当围绕着组织运转的维持和创新职能展开,优秀的管理是在维持与创新和谐转换的基础上实现的。

二 创新的类别

组织内部的创新,可以不同的角度去考察。

1. 主动型创新和被动型创新

从组织选择创新的主动与否来划分,创新可以分为主动型创新和被动型创新。主动型创新是组织在维持日常运营过程中,敏锐地察觉到外部环境已经有变化的趋势,而主动调整组织的战略,积极面对利用机会,在竞争中获得先机。

2. 部分创新和整体创新

从创新涉及的范围和创新对组织的影响程度来看,创新可以为分部分创新和整体创新。部分创新指组织在保持原规划战略决策不变的前提下,组织运行中的部分内容,比如产品、销售渠道选择、宣传方式等创新变革;整体创新则不同,它会改变组织的战略目标,涉及组织的发展方向、是否持续运营,对组织的前途有重大影响。

3. 自发创新和有组织的创新

从创新的发生过程来看,创新可以分为自下而上的自发创新和自上而下的有组织的创新。任何组织都是在社会环境中运转的,环境的变化都会对组织的运行产生影响,组织中的一线员工和基层管理者首先会有所感受,在计划经济转向具有中国特色社会主义市场经济的过程中,首先感受到环境变化的就是一线的工人与基层的车间主任们,他们首先选择了与国有企业共进退或是离开国有企业自寻出路,这是自下而上的自发创新;而同样在计划经济转向具有中国特色社会主义市场经济的过程中,国有企业大量的兼并重组,这就是自上而下的有组织的创新。

由于自发创新存在着结果的不确定性,因此,有效的管理要求有组织的创新。同样,有组织的创新也有可能失败,因为创新本身意味着改变,而变化本身也会带来新的环境变化,因此具有一定风险,而且组织处于错综复杂的社会环境中,任何一点微小的变化都会引起蝴蝶效应。有组织、有目的、有计划的创新成功的概率要远远大于自发创新。

三 创新职能的内容

组织在运行中的创新涉及许多方面,为了便于分析,我们以企业为例来列举创新职能的内容。

1. 目标创新

对任何组织来说,目标都是最核心的要素,确定和改变目标都是重大决策。企业在特定的经济环境中运营,特定的经济环境要求企业按照特定的方式提供产品或服务。一旦环境发生改变,消费者的需求也会随之改变,企业的经营模式、生产方向、经营目标以及企业在生产过程中与其他组织的关系都需要调整。在市场经济背景下,企业经营的目标通常是通过满足市场需求来获取利润。企业在不同时期的具体经营目标,需要根据市场需求来调整,每一次调整都是一次创新。

2.制度创新

正如生产力与生产关系之间的关系一样,组织的发展能力与组织制度之间也存在着相互依存的关系。组织制度适合组织发展时会促进组织发展,反过来,当组织制度不适合组织能力发展时,会制约组织的发展。因此,当社会经济环境发生变化时,组织制度有创新的需求,创新要求企业从社会经济角度来分析企业各部门间的关系调整与变革。

制度是组织运行方式的原则性规定。制度创新主要体现在产权制度、经营制度和管理制度三个方面。产权制度是决定企业其他制度的根本制度,会对日常的生产运营起到重要影响。经营制度是有关经营权归属的限制,经营制度表明企业的经营方式,经营制度的创新是不断寻求企业生产资料最有效利用的方式。管理制度是管理机制、管理原则、管理方法以及管理机构设置的规范。

3.组织创新

企业的组织机构是企业的组织形式,需要符合企业制度的要求。企业在构建组织之初,会根据企业所处的内外部环境来设置适合的组织机构,但是企业所处的环境是在不断变化的,因此,企业需要不断调整以适应不断变化的企业内外部环境,从而合理组织管理层,提高管理劳动效率。在高新技术企业中,员工整体素质较高,管理幅度宽,企业面对的内外环境变化速度快,为适应环境,能够迅速反应,管理层次减少,乃至虚拟组织的形成。组织机构的创新能够大大提升管理效率,帮助企业在竞争中获胜。

4.技术创新

技术创新在企业创新中是很重要也很常见的,大量企业创新活动都是有关技术方面的,因此,技术创新也被视为企业创新。技术水平是反映企业实力的重要标志,企业要在激烈的市场竞争中处于领先地位,就必须引领技术进步的趋势。由于技术都是通过产品或服务来体现的,因此,企业的技术创新主要表现在产品创新中。产品创新主要表现在产品品种的增加、产品原料替代、新工艺应用等方面。

素养小课堂

美好生活来自更优质的创新服务

新技术的发展让生活更便捷。人们不出门就能享受很好的服务,如线上购物、送货上门等;乘公交车,原来到了公交站不知道要等候多长时间,现在可以用手机软件查询公交车位置,再决定是否等车还是选择共享单车或出租车出行,非常方便。城市轨道交通车站提供从线上购票线下取票、线上充值、自助补票,到路网满载率查询、乘车路径查询、预约进站、快速安检、刷脸进站等服务,无不体现出服务的创新。

说一说:在城市轨道交通服务创新方面,你还知道哪些具体的创新表现?

2.5.2 创新的过程

创新是在科学理论的指导下,面对实际,提出解决问题的新观点、新方法。对于成功的创新而言,需要经历发现机会、提出思路、迅速行动、完善推广 4 个阶段。

一 发现机会

组织在日常运营过程中会面临竞争,竞争会为组织的生存带来挑战。竞争的加剧在对组织造成不利威胁的同时也提供了新的发展机会。组织的创新活动正是从发现市场机会开始的。组织通常在人口因素、宏观环境、技术的变化中发现机会。

二 提出思路

新的市场机会被发现之后,相应的解决方案也很快被提出来,比如国内的单身家庭户比例增加使小型化家电销量提升;家长对子女教育的重视使培训行业产生大量的项目;劳动力人口减少使大量人工智能被加速应用到实践中。

三 迅速行动

企业在提出解决方案后,要迅速推进各项工作。在此环节最忌讳拖延时间而贻误市场机会。

四 完善推广

在针对市场机会设计并生产适合的产品后,需要完善产品缺陷,减少未来产品推向市场可能存在的问题。考虑到成本,产品适合逐步推广,可先选择适合的区域小范围推广,根据推广的情况进行改进,再进一步调整后大范围推广。所有的成功都不是一蹴而就的,都需要多次尝试,在完善推广的过程中,碰到些小挫折并不意外,坚持下来才能成功。

> **学习笔记**

班级		姓名		学号	
学习小组		组长		日期	

📖 任务实施

制作与展示"城市轨道交通智慧服务便捷化"调研报告PPT。

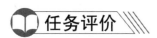

请填写表2-5-1,对任务实施效果进行评价。

任务评价表　　　　　　　　　　　表2-5-1

评 价 指 标	分值(分)	组长评价(20%)	自我评价(10%)	教师评价(70%)
1. 深入车站调研取材	20			
2. PPT内容总结合理充分	40			
3. PPT制作良好	20			
4. 全员参与,准时完成	20			
任务成绩				

📖 总结反思

第2篇　应用篇

模块3
城市轨道交通企业运营管理

　　城市轨道交通系统是一项集系统性、复杂性、综合性于一体的系统。在城市轨道交通运营管理越来越受到人们的关注。在城市轨道交通运营管理中合理地引入现代信息技术，借助智能化、自动化技术来动态化地分析和处理信息数据，能够进一步优化管理成效，对于推进智慧地铁建设和发展具有促进作用。

　　本模块设计了城市轨道交通行业特性、城市轨道交通运营管理模式、城市轨道交通企业组织机构、城市轨道交通企业运营管理工作内容和智慧地铁运营管理5个单元，阐述了前导模块中企业管理理念在城市轨道交通行业的落地实施概况。

单元 3.1　城市轨道交通行业特性

学习目标

1. 知识目标

（1）掌握城市轨道交通行业的交通特性。

（2）了解城市轨道交通行业的经济特性。

（3）了解城市轨道交通行业的社会特性。

2. 技能目标

（1）能够分析并说出城市轨道交通企业运输产品的交通特性。

（2）能够根据城市轨道交通行业特点，分析并且说出其经济特性和社会特性。

3. 素质目标

（1）具备崇高的职业荣誉感和自豪感，具有大局意识。

（2）具备良好的法律意识，遵章守纪，能遵守城市轨道交通运营相关的国家、地方政策法规及企业规章制度。

（3）以工匠精神为指引，牢固树立责任意识，充分认识"责任心是安全的守护神"的理念。

任务发布

请阅读以下案例，分析城市轨道交通行业特性。（本任务根据本单元部分学习目标设计。在实际教学中，教师可根据本单元学习目标，灵活设计学习任务。）

某地铁公司是国有独资企业，主要负责所在城市地铁 1 号线、2 号线、5 号线约 120km 线路的建设、运营和上盖物业综合开发，该地铁公司拥有总资产 245 亿元，营业收入 5.8 亿元，不计折旧情况下的收支结余 1.6 亿元，但计算折旧后仍亏损 2.7 亿元。公司总部设 14 个部门，下辖 5 个分公司、3 个子公司和 3 个参股公司，员工 2450 人。

目前，在全球地铁公司中，香港地铁有限公司是少数盈利的地铁公司之一，其盈利的主要原因是香港地铁有限公司具有沿线一定范围内土地的物业开发权，以物业开发和经营利润对地铁投资和经营费用等进行补偿。

该地铁公司为解决可持续发展问题，借鉴香港地铁有限公司经验，结合国家政策，推进"建设+物业+运营"一体化，制定"三位一体，经营地铁"的总体发展战略，即以提供优质城市轨道交通服务为核心，融地铁建设、地铁运营和物业发展于一体，内求创新，外追标杆，经营地铁，创造效益，为提升城市功能、推动国际化城市建设发挥能动作用。该地铁公司同时制定了"1234"地铁建设子战略、"三个创新优化"的地铁物业子战略和"双领先"的地铁运营子战略。为有效推进总体发展战略和各项子战略的实施，该地铁公司制定了完整的战略实施策略和各年度计划大纲，主要包括 10 项外部政策法制环境的改善计划、企业管控体制机制和组织机构的改革计划、全面预算管理和全面风险管理等基础管理类体系的建设计划等。

任务目标

(1) 掌握城市轨道交通行业的交通特性。
(2) 了解城市轨道交通行业的经济特性。
(3) 了解城市轨道交通行业的社会特性。

任务分组

建议学习者组建学习小组,制订学习计划,共同完成相关任务。

姓 名	学 号	分 工	备 注	学习计划
			组长	

任务准备

引导问题1 城市轨道交通企业运输产品的交通特性有哪些?( )
A. 运量小　　　　　B. 准时性、快速性　　　C. 舒适安全性　　　　D. 节能环保

引导问题2 城市轨道交通建设和运营能诱发沿线土地价值上升,这体现了哪一项经济特性?( )
A. 公用性　　　　　B. 自然垄断性　　　　　C. 公共产品　　　　　D. 正外部效应

引导问题3 从经济学上讲,城市轨道交通项目兼具公共产品和私人产品的特性,即城市轨道交通运输产品具有消费的非竞争性和有一定排他性的基本特征,属于_____。

引导问题4 城市轨道交通企业的产品是乘客的_____。

引导问题5 交通运输行业的特性有哪些?

引导问题6 试分析城市轨道交通行业的规模经济特征和自然垄断特性。

知识储备

3.1.1 交通特性

城市轨道交通企业因其提供的产品的特性,与一般企业的特点和管理内容有所不同。城市轨道交通企业的产品,一方面是运营企业生产过程的结果,即"位移",其反映运营企业的生产性;另一方面是乘客出行过程中形成的各种服务,即"出行服务",其反映运

营企业的服务性。此外,城市轨道交通企业所提供的产品还具有一定的公益性。

一、交通运输业的性质

交通运输业的特性与制造业、其他服务业等存在较大差异,归纳起来有以下几点:

(1)交通运输业是物质生产部门,通过改变对象的空间位置而创造价值。交通运输这种商品具有价值和使用价值。

(2)交通运输业属于第三产业,是为社会提供乘客和货物的位移及服务、为生产和消费提供服务的部门。

(3)交通运输业属于基础行业。社会生产、人民生活、国家建设及社会活动各方面对交通运输都有普遍需求,运输状况的优劣很大程度上会影响社会和经济活动的有序运行。交通运输业具有社会公益性。

(4)交通运输业是社会生产过程在流通领域的延续。只有通过交通运输,社会生产的产品才得以进入流通领域,获得其经济效益。

(5)交通运输业的生产和消费具有同一性。

二、城市轨道交通企业产品的交通特性

城市轨道交通企业属于交通运输业。城市轨道交通企业提供的产品是为乘客带来高效、优质的出行服务,主要特点如下:

(1)城市轨道交通企业的产品有较强的运输能力。城市轨道交通列车行车时间间隔较小、行车速度较高、列车编组辆数较多、车辆载客能力较大,故具有较强的运输能力。

(2)城市轨道交通企业的产品有较高的准时性。城市轨道交通车辆大部分在专用行车道上运行,不受其他交通工具干扰,不会产生线路堵塞现象,并且受气候影响小,列车能按列车运行图运行,具有准时性。

(3)城市轨道交通企业的产品有快速性。城市轨道交通车辆具有较高的运行速度、较好的加减速性能,列车在车站停靠时间相对较短,乘客在换乘站换乘时间较短,从而使乘客能够较快地到达目的地,缩短了乘客在途的旅行时间。公共汽电车在市区范围内的旅行速度一般为 15~20km/h,城市轨道交通旅行速度一般为 30~40km/h。与常规公交相比,城市轨道交通系统具有明显的速度优势,并且不受路面交通事故影响,更加可靠。

(4)城市轨道交通企业的产品有较高的舒适性。城市轨道交通系统运行特性较好,一般不受其他交通方式干扰,运行平稳,且车内、车站都安装有完善的服务设施,舒适性优于路面公交。

(5)城市轨道交通企业的产品有较高的安全性。城市轨道交通列车一般运行于专用轨道上,其运行控制系统配备有先进的通信信号设备,极少发生交通事故。

(6)城市轨道交通企业的产品还具有节能环保、占地少的特性。城市轨道交通列车主要采用电气牵引,不产生废气污染,且人均出行消耗的能源少,同时可利用地下空间资源,减少对城市土地资源的消耗,有助于缓解地面交通压力。

3.1.2 经济特性

城市轨道交通系统具有建设成本高和运营成本高的特点。城市轨道交通企业的经

济效益与社会效益相差悬殊,具有公益性的特点,需要国家、政府、社会的大量补贴。

城市轨道交通企业的产品具有正外部效应。城市轨道交通建设和运营能使沿线土地价值上升,促进沿线房地产业、商业、旅游业等行业的快速发展,扩大沿线基础设施(如医院、学校)的吸引范围,增加城市的社会经济效益。

城市轨道交通属于资金密集型行业,所需的投资较大。城市轨道交通的规模经济是明显存在的,客运量与路网规模成正比。路网的覆盖面越大,密度越高,服务质量越高,竞争力越强,效益就越高,长期平均成本曲线向下倾斜,规模效应和沿线商业价值将逐渐提升。

3.1.3 社 会 特 性

城市轨道交通的产品具有消费的非竞争性和有一定排他性,属于准公共产品。公共产品由政府提供,私人产品由私人企业通过市场提供,而城市轨道交通的产品既可以由政府直接提供,也可以在政府给予补助的条件下,由私人通过市场提供。

素养小课堂

用"工匠精神"书写地铁司机的骄傲

如果把一件事情做好,是一个人的本分;如果能发自内心地去做一件事,则是一位匠人。凭着精益求精、锲而不舍的"工匠精神",北京地铁列车司机廖明专注于本职(图3-1-1、图3-1-2),将责任与安全刻入心间。他用安全行车100万km无事故刷新了全国地铁安全行车的纪录,获得了全国劳动模范、全国五一劳动奖章等荣誉。他用实实在在的"工匠精神"感染了每一位地铁人,为平凡的岗位增添了一抹光辉的色彩,更以恪尽职守的品质书写了地铁司机的骄傲。

图3-1-1　廖明正在驾驶地铁列车

图3-1-2　廖明正在做发车前的例行检查

摘编自交通发布(2019年1月9日)

谈一谈:工匠精神可以体现在工作和生活的方方面面,请列举你身边的工匠精神事例。

学习笔记

班级		姓名		学号	
学习小组		组长		日期	

任务实施

(1)请阅读"任务发布"中的案例,并查找相关资料,总结城市轨道交通行业的特性,填写表3-1-1。

任务实施表　　　　　　　　　　　　　　　　　表3-1-1

序号	案例描述内容	城市轨道交通行业特性
1	城市轨道交通企业的经济效益与社会效益相差悬殊,需要国家、政府、社会的大量补贴	
2		规模经济特征
3		自然垄断特性

(2)简述香港地铁盈利的根本原因。

请填写表3-1-2,对任务实施效果进行评价。

任务评价表　　　　　　　　　　　　　　　　　表3-1-2

评价指标	分值(分)	组长评价(20%)	自我评价(10%)	教师评价(70%)
1.任务准备部分的引导问题回答正确	40			
2.能够读懂案例中信息,推导出正确的结论	20			
3.能够正确全面分析出城市轨道交通行业特性	20			
4.能够利用网络资源,查找相应资料,在结论推导过程中有自己独到的见解,或提出有建设性的观点	20			
任务成绩				

总结反思

单元 3.2　城市轨道交通运营管理模式

学习目标

1. 知识目标

(1) 了解现代企业制度的内涵。

(2) 掌握按资产属性及运营企业性质划分的城市轨道交通运营管理模式。

(3) 掌握按运营与投资、建设关系的角度划分的城市轨道交通运营管理模式的分类。

2. 技能目标

(1) 能够说出城市轨道交通运营管理模式。

(2) 掌握说出城市轨道交通运营管理模式的分类。

3. 素质目标

(1) 具备良好的职业道德,具有大局意识,树立安全运行理念。

(2) 具备良好的法律意识,遵章守纪,能遵守城市轨道交通运营相关的国家、地方政策法规及企业规章制度。

(3) 牢固树立"以人民为中心"的理念,坚定服务意识。

任务发布

请阅读以下案例,分析其运营管理模式。(本任务根据本单元部分学习目标设计。在实际教学中,教师可根据本单元学习目标,灵活设计学习任务。)

PPP 模式也称 3P 模式,是在公共服务领域政府和企业资本合作的模式。该模式,鼓励私营企业、民营资本与政府进行合作,参与公共基础设施的建设和运营管理。

某城市轨道交通项目 PPP 模式示意图如图 3-2-1 所示。

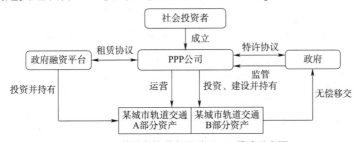

图 3-2-1　某城市轨道交通项目 PPP 模式示意图

PPP 模式大致分为三种类型:外包、特许经营、私有化。北京地铁 4 号线采用的是特许经营类型的 PPP 模式,发展与城市轨道交通相关的商业及开展法律、法规允许的其他经营活动,特许经营期限为 30 年。

在此模式下,北京市政府负责 4 号线土建部分(A 部分)的投资和建设,北京京港地铁有限公司负责 4 号线车辆、信号设备等(B 部分)的投资、建设。北京地铁 4 号线 PPP

模式示意图如图3-2-2所示。

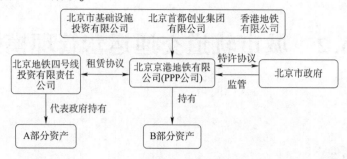

图3-2-2 北京地铁4号线PPP模式示意图

📖 任务目标

(1)掌握按资产属性及运营企业性质划分的城市轨道交通的运营管理模式的分类。
(2)掌握按运营与投资、建设关系的角度划分的城市轨道交通运营管理模式的分类。

📖 任务分组

建议学习者组建学习小组,制订学习计划,共同完成相关任务。

姓　名	学　号	分　工	备　注	学习计划
			组长	

📖 任务准备

引导问题1 政企不分的体制会带来哪些主要问题?(　　)
A. 成本失控　　　　　　　　　B. 缺乏自主权
C. 经营僵化　　　　　　　　　D. 难以树立乘客服务的意识

引导问题2 从运营与投资、建设关系的角度来看,城市轨道交通运营管理模式主要有哪几种模式?(　　)
A. 运营与投资、建设合一模式　　B. 官办半民营模式
C. 官办民营模式　　　　　　　　D. 运营与投资、建设分开模式

引导问题3 北京地铁_____号线作为国内第一个PPP模式项目进行建设。

引导问题4 2000年4月,上海市政府决定进行城市轨道交通管理体制改革,实施_____、建设、运营、监管"四分开",组建了上海轨道交通投资公司(申通地铁集团)、上海地铁建设有限公司和上海地铁运营有限公司。

引导问题5 按资产属性及运营企业性质划分,城市轨道交通运营管理模式主要可分为哪几种?

引导问题6 试分析运营与投资、建设合一模式的优点和缺点。

知识储备

3.2.1 现代企业制度

一 现代企业制度的内涵

企业制度是指国家特定法令和条例所规范和约束的企业内部外部关系的行为准则。现代企业制度,是在市场经济体制下,以明晰企业各个利益主体的产权关系为基本内容,以确立企业的法人地位和市场竞争主体地位为核心的一种企业制度。现代企业制度一方面要解决企业财产的归属主体与财产的经营主体的产权边界的划分,以及它们在企业经营中的地位、权利和义务问题;另一方面,现代企业制度要确立企业独立的市场竞争主体的地位,确认企业是市场经济这一物质运动的一个物质载体,有着独立的经济利益,具有受市场规律支配但又有独立意志的企业行为。

二 建立现代企业制度是城市轨道交通企业发展的方向

建立现代企业制度,是发展社会化大生产和市场经济的必然要求,是公有制与市场经济相结合的有效途径,是国有企业改革的方向。

建设具有政企分开、权责明确、产权清晰和管理科学等特征的现代化企业是城市轨道交通企业的发展方向。城市轨道交通系统作为国家的基础设施,首先具有社会公益性的特点,而城市轨道交通企业建立现代企业制度包含将企业由单纯的社会公益型转变为社会公益型与企业效益型相结合,将企业转变为以公共运输为主、兼顾多元化经营的企业。实现这些转变的关键在于确立城市轨道交通企业的法人地位,真正实现政企分开、政资分开,构筑符合现代企业制度要求的法人治理结构。

3.2.2 城市轨道交通运营管理模式的分类及影响因素

城市轨道交通采取何种运营管理模式,需要考虑其经营权与所有权的关系,以及运营与投资、建设的关系等。城市轨道交通属于资金密集型行业,项目投资大、工期长,运输收入通常难以补偿运输成本。上述情形决定了民营资本的进入在短时期内难以较快实现,政府必须在城市轨道交通投资建设方面发挥主要作用。

一 经营权与所有权关系角度

从经营权与所有权关系角度,城市轨道交通运营管理模式主要可分为以下 6 种。

1. 无竞争条件下的官办官营模式

这种模式下,线路为政府所有,一家单位独家经营,或两家以上单位按行政区域划分经营范围。这种模式的特点是城市轨道交通的运营者由政府指定,由政府给予相应的补贴。如纽约地铁系统由纽约大都会运输局(Metropolitan Transportation Authority,MTA)管理。MTA的董事会成员基本都由纽约州政府指定，其余部分由纽约市市长或郊区各县的官员指定。纽约地铁系统大部分的资金补助来自政府拨款。

2. 有竞争条件下的官办官营模式

这种模式下，线路为政府所有，两家或两家以上的运营单位通过招标方式获得经营权。例如，首尔地铁由政府出资修建，并委托国有企业运营。新线路的建设及经营权由两家以上的城市轨道交通企业通过招标的方式获得。

有竞争条件下的官办官营模式下，政府作为业主给企业的补助较多。官办性质的企业不能过分重视盈利，所以票价低，带有福利性。但是由于具有一定的竞争环境，所以企业的主观能动性提高了。

3. 官办半民营模式

这种模式下，线路为政府所有，交由政府股份占主导地位的上市公司经营。香港地铁采用这种运营管理模式。香港地铁公司是一家上市公司，它的第一大股东为香港特区政府。虽然是市场化运作，但是香港特区政府为地铁公司提供担保，从多个方面监督地铁公司的经营。

4. 官办民营模式

这种模式下，线路为政府所有，交由民间股份占主导地位的上市公司经营。新加坡地铁运营管理属于这种模式。新加坡快速城市轨道交通公司负责新加坡地铁的运营。公司的最大股东为一家私人企业。新加坡国土运输局拥有城市轨道交通线路的所有权和建设权并承担建设费用。

5. 公私合营模式

公私合营模式是由多种经济成分构成的模式。在这种模式下，线路归政府和地方公共团体所共有，由政府和地方公共团体共同组织人员经营。东京的城市轨道交通系统很早就引入了多种经济成分，有政府投资、商业贷款、民间投资、交通债券等多种形式，充分开拓了融资渠道。

6. 私办私营模式

这种模式下，线路由私人集团投资兴建，由私人集团经营。以曼谷轻轨为例，其建设和运营是一家由私人企业控股的公司——曼谷大众交通系统公共有限公司负责。泰国政府通过合同形式对轻轨建设和运营以及曼谷大众交通系统公共有限公司的股本结构进行约束。

这种模式能最大限度地激发私人投资者的兴趣，但在票价、线路走向等敏感问题上政府与私人投资者会不可避免地发生冲突。城市轨道交通的投资回收期长，私人投资者要有在头几年亏损的情况下偿还贷款利息的心理准备。同时，这种模式会激发私人投资者严格控制建设和运营成本。

二 运营与投资、建设的关系角度

从运营与投资、建设关系的角度来看，城市轨道交通运营管理模式主要有以下两种。

1. 运营与投资、建设合一模式

在政府的监督管理下，政府下属机构或专门组建的城市轨道交通企业（集团公司）全

面负责城市轨道交通的投资、建设和运营。在国有国营与民有民营模式下,采用运营与投资、建设合一模式较为多见。该模式的优点是体制内的矛盾协调容易等,但也存在产权关系不明晰、缺乏市场竞争与效率较低等问题(表3-2-1)。

运营与投资、建设合一模式分析　　　　　　　　表3-2-1

管理主体及职能	(1)政府下属机构或专门组建的城市轨道交通企业(集团公司); (2)全面负责轨道交通的投资、建设、运营
优点	(1)体制内矛盾易协调; (2)资金到位较快; (3)设备适用性高
缺点	(1)产权关系不明晰; (2)缺乏竞争、效率较低

2. 运营与投资、建设分开模式

在政府的监督管理下,由城市轨道交通项目公司、建设公司和运营公司分别承担轨道交通投资、建设和运营的职责。在国有国营与国有民营模式下,投资、建设与运营分开模式均有城市采纳。该模式的特点是引入竞争机制,实现市场化运作,见表3-2-2。

运营与投资、建设分开模式分析　　　　　　　　表3-2-2

管理主体及职能	(1)城市轨道交通项目公司、建设公司和运营公司; (2)分别承担轨道交通投资、建设和运营职责
优点	(1)引入竞争机制,实现市场化运作; (2)提高经营企业经营效率; (3)减轻公共财政的支出
缺点	建设与运营的衔接不顺

三　运营管理模式的影响因素

客流强度是城市轨道交通运营管理模式选择的重要因素。客流强度较小的城市,一般城市轨道交通客运服务盈利能力较差,宜采用官办官营模式;客流强度较大的城市,城市轨道交通客运服务盈利能力较强,可以选择其他模式运营。一般来讲,依据客流强度选取城市轨道交通运营管理模式时可参考如下建议:

(1)当客流强度为0~1.5万人/(km·日)时,城市轨道交通系统盈利概率较小,需要在政府的扶持下运营。这种类型的城市轨道交通系统适合采用官办官营的管理模式。

(2)当客流强度为1.5万~2.5万人/(km·日)时,城市轨道交通系统基本具备维持运营成本所需的客流且能略有盈利,因此,可考虑采用有竞争条件下的官办官营模式、公私合营、官办半民营的模式。

(3)当客流强度大于2.5万人/(km·日)时,城市轨道交通系统具备维持运营成本所需的客流且有一定的盈利能力,可采用官办半民营、官办民营的模式。

(4)当城市轨道交通系统的业主(政府)独自承担建设费用,且其建设成本不从运营收入中抵扣时,在客流强度大于1万人/(km·日)时就可尝试官办民营的管理模式。

(5)考虑到市中心地区修建城市轨道交通系统的成本较高、物业开发的难度较大,这一区域的城市轨道交通系统不宜采用私办私营的管理模式,必须有公共资本参与。私办私营的模式最好用于市郊铁路。在市郊铁路的条件下,客流密度达到1.7万人/(km·日)以上时就可考虑采用私办私营的模式。

素养小课堂

我国城市轨道交通"以人民为中心"的发展理念

发展城市轨道交通是大势所趋,健康规范有序地发展城市轨道交通是根本所在。《关于进一步加强城市轨道交通规划建设管理的意见》(简称《意见》)明确提出,要按照高质量发展的要求,以服务人民群众出行为根本目标,持续深化城市交通供给侧结构性改革。

在城市轨道交通发展中,要牢牢把握"以人民为中心"这一核心理念,关键是要统筹城市居民需求和城市建设能力的关系。统筹两者之间的关系,就是既要尽力而为,缓解城市交通拥堵、提升人民群众出行质量,又要量力而行、科学有序,不造成城市可持续发展的经济负担。

《意见》提出了城市轨道交通行业发展的基本原则,即"量力而行,有序推进;因地制宜,经济适用;衔接协调,集约高效;严控风险,持续发展",同时明确了城市轨道交通的准入"门槛":申报建设地铁的城市一般公共财政预算收入应在300亿元以上,地区生产总值在3000亿元以上,市区常住人口在300万人以上。引导轻轨有序发展,申报建设轻轨的城市一般公共财政预算收入应在150亿元以上,地区生产总值在1500亿元以上,市区常住人口在150万人以上。

摘编自《经济日报》(2018年7月16日)

谈一谈:请阅读以上资料,谈谈你的感受。

学习笔记

班级		姓名		学号	
学习小组		组长		日期	

📖 任务实施

请阅读"任务发布"中的案例,回答以下问题。

(1)从经营权与所有权关系的角度来看,北京地铁4号线项目属于哪一种运营管理模式?

(2)从运营与投资、建设关系的角度来看,北京地铁4号线项目属于哪一种运营管理模式?

📖 任务评价

请填写表3-2-3,对任务实施效果进行评价。

任务评价表　　　　　　　　　　　　　　　表3-2-3

评价指标	分值(分)	组长评价(20%)	自我评价(10%)	教师评价(70%)
1.任务准备部分的引导问题回答正确	40			
2.能够读懂案例中信息,推导出正确的结论	20			
3.能够正确、全面分析出案例中的运营管理模式类别	20			
4.能够利用网络资源,查找相应资料,在结论推导过程中有自己独到的见解,或提出有建设性的观点	20			
任务成绩				

📖 总结反思

单元 3.3 城市轨道交通企业组织架构

📖 学习目标

1. 知识目标
(1) 了解城市轨道交通企业组织架构的一般形式。
(2) 了解我国城市轨道交通企业的典型运营组织机构。

2. 技能目标
(1) 能够说出城市轨道交通企业组织架构的一般形式的组成部分。
(2) 能够分析并说出我国城市轨道交通企业典型运营组织机构的特点。

3. 素质目标
(1) 具备良好的沟通能力和团队合作能力,勇于担当,具有大局意识。
(2) 弘扬社会主义核心价值感,认真履行爱国、敬业、诚信、友善的价值准则。

📖 任务发布

收集某城市轨道交通企业的相关信息,描述其组织模式和管理模式。(本任务根据本单元部分学习目标设计。在实际教学中,教师可根据本单元学习目标,灵活设计学习任务。)

📖 任务目标

(1) 了解城市轨道交通企业组织架构的一般形式。
(2) 了解我国城市轨道交通企业典型运营组织机构。

📖 任务分组

建议学习者组建学习小组,制订学习计划,共同完成相关任务。

姓　名	学　号	分　工	备　注	学习计划
			组长	

📖 任务准备

引导问题 1 城市轨道交通系统可按功能分哪两个子系统进行管理?(　　)
A. 旅客运输服务系统　　　　　　　B. 运营保障系统
C. 售检票系统　　　　　　　　　　D. 设备管理系统

引导问题 2 旅客运输服务系统的主要功能包含哪些方面?(　　)

A. 调度指挥　　　　　B. 车站管理　　　　　C. 票务管理　　　　　D. 乘务管理

引导问题3　请判断正误：城市轨道交通企业是完全市场经营，政府不需要对企业实行补助和政策上的支持。　　　　　　　　　　　　　　　　　　　　　　　（　　）

引导问题4　请判断正误：香港地铁模式是实现地铁盈利的成功模式，国内城市可以完全复制香港地铁经验，实现企业盈利的目标。　　　　　　　　　　　　　　（　　）

引导问题5　请判断正误：集中统一管理和专业化管理是我国城市轨道交通企业主要的两种管理模式。　　　　　　　　　　　　　　　　　　　　　　　　　　（　　）

引导问题6　简述城市轨道交通企业组织架构的一般形式。

引导问题7　比较分析北京、上海、广州等主要城市轨道交通企业组织结构的优缺点。

知识储备

3.3.1　城市轨道交通企业组织架构的一般形式

现代化高水平的运营管理是城市轨道交通安全畅通和进行优质服务的保证。我国城市轨道交通起步较晚，在我国城市轨道交通运营管理结构模式建设过程中，应参考借鉴许多国外企业的经验，并根据我国城市发展的具体情况，制定适合城市轨道交通企业生存与发展的运营管理模式，并在实践过程中进行不断的补充、完善和创新。

现代城市轨道交通运营管理是一个系统工程，通过人员组织管理和设施的维护与使用，实现对乘客的承运与送达，从而创造社会效益和企业效益。传统的城市轨道交通系统可按功能分两个子系统进行管理（图3-3-1）。一个是体现城市轨道交通基本功能的旅客运输服务系统，主要任务是组织列车运行和进行客运服务；另一个是运营保障系统，主要是运营设备维护修理体系，它的任务是确保线路、供电系统、车辆、通信信号设备、机电设备等系统状态良好，使城市轨道交通系统安全、可靠、高效地运行。

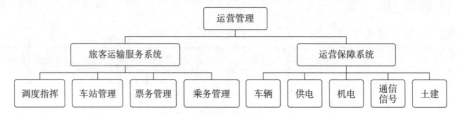

图3-3-1　传统的城市轨道交通运营管理的一般形式

城市轨道交通运营企业可按自己的经营特色设置各具特色的运营管理模式。我国许多城市轨道交通系统实行项目法人制，每条线路由一个项目法人管理，项目公司代表政府行使业主的权利，线路的运营方为地铁运营总公司。总公司下分建相应的投融资、建设、运营及经营开发分公司，分别负责地铁筹资、设计与施工、运营、广告、商铺经营、地产利用与开发等。建设与运营分别完成，而运营模式既可由总公司100%集权管理，也可考虑成本与效益的关系，分权实施部分自行管理与部分委外管理，如将"运营、系统维护与维修、设施维护与检修"作为核心任务由公司员工完成,其余业务及功能或多或少委外进行;也可仅负责自行管理"运营"为核心任务,其余业务与任务均委外完成等。该运营模式机动灵活、责任明确,可根据企业综合实力自行选择管理形式与管理性质,实施效果良好。

3.3.2 我国城市轨道交通企业典型运营组织架构

一 多元互补式的企业集团型企业

下文以北京市地铁运营有限公司为例进行介绍。

北京市地铁运营有限公司是大型国有独资企业。公司主营业务涵盖客运服务、维修服务、车辆厂修、广告、民用通信、文化传媒、商业;关联业务涵盖投融资、新线、更新改造、技术研发、咨询培训、车辆制造。公司下设运营分公司、运营保障分公司、运营技术研发中心、北京地铁技术学校、资源管理与经营事业总部、北京市地铁建筑安装工程公司、北京地铁房地产公司、北京地铁监理公司、北京地铁运营技术咨询股份有限公司、北京地铁利通投资有限公司、地铁文化传媒投资公司、北京地铁车辆装备有限公司。下文对运营分公司及运营保障分公司进行介绍。

(1)运营分公司。

北京市地铁运营有限公司运营一分公司是全面负责北京地铁 5 号线、6 号线等线路的安全运营生产、设备维修维护以及优质服务等管理工作的分公司。

北京市地铁运营有限公司运营二分公司主要负责北京地铁 1 号线、9 号线等线路的运营服务、客运组织、行车管理、电动客车的维修保养等工作。

北京市地铁运营有限公司运营三分公司承担地铁 2 号线、8 号线等线路的运营服务工作。公司业务范围涉及运营服务、委托管理、新线筹备等,包括站务管理、乘务管理、车辆维修、设备设施管理、更新改造管理、新线建设配合及筹备运营开通等运营管理工作。

北京地铁运营四分公司管辖 15 号线、昌平线等线路。

(2)运营保障分公司。

北京市地铁运营有限公司通信信号分公司设多个职能部室(含合署办公部室和临时机构);下设维修项目部、中心项目部和检修项目部。根据项目部的职责分工和管辖幅度,每个项目部均设立了管理部门和若干个维(检)修部。运营保障公司承担着北京地铁运营公司各运营站及全部地铁列车通信、信号和自动售检票专业各系统设备的维修、服务和管理任务。

北京市地铁运营有限公司供电分公司负责为北京地铁机车牵引、动力照明、通信、信号及控制系统等设备提供可靠电能,承担着北京地铁供电系统的运行维护、计表检修及供电设备大修、更新、改造、新线建设配合等任务。

北京市地铁运营有限公司机电分公司主要负责北京市地铁运营线路中通风空调系统、给排水系统、低压配电及照明系统、环境与设备监控系统、火灾自动报警系统、气体灭火系统、电梯及无障碍设备系统、站台门系统及人防系统九大系统的日常维修维护、设备大修、抢险抢修、更新改造、配合新线建设及接收等工作。

北京市地铁运营有限公司线路分公司主要承担线路运营线路轨道及附属设施的维修、大修、改造及新线接收任务，保持轨道线路良好几何状态，以保证列车安全运行，为乘客提供平稳、舒适的乘坐环境。

素养小课堂

天底下最美味的汤

有一个装扮像魔术师的陌生人来到一个村庄说："我有一颗汤石，如果将它放入烧开的水中，会立刻变出美味的汤来。我现在就煮给大家喝。"这时，有人找了一个锅，有人提了一桶水，有人拿来了炉子和木材。陌生人在广场开始煮水，很小心地把汤石放入滚烫的锅中，然后用汤匙尝了一口，很兴奋地说："太美味了，如果再加入一点洋葱就更好了。"立刻有人冲回家拿了一堆洋葱。陌生人又尝了一口："太棒了，如果再放些肉片就更香了。"又一个人快速回家端了一盘肉来。"再有一些蔬菜就完美无缺了。"陌生人又建议道。在陌生人的建议下，有人拿了蔬菜，有人拿了酱油，有人捧了其他材料……当汤煮好后，大家一人一碗享用时，他们发现这真是天底下最美味的汤。

谈一谈：请阅读以上资料，谈谈"合作与分享"在城市轨道交通运营管理中的作用。

二 集团下属各独立法人型企业

下文以上海申通地铁集团有限公司为例进行介绍。

上海申通地铁集团有限公司是一家融轨道交通投资、建设和运营管理为一体的大型企业集团，是上海轨道交通投资、建设和运营的责任主体，各子公司运营管理的部分线路如下。

上海地铁第一运营有限公司：1号线、5号线等线路；

上海地铁第二运营有限公司：2号线、11号线等线路；

上海地铁第三运营有限公司：3号线、4号线等线路；

上海地铁第四运营有限公司：6号线、8号线等线路；

上海磁浮交通发展有限公司：磁浮线、16号线等线路。

上海轨道交通线路的维护工作由上海轨道交通维护保障中心（以下简称"维保中心"）负责。目前维护保障中心管理体制内所辖部门及职责如下。

供电分公司：输变电设备的维护保养任务；

车辆分公司：电动列车和内燃机车的维护保养任务；

通号分公司：信号和通信设备的维护保养任务；

工务分公司：轨道线路、桥梁隧道结构的维护保养任务；

后勤分公司：保安、清洁、餐饮等后勤保障工作；

监护分公司：线路的结构监护等工作；

物流中心：维修所使用的材料采购、仓储等任务；

计量中心：维护所使用的计量器具的校验工作。

三 集中统一制的总、分公司型企业

下文以南京地下铁道有限责任公司为例进行介绍。

南京地下铁道有限责任公司运营分公司是负责南京地铁运营工作的实体,隶属于南京地下铁道有限责任公司。运营分公司根据"适应市场经济要求,产权清晰、权责明确、政企分开、管理科学"的现代企业制度要求,实行总经理负责制,设有客运部、车辆部、物资设施部、票卡清分部、财务审计部、劳动人事部、企业管理部、教育培训部、技术部、安全保卫部、办公室等职能部门;另设有站务中心、乘务中心、票务中心、控制中心、检修一中心、检修二中心、设备中心、工务中心、通号中心、供电中心、物资中心、信息中心、机电和自动化中心等。各中心下面还按照专业设有工区,具体负责运营客运、车辆、设备维护保养等各项工作。

四 事业总部制的总、分公司型企业

下文以广州市地下铁道总公司为例进行介绍。

广州市地下铁道总公司成立于1992年12月28日,是广州市政府全资大型国有企业,总负责广州市快速轨道交通系统的建设、运营、沿线房地产物业的经营及开发;但不负责筹资、融资,筹资和融资由广州市计划委员会专设"地铁筹资办公室"统筹解决。公司负担着广州市快速轨道交通系统建设及运营管理的重责,同时经营以地铁相关资源开发为主的多元化产业。从1992年12月28日成立至2001年底,该总公司下设建设公司、运营公司和实业公司,实行两级管理、两级核算,2002年初改为总、分公司,实行一级核算,并推进了以建立现代企业制度为目标的体制改革,总公司设立建设事业总部(承担地铁建设施工管理)、运营事业总部(承担地铁运营管理)、资源开发事业总部(承担资源开发、多种经营和对非主业公司管理)、企业管理总部、人力资源总部、财务总部、监察审计部、党群工作总部、办公室、总工办、技术委员会;还设多个子公司,包含地铁设计院、地铁咨询公司、地铁物资公司、环境工程公司、广告公司、通信公司和物业管理公司。

学习笔记

班级		姓名		学号	
学习小组		组长		日期	

任务实施

制作某城市轨道交通企业组织管理模式PPT报告(包含组织架构图)。

任务评价

请填写表3-3-1,对任务实施效果进行评价。

任务评价表　　　　　　　　　　表3-3-1

评价指标	分值(分)	组长评价(20%)	自我评价(10%)	教师评价(70%)
1.任务准备部分的引导问题回答正确率;PPT报告内容充实	40			
2.能够利用网络资源,查找相应资料	20			
3.能够准确分析某城市轨道交通企业的组织模式和管理模式	20			
4.能够在结论推导过程中有自己独到的见解,或提出有建设性的观点	20			
任务成绩				

总结反思

单元 3.4 城市轨道交通企业运营管理工作内容

学习目标

1. 知识目标

(1) 了解城市轨道交通企业运营管理的目标。
(2) 掌握城市轨道交通运营管理的主要工作内容。
(3) 掌握运输生产管理的内容。

2. 技能目标

(1) 能够理解并说出城市轨道交通企业运营管理的目标。
(2) 能够分析城市轨道交通运营管理的内容。

3. 素质目标

(1) 具备良好的职业道德,具有大局意识。
(2) 具备良好的法律意识,遵章守纪,能遵守城市轨道交通运营相关的国家、地方政策法规及企业规章制度。

任务发布

请以小组为单位,在单元 3.3 任务实施成果的基础上,继续深入挖掘资料,结合本单元的主要内容展开调研,分析组织架构各职能部门与运营管理职能的对应关系,并且能够详细阐述该调研企业的运营管理的主要内容。(本任务根据本单元部分学习目标设计。在实际教学中,教师可根据本单元学习目标,灵活设计学习任务。)

任务目标

(1) 能够说出各职能部门与运营管理职能的对应关系。
(2) 能够分析城市轨道交通运营管理的内容。

任务分组

建议学习者组建学习小组,制订学习计划,共同完成相关任务。

姓 名	学 号	分 工	备 注	学习计划
			组长	

任务准备

引导问题 1 城市轨道交通运营生产管理主要包含安全管理、调度指挥管理、(　　)、票务管理、运营设备维修管理等。

  A. 车站管理   B. 市场营销
  C. 人力资源   D. 信息化管理

  引导问题2 随着城市轨道交通建设规模的扩大及投入运营线路的增加,城市轨道交通由单线独立运营向(　　)运营管理发展。

  A. 现代化   B. 智能化   C. 重载化   D. 网络化

  引导问题3 请判断正误:城市轨道交通自动售检票系统设置在车站,由车站组织售检票,并负责设备的养护维修和运营管理。(　　)

  引导问题4 请判断正误:票务管理工作的核心是制定票制、票价和售检票管理。(　　)

  引导问题5 请判断正误:城市轨道交通企业由于其特有的公益性,在资金筹措、票价制定、投资决策等方面受到一定的限制,应尽可能以企业价值最大化为决策的主要依据。(　　)

  引导问题6 城市轨道交通企业市场营销管理的最终目标可简单归纳为哪几点?

  引导问题7 城市轨道交通系统的车站作业内容包括哪些?

知识储备

  城市轨道交通运营企业不但要提供良好的乘车环境,而且要有配套完善的基础设施和保障机制。为了稳定有序地进行运输生产,在城市轨道交通运营过程中要求企业人员合理分工、信息安全畅通、客源组织有序、运营计划和设备维修养护计划制订周详。城市轨道交通企业管理的目标就是通过对设施设备、人员、技术、信息进行有效的组织利用与管理,有序完成日常工作,并能根据客流需求变化,及时调整运营策略,获取最佳效能。

3.4.1　运营计划管理

一　运营计划的组成

  城市轨道交通系统按计划行车,列车根据计划的规定在线路上按照既定的时间运行,完成乘客运输任务。这里所说的计划,是指指导列车运行、车辆运用和乘务组织的技术文件,也称为运营计划。运营计划一般应包含发车频率、各次列车在各站的到发时刻、车底的周转安排和乘务员的值乘安排等信息,日常运营中这些相互关联的信息往往相对独立,分别形成相关的技术文件,主要表现为列车开行计划、列车运行图、车底周转图和乘务计划。编制这些技术文件的过程即运营计划的编制过程。除了产生运营相关的技术文件外,运营计划中的部分信息也将以时刻表的形式向公众发布。

二　运营计划编制流程

城市轨道交通运营计划对外向乘客提供运营服务,对内指导各部门的运输生产,其编制流程受内外多方面因素影响,涉及多个需要相互协作的业务工种,是一项庞大而复杂的工作。各个城市轨道交通系统往往又有各自的区域特点和特殊的运营要求,因此,运营计划的具体编制方法和流程也各不相同。但是,一般都表现出分阶段、分块编制再汇总、调整的特点。图 3-4-1 是某城市轨道交通运营企业的运营计划编制流程图。

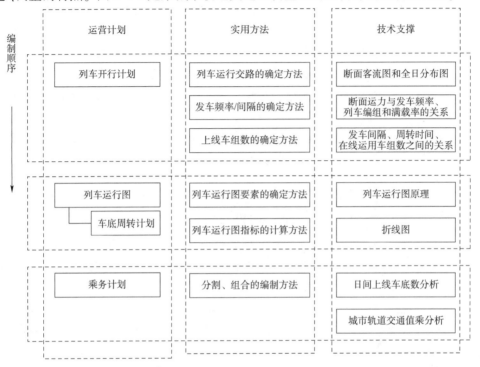

图 3-4-1　某城市轨道交通运营企业运营计划编制流程

1. 数据准备

运营计划所要达到的主要目标是合理组织运力以满足乘客出行需求,所需要准备的数据可以分为运力资源配置、客流需求、服务水平和运营规范四个主要方面。运力资源配置数据包括各条线路的基础设施基本情况,例如线路长度、配线设置、换乘车站设置等;车辆相关的基本情况,例如车辆类型、编组辆数、运行时间、折返方式、折返时间、最小间隔时间等。客流需求包括分时段客流量、客流空间分布、换乘客流分布等反映乘客出行规律的数据。服务水平反映了对外提供服务的质量标准,一般包括发车间隔、旅行速度、满载率、首末车时间和换乘站列车接续等。运营规范则是合理组织运输生产的技术标准,对运力使用、服务提供以及计划编制流程等作出具体的规定。

以上四方面数据,除客流需求外,其他三类数据在一个较长时段内往往保持稳定,而反映乘客出行规律的客流需求数据则需要不断更新,以保证运营计划所提供的服务更贴合乘客的出行需求。

2. 计划编制

计划编制是整个运营计划编制过程的核心。由于牵涉面较广、制约因素较多,运营计划往往被分成若干部分分别编制,各部分间存在依赖和先后关系,最终形成运营计划的整体。每一部分运营计划一般称为一个技术文件,而列车开行计划、列车运行图和乘务计划是指导运营生产的最主要的三个技术文件。

(1)列车开行计划。列车开行计划是运力资源的安排计划,它规定了随客流需求不同而变化的分时段、分区段运力配置情况。当一定区段在一定时段内开行的列车都采用同样编组的车底时,列车开行计划也可简单地表示为在该时段的列车开行数,或者发车间隔。

(2)列车运行图。列车运行图规定了列车的运行时间、到发时刻、折返时间等运营要素,以图形方式提供给运营和管理人员,是列车开行计划的具体实现方案。城市轨道交通系统的列车运行图中还包含了车辆周转方案,车辆周转方案规定了运行图中的运行线与参与运营的车辆间的关系,是合理安排车辆完成列车运行图的方案。

(3)乘务计划。乘务计划是安排司机出乘的计划,规定了运行图中的运行线与司机班次间的关系,是合理安排司机完成列车运行图的计划。更进一步,乘务计划依据列车运行图中所包含的车辆周转方案制订。

对于城市轨道交通系统,在运力富裕的情况下,一般按照以上顺序来编制运营计划。如果其中的某一环节成为制约因素,编制顺序也会发生变化。

案例分析

列车超速脱轨事故

某日,一列7节编组的通勤列车在运行途中脱轨,前两节车辆撞进一座住宅楼。当时车上大约有700名乘客,事故造成106名乘客死亡,562名乘客受伤,列车司机也在事故中丧生。这次事故是严重的脱轨事故。

调查结论指出,列车脱轨的直接原因是列车在过弯道时严重超速。脱轨处弯道的限速为70km/h,但设在列车尾部的数据记录仪记录的数据表明当时的列车实际速度为116km/h,调查人员通过模拟计算得出列车脱轨时的速度为至少106km/h。而就列车超速的原因,调查人员认为有如下几点:

(1)在事故发生前,列车曾闯红灯并晚点。在脱轨前25min,列车由于闯红灯而被信号系统迫停。另外在脱轨前约4min,列车由于在前站停站时越位而需要倒车,造成约90s的晚点。虽然在后期追回了一些,但仍晚点约60s。

(2)脱轨事故发生前10个月,该司机曾因在停站时越位100m而受到批评。所以,在闯红灯及晚点的情况下,他担心再度受到批评甚至处罚,因此精力不集中,并试图通过加速来挽回。

(3)该公司的管理制度规定,晚点的司机除了会受到经济上的处罚外,还会被送去"再培训"。而"再培训"在该公司实际上是一种心理处罚,因为在"再培训"期间,接受"再培训"的人会:①受到言语上的挖苦、污辱;②被迫写长篇的检讨书;③被迫做清洁之类的体力活。

谈一谈:优化列车运行图是否能避免类似事故发生?优化列车运行图时需要听取哪些人的意见?

3.分析调整

运营计划根据满足一定的服务水平的目标而制定,各种技术文件除了直接指导运营工作外，还提供了很多反映内部生产效率的数据，例如车辆(列车)走行公里、司机驾驶时间和总工作时间等，对这些数据的统计和分析有助于成本核算和对生产效率进行评价，并为运营计划的改进和优化指明方向。运营计划既要满足服务水平又要提高运营效率，这就使得实际运营计划的编制过程非常复杂，需要考虑非常多的细节因素，更何况这些因素在很多情况下都是多变的。因此，分析调整阶段往往需要不断反馈信息给运营计划编制人员，以达到不断更新和优化运营计划的目的。

3.4.2 运营生产管理

运营生产管理主要包括运行安全与应急管理、调度指挥管理、车站管理、票务管理、运营设备维修管理等。

一、运行安全与应急管理

城市轨道交通作为运输行业，其产品为乘客位移和运输服务。首先，在运输过程中必须保证乘客安全，安全是运输产品的首要质量特性。因此，运输生产和经营的性质决定了安全是城市轨道交通运营生产的头等大事。其次，安全是实现效益的保证。对城市轨道交通行业来讲，如果发生事故，不仅是使企业本身的经济效益受损，同时也使其企业的形象受损，换言之是使其无形资产受损，直接或间接的经济损失将是很严重的，甚至影响到社会的稳定。所以，从某种意义上说，没有安全就没有效益，安全是实现效益的保证。

城市轨道交通运营安全管理的目的就是通过管理的手段，实现控制事故、消除隐患、减少损失的目的，使城市轨道交通运营企业达到最佳的安全水平，为乘客创造安全舒适的乘车环境，为员工创造安全健康的工作环境。因而，可以将安全管理定义为：以安全为目的，进行有关计划、组织、指挥、协调和控制的活动。

事故总是带来损失。对于城市轨道交通运营企业来说，运营事故在经济上、声誉上的打击是相当沉重的，有时甚至是致命的。因而，在实施事故预防应急措施的基础上，通过购买财产、工伤、责任等保险，以保险补偿的方式保证企业的经济平衡和在发生事故后恢复生产的基本能力，也是控制事故的手段之一。可以说，安全管理就是利用管理的活动，将事故预防、应急措施与保险补偿三种手段有机地结合在一起，以达到保障安全的目的。

城市轨道交通突发事件，也称运营突发事件、运营事故灾难、运营事故。凡在城市轨道交通运营范围内，由于运营单位自身原因、乘客自身原因、不可抗力、社会治安等非运营单位原因，在运营生产活动中造成人员伤亡、设备损坏、财产损失、中断行车、火灾及其他危及运营安全的情况，均构成突发事件。

《生产安全事故报告和调查处理条例》根据生产安全事故造成的人员伤亡或者直接经济损失，将事故分为特别重大事故、重大事故、较大事故、一般事故四个等级。

控制事故可以说是安全管理工作的核心，而控制事故最好的方式就是实施事故预防，即通过管理和技术手段的结合，辨识危险、评估危险、控制危险，保障乘客、公众和员工的安全。然而，由于受技术、经济等条件限制，有些事故是难以完全避免的。因此，控制事故的第二种手段就是采取应急措施,即通过抢救、疏散、抑制等手段在事故发生后控制事故的蔓延,把事故的损失降至最低。

1. 突发事件的处理原则

城市轨道交通突发事件的处理应遵循预防为主、以人为本、反应迅速、先通后复等原则。

(1)预防为主。建立健全综合信息支持体系,准确预测预警,采取有效的防范措施,尽一切可能防止突发公共事件的发生。对无法防止或已经发生的突发公共事件,尽可能避免其造成恶劣影响和灾难性后果。

(2)以人为本。抢险工作应坚持"先救人,后救物;先全面,后局部"的原则,优先组织人员疏散、伤员抢救,同时兼顾对重点设备和环境的保护,将损失降至最低。通过采取各种措施,建立健全应对突发公共事件的有效机制,最大限度减少因突发公共事件造成的人员伤亡。

(3)反应迅速。建立"高度集中、统一指挥、逐级负责"的应急指挥体系,建设统一管理、装备精良、技术熟练、反应迅速的专业救援队伍,切实做到早发现、早报告、早控制。

(4)先通后复。发生突发事件和灾害后,城市轨道交通运营单位应启动有效的前期处置预案,配合所在市有关应急机构,尽快恢复正常运营。

2. 突发事件应急预案

应急预案是城市轨道交通突发事件应急处置的重要依据。它是各级城市轨道交通管理部门及运营部门为依法、迅速、科学、有序应对城市轨道交通运营突发事件,最大限度减少运营突发事件及其造成的损害而预先制订的工作方案。完善的城市轨道交通突发事件应急预案体系有助于建立健全城市轨道交通突发事件处置工作机制,科学有序高效应对突发事件,最大限度减少人员伤亡和财产损失,维护社会正常秩序。我国城市轨道交通突发事件应急预案体系主要包括:国家层面的预案,即《国家突发公共事件总体应急预案》《国家城市轨道交通运营突发事件应急预案》等;地方政府层面的预案,如《北京市突发公共事件总体应急预案》《北京市轨道交通运营突发事件应急预案》《上海市处置城市轨道交通运营事故应急预案》《深圳市地铁突发公共事件应急预案》等;城市轨道交通运营企业层面的预案,如防汛应急预案、雪天应急预案、拥挤踩踏事件应急预案等。

3. 响应措施

突发事件发生后,运营单位必须立即实施先期处置,全力控制事件发展态势。各有关地方、部门和单位根据工作需要,组织采取必要措施积极响应。具体措施包括人员搜救、乘客转运、现场疏散、交通疏导、医学救援、抢修抢险、维护社会稳定、信息发布和舆论引导和运营恢复等。

二 调度指挥管理

调度指挥管理是对调度的计划、实施、检查、总结循环活动的管理。调度指挥管理是城市轨道交通运营管理的中心环节,调度控制中心是运营的指挥中心。调度工作是调度管理方面的技术性工作,是对城市轨道交通运营动态的了解、掌握、预防、处理及对关键问题的控制和部门间的协调配合。调度工作是调度管理的具体表现,它的完成是调度管理在实际上完成的具体表现。

城市轨道交通运营调度工作由运营调度控制中心实施,实行高度集中统一指挥,以使各个环节紧密配合,协调工作,保证列车安全、正点地运行。运营调度工作是城市轨道交通系统的核心,它的好坏直接影响乘客运输任务的完成情况。

运行控制中心(Operation Control Center,OCC)是实现城市轨道交通系统日常运输工作的指挥中枢机构,凡是与行车有关的各部门、各工种都必须在其统一指挥下进行日常生产活动(图 3-4-2)。

各城市轨道交通运行控制中心的控制范围虽然不同,但通常都采用调度中心和车站两级管理体制。一般情况下,由调度指挥中心对全线进行集中领导和统一指挥。凡与运输生产有关的部门和工作,都在运输调度的统一指挥下进行。全线正常运行由行车指挥中心调度集中系统自动监控。当调度中心出现故障时,处于车站层的调度机构可以根据列车运行计划独立地控制其管辖范围内的信号、道岔并指挥列车运行。当发生列车晚点或其他故障时,调度员可以人工控制;特殊情况下,经车站值班员申请,并经中心授权,可转由车站值班员人工控制。

城市轨道交通调度指挥系统以列车运行管理、行车控制为中心任务,同时也负责与行车有关的管理工作,具体来说应包括运输管理、列车运行调度与控制、机车车辆调度、牵引供电调度与控制、工务电务调度、客运调度、乘客服务、事故分析与救援、设备集中管理与维护、统计分析与资料管理、施工调度、安全监控、模拟培训等。相应地,运行控制中心按业务性质不同,设置不同的调度工种,如行车调度员、电力调度员和环控调度员等调度员工种。某城市轨道交通运营调度组织系统如图 3-4-3 所示。

图 3-4-2　某城市轨道交通运行控制中心

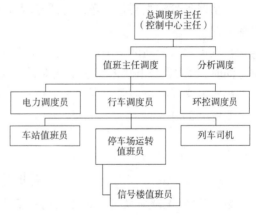

图 3-4-3　某城市轨道交通运营调度组织系统

三　车站管理

车站是城市轨道交通系统的重要组成部分,是企业与服务对象主要的联系环节。车站管理的核心任务是安全、迅速、方便地组织客流集散,并做好行车组织工作。

车站日常管理工作几乎涉及城市轨道交通运营管理的各个方面,主要包括行车组织、客流组织、安全管理、设备设施管理、服务管理和票务管理等。

车站行车组织主要是指按列车运行图要求,安全有序地组织列车接发作业和折返作业。

车站客流组织主要是指通过合理布置和运用相关设备、设施和管理手段,组织乘客在车站管辖范围内按照预先设定的路线安全有序流动的过程。

车站安全管理是指通过辨识和控制车站管辖范围内人、机、环境等方面可能的危险因素来防止事故发生或尽可能降低事故损失,一般会对典型事故制订应急预案。

车站设备设施管理是指按照一定的计划对车站中各类设备设施的运行状态进行检查和维护,确保其正常运转。

案例分析

投 诉 信

某城市轨道交通运营企业接到一封投诉信,有乘客指责在D站工作的站务员"考虑不周"。经调查发现,事情经过如下。

D站的站台和站厅之间有一台电梯和两台自动扶梯。事发当时属于晚高峰时段,大量乘客进站,站务员按惯例把两台自动扶梯均设为下行去站台方向。巧合的是,当时电梯出了问题,维修人员正在抢修。那位投诉的乘客是位孕妇,需要出站,见电梯停用,自动扶梯又都是下行,只好硬着头皮拾级而上,幸好没有发生意外。该乘客恼怒,指责站务员"考虑不周"。

该城市轨道交通运营企业事后向所有车站发出通知:以后再发生类似情况,即唯一的电梯因故停运时,应保持至少一台自动扶梯处于上行状态。

车站服务管理是主要指为保持或提升车站服务质量而开展的服务标准制定、服务意识教育、服务质量监督和考核等工作。

车站票务管理主要是指车站对票务现金和票卡的调配以及其清点、保管、交接、存放等环节的卡控。

在城市轨道交通网络中,车站管理工作的任一方面都可能对网络全局产生重大的影响。同时,车站是城市轨道交通系统对外交流和服务的重要窗口,车站管理和服务工作是城市轨道交通整体服务水平的最终体现。因此,车站管理是城市轨道交通运营管理至关重要的一部分。

案例分析

站长的角色

某日傍晚,某城市轨道交通系统的一条地铁线路由于负责向列车供电的接触轨的固定装置发生故障而导致接触轨向下移动,使经过的多列列车因集电靴受损而停在隧道里,亟待救援。

控制中心的调度员们因忙于同时处理多列故障列车,而没能及时向某些受影响的地铁站的站长通报详情。在这种情况下,这些车站的站长该怎么办?

在事故调查听证会上,一名站长如是说:

"作为一名站长,我要对本站负责。在接到控制中心关于事故的手机短信后,我尝试联系控制中心,以便了解更多详情,特别是何时可以恢复列车服务。但每条电话线都是忙音,我就知道出了大事,并认为继续打电话给控制中心不但于事无补,还可能给控制中心乱上添乱,所以我决定做自己能做的。经向其他车站询问,了解到他们那里列车服务也暂停后,我立即组织我的站务人员进行乘客疏散,并关闭车站。我心里十分清楚,我的站是地下站,空间十分有限,而且当时是晚高峰时段,如果乘客不断地进来,有发生踩踏事故的危险,所以我当时的唯一念头是,既然没有列车服务,就应尽快关站。"

这个案例说明:

(1)站长要对车站负责,要对车站内人员的安全负责。

(2)如果列车服务中断,且一时无法恢复,就应关站。

四 票务管理

实现社会效益是城市轨道交通运营企业的重要工作目标之一,但在市场经济环境条件下,在实现社会效益的同时也需求寻求经济效益,使企业能够得到更好的生存和发展。

城市轨道交通运营收入主要是票款收入,做好票务管理工作有利于城市轨道交通发展进入良性循环的轨道。票务管理工作的核心是制定票制、票价,以及售检票管理和票款清分等方面的工作。城市轨道交通系统现行票价、票制主要由运营公司组织制定。自动售检票系统设置在车站,由车站组织售检票,并负责设备的养护维修和运用管理。运营公司对全线的运量、运营指标进行统计和进行财务、经济的核算、评价。

五 运营设备维修管理

城市轨道交通系统完整的运营设备维修管理主要包括固定设备的维修管理和车辆设备维修管理,其中固定设备的维修管理应包括工务系统设备、供电系统设备、通信信号系统设备和机电系统设备的维修管理。设备的运用一般可分为正常状态下的日常运用、非正常情况下的运用及紧急情况时的运用,应保证各项设备系统以良好的状态投入运营。只有提高系统的可靠性,减少故障发生,保证运行畅通,才能充分发挥城市轨道交通安全、快捷的优越性。

1.固定设备分类与维修管理

城市轨道交通固定设备是维修管理的主体对象,按照专业类别可以划分为工务系统设备、供电系统设备、通信信号系统设备和机电系统设备,每个专业系统中都包含相应的子系统和相应的设施设备,见表3-4-1。

固定设备分类　　　　　　　　　表3-4-1

机电系统	供电系统	通信信号系统	工务系统
环境控制(环控)系统	主变电站	传输设备	轨道
给水排水系统	牵引变电所	电话交换设备	桥梁
站台门系统	电缆	无线通信及广播	路基
电梯系统	接触网	时钟设备	隧道
机电设备监控系统	动力系统	通信设备故障监控	房屋建筑
消防系统	低压配电及照明系统	列车自动监控(Automatic Train Supervision,ATS)系统	

续上表

机电系统	供电系统	通信信号系统	工务系统
自动售检票系统	电力监控(Supervisory Control and Data Acquisition, SCADA)系统	列车自动防护(Automatic Train Protection, ATP)系统	
	计算机联锁系统		
	地面信号设备系统		

2. 车辆设备维修管理

城市轨道交通的有序运营离不开技术状态良好的车辆。可靠的车辆设备是城市轨道交通成功运营的关键,对城市轨道交通车辆设备、性能的及时维修及维护工作尤为重要。

目前,我国城市轨道交通车辆维修主要是按固定的间隔进行预防为主的定期维修。我国城市轨道交通车辆的检修修程一般可分为厂修、架修、定修、月检和列检5个等级。其中,厂修、架修和定修为定期检修,通常在车辆段实施;月修和列检为日常维修,通常在停车场实施。我国各城市的轨道交通车型不尽相同,车辆的检修修程尚未有统一规定。我国城市轨道交通车辆各修程检修作业范围见表3-4-2。

城市轨道交通车辆各修程检修作业范围　　表3-4-2

修　程	主要检修内容
列检	对受电弓、控制装置、各种电气装置、转向架、空气制动装置、车钩缓冲装置、铰接装置、车门、车体、车灯、蓄电池箱等主要部件进行外观检查。对危及行车安全的故障进行重点修理
月检	对受电弓、牵引电机、控制装置、各种电气装置、转向架、空气制动装置、车钩缓冲装置、铰接装置、车门、车体、车灯、蓄电池箱等主要部件的技术状态和功能进行检查和必要的试验,对危及行车安全的故障进行全面修理
定修	卸下受电弓、牵引电机、控制装置、转向架、控制制动装置、蓄电池等部件,对其技术状态和功能进行检查和修理,并进行必要的试验;对计量仪器、仪表进行校验,对其余主要部件的技术状态和功能做相应的检查和修理、修竣车的静调和试车,以达到定修标准
架修	卸下受电弓、牵引电机、控制装置、各种电气装置、转向架、传动装置、轮对、轴承、空气制动装置、车钩缓冲装置、车门、蓄电池等部件,对其进行分解、检查和修理,并进行必要的试验;对计量仪器仪表进行校验,对车体及其余部件的技术状态和功能作相应的检查和修理,车体油漆标记,修竣车的静调和试车,以达到架修标准
厂修	架车、车辆解体、对转向架构架和车体进行整形,对所有部件全部进行分解、检查和修理,完全恢复其性能;重新油漆标记,修竣车的静调和试车,以达到厂修标准

3.4.3　乘务管理

1. 乘务管理的重要意义

城市轨道交通列车乘务员主要是指电动列车司机,处于城市轨道交通运营的第一线,肩负着行车安全的主要责任。因此,如何合理安排乘务员作息时间、制订值乘方案、分配人员、教育培训及安全监督显得尤为重要。这些管理制度和措施的制定不仅要与实际运营相结合,而且要有一定的科学依据作保障,做到在人员精简高效的同时还要确保运营安全。

2.乘务管理工作

在城市轨道交通运营体系中,乘务管理的核心工作是根据城市轨道交通运营企业的任务和目标,建立高效的载客列车运营服务流程,为乘客提供安全、正点、可靠的载客列车服务。

乘务管理具体内容包括:建立并推行有效可靠的安全与运营管理系统,确保列车司机能够安全有效地操作正线以及车辆段(停车场)的列车;在控制中心的统一指挥下,严格执行按图行车;司机能正确有效地使用列车的各项设备,利用列车信息广播系统,为乘客提供及时有效的信息服务,并与控制中心、车站以及车辆维修部门保持密切的沟通,确保在突发情况或列车故障时,能及时通报、快速处理,尽快恢复载客列车的运行。乘务部门作为城市轨道交通运营一线的部门,其人员管理工作非常关键。充分调动全体员工的工作积极性,是做好运营工作的基础,这就需要管理者不断完善各项职责,提升员工的综合素质,从而圆满地完成各项运营指标。

案例分析

小客车冲上地铁轨道

某日,一位男士驾驶一辆小客车行驶在一条和有轨电车轨道几乎平行的机动车道上。他为了闪躲另一辆机动车而偏离机动车道,冲过道旁的自行车道、绿化带、排水沟,撞破护栏,冲上了路堤,最后停在了轨道上。

一位货车驾驶员看到了上述情况,迅速冲到停在有轨电车轨道上的小客车车旁,把小客车驾驶员从车中拉了出来。此时正有一列有轨电车向他们开来。另有一些路人刚好也在附近,就一起赶来帮忙。但由于时间太短,来不及将小客车从轨道上移开,列车最终和小客车相撞。由于货车驾驶员向列车发出紧急停车手信号,列车司机采取了紧急制动,所以撞击虽造成汽车严重损坏,但列车没有脱轨,车上约1300名乘客安然无恙。

因为事故地点距有轨电车车站尚远,有轨电车公司调派40辆客车及约100名员工前来协助运送乘客。当时天色已晚,疏散工作进展较为缓慢,约到20时10分全部乘客下车。工作人员在检查后,于20时25分确认上行线具备恢复通车条件。下行线于22时10分也恢复了通车。

启示:目前的城市轨道交通列车都具备列车自动运行(Automatic Train Operation, ATO)系统,可实现列车速度的自动调节(包括到站的停车)。在这个过程中,司机的任务是监视列车运行状况,包括通过驾驶室内各种视觉和听觉报警信号及时发现不正常情况。透过车窗瞭望线路情况也很重要,虽然多数时候城市轨道交通系统有专用线路,但并非总是全封闭的,因而可能有未经许可擅自进入线路范围的情况。即便是全封闭的系统,有时轨道区作业人员也可能误入行车区,或有异物侵入,所以司机务必提高安全意识。

在乘务人员管理中,需遵循以下的原则:制定部门发展战略与目标,确保员工按照既定的策略、计划、任务完成各项工作;建立并不断完善各级管理人员的职能与职责,强化管理目标;不断完善各级管理制度与管理标准,提升团队的整体实力;制定合理有效的乘务人员轮班表,确保乘务工作的计划、安排、检查、监督、评价考核等能公平、公正、有效地执行,避免冲突,防止出现内耗;建立并不断完善司机培养的机制,确保有足够多合格的司机提供客运运营服务,并达到既定的运营指标。

3.4.4 信息化管理

一 信息化管理工作任务

随着信息技术的日益发展,一个网络化的信息环境正在快速形成,迅速、方便地获取所需信息是正确决策、提高管理水平、取得高效益的关键。城市轨道交通作为现代化交通行业,其车辆、通信、信号、票务等系统均有自己独立的计算机控制和管理系统。建立有效的网络信息系统,开发和利用网络信息资源,充分发挥各自系统的优点,有利于更好地进行企业管理,树立良好的企业形象,为企业带来巨大的经济效益。

1. 建立企业内部网,制订企业信息发布的计划和策略

企业内部网是企业内部部门之间信息交流、信息共享和业务处理的联系通道,而各部门各系统间的信息资源非常复杂且庞大,只有对信息资源进行选取、加工、优化、重组等一系列程序,才能在网上发布,使信息涵盖范围广,信息更新快。要对企业信息资源进行选取、加工、优化、重组等工作,必须制订完整的信息发布计划和策略,并按照计划与策略确立分阶段目标的工作措施,使信息发布工作能按步骤、按计划及时完成。

在制订计划与策略时,要充分考虑信息发布针对的对象、信息范畴和发布信息的目的,明确信息发布目的,有利于做到有的放矢,确立信息发布对象与范畴,使发布的信息有效、实用。

2. 组织企业信息资源,确立发布的信息资源结构

企业信息资源的发布,最关键的环节是信息资源的组织,企业的信息资源包括企业的生产运营、组织管理、人事、财会等类别,要使各类别的信息资源通过网络有机地组织发布出去,必须有统一的标准、固定的信息发布资源结构、明确各类别信息资源之间信息发布的比例,以及内部网络信息发布的信息范畴、信息深度,使发布的信息资源结构更合理、信息更全面。

3. 信息资源网络化管理的特点

在网络环境下,信息资源的开发和利用全部数字化,信息从采集、加工、到提供全部以数字形式出现。数字化信息资源不同于传统的文献资料,其主要的特点是:信息组织形式从顺序的、线性的方式转变为电子计算机直接的、网状组织形式;信息存储形式从单一媒体走向多媒体,从模拟信号转变为数字信号,使信息的存储、传递和查询更加方便。

4. 企业信息化的主要任务

(1)建立企业信息基础设施。企业信息基础设施,是指根据企业当前业务和可预见的发展对信息采集、处理、存储和流通的要求,选购和构筑由信息设备、通信网络、数据库和支持软件等组成的环境。

(2)建立信息资源管理标准,做好信息组织工作。信息资源是企业最重要的资源之一,开发信息资源既是企业信息化的出发点,又是企业信息化的归宿;建立信息资源管理的基础标准,从而保证标准化、规范化地组织好信息,是开发信息资源的基本工作。

(3)按信息资源管理标准开发企业集成信息系统。服务型企业重点要做好业务处理过程的信息化,既要开发企业各部门信息共享的内部集成化的信息系统,还要实现企业与企业之间的信息自动交换,建立更大范围的集成信息系统。

二 信息资源与运营管理

信息资源管理的功能是协调和控制信息的运动,以信息活动中的各要素如信息、设备、机构、技术、人员、资金、体制等作为管理对象,保证信息资源的合理运行,最大限度地使用有效信息。某地铁信息化组织结构如图 3-4-4 所示。

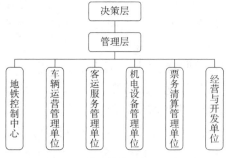

图 3-4-4　某地铁信息化组织结构

1. 城市轨道交通运营信息资源

城市轨道交通运营信息资源主要指城市轨道交通运营主要的指标及信息,包含以下几类:

(1)运营数据。运营数据主要包括按日、月、季、年统计的客流量,高峰小时客流、断面客流、实时客流等,以及客运收入统计、车票销售收入统计、线路或区段收益清算数据等。

(2)设备维护信息。设备维护信息指设备维护年度维修计划、维修成本核算、备件库存、设备更新改造、技术开发等信息,这些信息必须及时地反馈,由主管部门统一协调管理。

(3)安全运营信息。安全运营信息主要包括列车的运行情况,如正点率(用来表示运营列车按规定时间正点运行的程度)、兑现率(用来表示列车按计划运行图运行的兑现程度)以及突发事件处理情况等。

(4)服务质量信息。服务质量信息主要包括乘客通过各种途径对城市轨道交通运营服务质量进行的评价,以及城市轨道交通运营服务人员在安全生产、服务质量上要达到的目标等。

2. 运营管理部门间的信息沟通

开发和利用好信息资源是实现信息资源管理目标的核心。城市轨道交通运营组织结构大致可分为决策层、管理层和相关的运营管理单位。运营管理单位各子系统,如列车运行监控系统、票务管理系统、通信信号系统和电力监控系统等会产生大量信息,需要在各运营管理单位之间相互沟通和协调。城市轨道交通主要运营管理单位如下:

(1)城市轨道交通控制中心。城市轨道交通控制中心是指挥城市轨道交通运营的中枢,主要对列车的运行、城市轨道交通系统供电、环控设备进行统一协调管理。该中心需要对车辆状况、车站设备配置、车站客流等有一个全面的了解,才能更好地指导生产运营。

(2)车辆运营管理单位。车辆是保证城市轨道交通正常运营的关键。该单位必须掌握各车站的设施布置,信号、机电设备的运转状况,轨道养护情况等,针对出现的变化制定相应的措施。

(3)客运服务管理单位。客运服务管理单位是体现城市轨道交通运营企业形象、直接面向乘客、为乘客提供良好服务的单位,它以优质服务来满足乘客需求,通过收集运营过程中的各类信息不断完善服务设施,规范行为,从而提高服务人员的自身素质,为乘客创造良好的乘车环境。

(4)机电设备管理单位。机电设备管理单位保障城市轨道交通运营过程中设施设备处于良好稳定的运行状态,对城市轨道交通设施设备进行有计划的维修维护,确保设备的正常使用;同时,根据客流分布和客流流向,及时地增加和调整车站中设施设备的布置,不断满足运营需求。

(5)票务清算管理单位。票务清算是对城市轨道交通运营线路中各车站、各区段、各个不同线路间的发售收入和客运收入的结算。票务清算管理单位是企业运营成本和收益的核算单位,为企业的发展提供强有力的保证。

(6)经营与开发单位。经营与开发单位可充分利用城市轨道交通资源,通过城市轨道交通沿线周边房地产的开发、广告、旅游等多种形式,为企业创造更多的财富。

(7)管理层。管理层指导各运营管理单位根据企业发展需求,制定各项规章制度,使运营管理单位投入有序的运转,并从各专业系统发布的信息中,获得有价值的数据,对生产运营作出相应调整和改进,在列车运行、设备设施调整、成本控制、财务管理、人力资源管理、运营计划、运营安全等的改进方面起到积极的作用。

3.4.5 市场营销管理

一 城市轨道交通市场营销的含义

城市轨道交通市场营销是指经由交易过程来满足人们对客运服务的需要和欲望的一切活动。图3-4-5所示为静态城市轨道交通营销的含义,图3-4-6所示为动态城市轨道交通市场营销的含义。其中,乘客的需求可以概括为"安全、快速、舒适、经济"地到达目的地。

二 城市轨道交通市场营销管理

城市轨道交通市场营销管理是指根据城市轨道交通运输组织的目标,在目标市场内,为了创造、建立和维持城市轨道交通企业与被服务乘客间互利关系,而进行的分析、规划、执行与控制等工作。城市轨道交通企业根据目标市场的需要及乘客需求与偏好的分析来设计运输服务产品,以期能提供有效的服务设计、定价、沟通的程序,来服务目标市场。

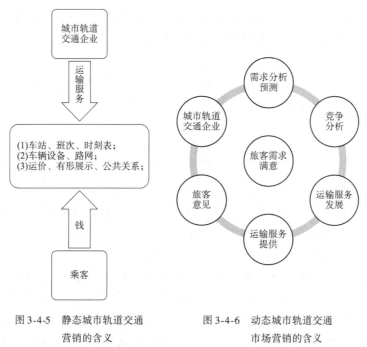

图 3-4-5　静态城市轨道交通营销的含义　　图 3-4-6　动态城市轨道交通市场营销的含义

三　城市轨道交通市场营销的目标

城市轨道交通企业实行各种营销计划和活动,其最终目标可简单归纳为下列几点:

(1)吸引较多的乘客。客流量越大,城市轨道交通企业越能充分发挥其服务资源,一方面实现了城市轨道交通企业服务大众的目的;另一方面也可以改善城市轨道交通企业的财务状况。

(2)使消费者达到较大限度的满足。城市轨道交通市场营销的任务就是随着乘客需求的改变,随时调整企业的服务组合,以满足乘客的需求。

(3)提高人们的生活质量。城市轨道交通系统属于城市公共交通系统,与居民的生活密切相关。所以,城市轨道交通企业如果能有效地提供符合人们需要的运输服务且广为乘客所接受,就能直接提高人们的生活质量。对企业的管理,归根到底是对人的管理,因为企业的任何决策都是要由企业的员工去完成的。

3.4.6　人力资源管理

人力资源管理是对人力资源的获得、整合、激励、调控、开发进行的综合管理。

一　人力资源管理的基本过程

人力资源管理的过程是和其基本目的紧密联系的。作为企业的基本管理职能,人力资源管理自然是为实现企业的基本目的(向社会提供有效的产品和服务)而服务的,因

此,其目的就是"吸引、挽留、激励和提高"企业所需的人力资源。人力资源管理的过程就是从以下四个目的演化而来的:

(1)获得——对组织成员进行招聘、选拔与委任。

(2)整合——使分散的组织机构中的不同层次、不同部门、不同岗位和不同地区的组织成员建立和加强对组织目的的认识和相应的责任感。

(3)调控——考核组织成员的工作绩效,并作出相应的升迁、降级、解雇等决策。

(4)开发——有针对性地对组织成员进行培养,充实其日后进一步发展的基础,并指导其今后的发展方向和道路。

素养小课堂

"不拉马的士兵"

一位年轻的炮兵军官上任后,到下属部队视察操练情况,发现有几个部队操练时有一个共同现象:在操练中,总有一个士兵自始至终站在大炮的炮筒下,纹丝不动。经过询问,得到的答案是:操练条例就是这样规定的。原来,操练条例遵循的是用马拉大炮时代的规则,当时站在炮筒下的士兵的任务是拉住马的缰绳,防止大炮发射后因后坐力产生的距离偏差,减少再次瞄准的时间。现在大炮不再需要这一角色了,但操练条例没有及时调整,于是出现了"不拉马的士兵"。这位军官的发现使他受到了国防部的表彰。

启示:管理的首要工作就是科学分工。只有每位员工都明确自己的岗位职责,才不会产生推诿、扯皮等不良现象。如果公司像一个庞大的机器,那么每个员工就是其中的一个个零件,只有他们爱岗敬业,公司这个"机器"才能得以良性运转。公司是发展的,管理者应当根据实际动态情况对人员数量和分工及时作出相应调整。否则,队伍中就会出现"不拉马的士兵"。如果队伍中有人滥竽充数,给企业带来的不仅仅是工资的损失,而且会导致其他人员的心理不平衡,最终导致公司工作效率整体下降。

二 职位分析

职位分析是人力资源管理过程的起点和核心。职位分析能确定企业每一个岗位所应有的权力和责任以及任职资格的要求,从而为人力资源的获得明确要求,为激励制定目标,为调控提供标准,为开发提供方向。

1. 职位分析的含义

职位分析是全面了解一项职务工作的活动,是对担任该项职务的人员的工作内容、应负责任以及任职资格进行研究和描述,最终形成职务说明书的过程。

详细地说,职位分析就是对某种职务从六个方面进行调查研究:工作内容(What)、工作人(Who)、工作岗位(Where)、工作时间(When)、工作方法(How)、工作目标(Why)等,然后对该职务进行书面描述的过程。

职位分析是企业人力资源管理五个过程(获得、整合、调控、激励、开发)中起核心作用的要素,是人力资源管理工作的基础,只有做好了职务分析工作,才能顺利地进行人力资源管理。因此,职务分析一般应由企业高层领导、典型职务代表、人力资源部门代表、职务分析专家和顾问共同组成工作小组或委员会,协同完成此项任务。

2. 某城市轨道交通运营企业职位说明书实例

职位说明书——值班站长

本说明书适用于车站值班站长。

岗位职责：

(1) 坚持交接班制度，列队点名，合理布岗；

(2) 当班检查不少于四次，检查内容为现场岗位形象、作业标准、劳动纪律、卫生工作；

(3) 掌握运营情况，对行车人员和车控室要进行实时控制，杜绝险性、一般事故的发生；

(4) 接待乘客来电来访，处理各类服务纠纷，按照约定时间给予答复；

(5) 在发生异常情况及突发事件时，及时进行组织指挥，制止事态的扩大，并向相关职能科室汇报；

(6) 掌握车站设施、设备使用情况，需报修的应于发现当日登记、上报，并注明紧急程度；

(7) 每日正确、清晰地填记各类台账，并按公司规定进行保存；

(8) 执行上岗统一着装规定；

(9) 认真对待上级部门的检查，对存在的问题采取整改措施。

任职要求：

(1) 了解本站作业特点、技术水平、质量标准、在整个公司中所处地位及与其他部门直接的上、下关系；

(2) 熟练掌握计算机操作，能应用计算机辅助业务管理；

(3) 具有统一指挥车站生产工作的组织、控制、协调的能力；

(4) 具有当生产作业发生较大异常情况时的应变、处置能力；

(5) 具有动员、部署完成生产和说服教育下属的口头表达能力及完成本职务需要的文字表达能力；

(6) 具有两年以上车站值班员的工作经历；

(7) 具有大专以上学历，或具有同等学力并经过岗位培训考核合格。

3.4.7 财务管理

城市轨道交通企业由于其特有的公益性，在资金筹措、票价制定、投资决策等方面受到一定的限制，不能以企业价值最大化为决策的主要依据。城市轨道交通企业要通过加强内部的财务管理来提高自身的生存和获利能力，使企业得以发展。

城市轨道交通企业财务管理主要有以下几个基本内容。

1. 筹集资金的管理

为了组织企业的生产运营，首先必须筹集一定的资金，垫支于生产过程。资金的垫支特点决定了筹集资金是企业财务活动的第一环节，是财务管理的首要内容。事实上，由于企业对资金的需求在各个阶段都在变化，财务部门必须及时而经济地筹集适量的资金，因此，筹资活动贯穿企业运营的整个过程。

2. 分配、运用和调度资金的管理

城市轨道交通企业从外部筹集到的资金，只有实际运用到企业生产运营过程中去，方能发挥其作用。然而，企业所筹集的资金，必须经过适当的分配，才能运用于生产过程的各个方面。城市轨道交通企业生产过程各个方面对资金的需要量取决于生产活动本身特点所规定的各种生产要素之间的比例，因此，必须根据这种比例关系来分配、调度资金，才能保证资金运动的畅通。

3. 资金补偿的管理

资金被运用到生产过程中去后，随生产运营的进行发生消耗和形态转化，同时，生产运营的结果是一定数量的运输产品。为生产这些运输产品而发生的各种资金耗费，即生产费用按照一定的规则和方法归集、分配到一定数量的运输产品中去，即为生产成本。运输产品的生产成本与因运输产品而发生的销售费用和其他费用都应该从票款中补偿，这样，补偿回来的资金可重新投入生产运营。补偿资金的管理包括两方面：一是努力控制生产运营支出，节约资金，降低消耗水平，从而降低运营成本；二是要保证消耗的资金得到及时足额的补偿。前者的目的是提高所得与所费的比例，后者的目的是实现资金的正常良性循环。

4. 积累与集中资金的管理

企业在一定时期内实现的利润总额，首先应按税法计算并缴纳所得税或上缴利润，扣除了应缴所得税或应缴利润后的净利润再在企业内部进行分配。企业应该根据企业发展的需要和股利政策，来组织资金的积累，增加企业的自有资金。此外，企业为了加快发展的速度，还应当适时地从外部筹措资金。

视野拓展

某地铁运营管理十大重点工作

1. 列车运行计划的编制

列车运行计划的编制主要依托列车运行图来实现，包括列车运行日常计划的编制和节假日、特殊情况下列车运行计划的调整等。如确定全日开行列数，中心线路日开行列数，郊区线路日开行列数。列车运行图应以客流量为依据，本着以人为本、方便乘客的原则确定列车对数，确保列车运行的安全；充分利用通过能力，经济合理地运用电动客车；准确、便利地运送乘客；符合网络运输的要求及各单位间的协调关系。

2. 列车运行调度工作

列车运行调度工作主要依托于调度指挥系统，由调度控制中心组织列车运行计划的实施，是城市轨道交通运营系统的核心。它实行各部门各工种高度集中的统一指挥，保证列车运行安全、准点，及时调整与实现各种情况下的乘客运输任务。调度指挥内容包括列车运行图实施、列车运行指挥、运营监控、施工管理、乘务管理、运营指标分析等。

3. 车站行车组织工作

车站行车组织工作是指在中心控制权转移为车站控制时，实现车站所辖范围内的列车进路的办理及信号开放等行车作业。

4. 客运组织工作

客运组织工作包括客运组织、客运服务、服务质量管理、服务设施管理、客流调查工

作、乘客服务质量评估及持续改进、票务工作的计划和实行及特殊情况下的客运组织预案的制定实施等。

5. 票务管理工作

票务管理工作包括票制票价制定、票务清分清算、数据管理、票务质量管理、票卡管理、售检票作业管理、AFC设备管理和票务系统管理。

6. 车辆基地行车组织工作

车辆基地行车组织工作实现车辆基地内的列车进出库作业、转线作业、洗车作业和段内施工作业等。

7. 车辆设备维修维护管理

车辆设备维修维护管理包括维修检修计划制订、维修检修工艺规程编制、设备更新改造和质量验收等。

8. 运行安全与应急管理

运行安全与应急管理包括行车安全问题、客运安全问题及自然灾害问题的运行安全体制的建设和管理；综合预案、专项预案、现场处置预案的编制、培训、演练、落实工作。

9. 能源管理

能源管理包括能源指标编制、能源计量、节能运行，工作表控制用电设备运行，运营期间线路关灯等。

10. 人力资源管理

人力资源管理包括定岗定编、岗位标准编制、鉴定大纲编制、人员培训和职业鉴定。

学习笔记

班级		姓名		学号	
学习小组		组长		日期	

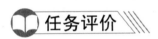 任务实施

（1）明确工作计划与人员分工，填写表3-4-3。

任务实施表　　　　　　　　　表3-4-3

时　间	地　点	任　务	责 任 人	备　注

（2）调研结论 PPT 展示。
①分析组织架构各职能部门与运营管理职能的对应关系；
②详细阐述该企业运营管理的主要内容。

 任务评价

请填写表3-4-4，对任务实施效果进行评价。

任务评价表　　　　　　　　　表3-4-4

评价指标	分值（分）	组长评价（20%）	自我评价（10%）	教师评价（70%）
1.任务准备部分引导问题回答正确；PPT内容充实	40			
2.能够利用网络资源，查找相应资料	20			
3.能够准确分析该调研企业组织架构各职能部门与运营管理职能的对应关系，并阐述运营管理的主要内容	20			
4.能够在结论推导过程中有自己独到的见解，或提出有建设性的观点	20			
任务成绩				

总结反思

单元 3.5　智慧地铁运营管理

学习目标

1. 知识目标

(1) 了解智慧地铁的内涵。

(2) 掌握智慧地铁的特征。

(3) 重点掌握智慧地铁运营管理工作内容。

2. 技能目标

(1) 能够理解并说出智慧地铁的含义和特征。

(2) 能够按照功能划分,分析智慧地铁运营管理工作内容。

3. 素质目标

(1) 具备良好的创新意识,具有较强的学习再提升能力,能够适应行业的快速发展。

(2) 具备良好的法律意识,遵章守纪,能遵守城市轨道交通运营相关的国家、地方政策法规及企业规章制度。

(3) 及时掌握行业的发展动态,了解新技术发展,树立建设交通强国的远大抱负。

任务发布

请以小组为单位,调研某智慧地铁线路(例如北京地铁燕房线),结合智慧地铁运营管理的主要内容展开调研,分析该线路体现了哪些智慧地铁的特征,并且能够详细阐述该智慧地铁线路运营管理的主要内容。(本任务根据本单元部分学习目标设计。在实际教学中,教师可根据本单元学习目标,灵活设计学习任务。)

任务目标

(1) 能够分析智慧地铁的特征。

(2) 能够阐述智慧地铁线路运营管理的主要内容。

任务分组

建议学习者组建学习小组,制订学习计划,共同完成相关任务。

姓　名	学　号	分　工	备　注	学习计划
			组长	

任务准备

引导问题 1 地铁的本质属性是一种大容量的公共交通工具,最基本的目的是实现人和物的位移,由人、(　　)、设施设备和管理系统四个基本要素组成。

A. 车站　　　　　　B. 列车　　　　　　C. AFC　　　　　　D. 信息化

引导问题 2 智慧地铁是具有(　　)的新型地铁位移服务系统。

A. 自组织能力　　　B. 判断能力　　　　C. 创新能力　　　　D. 持续进化

引导问题 3 请判断正误:智慧地铁本质内涵的核心是通过借助新一代的思想、理念和技术,在充分信息获取的数据驱动下,重塑地铁系统中人、列车、设施设备和管理系统之间的相互关系,将设备设施从地铁系统中"解放"出来。(　　)

引导问题 4 请判断正误:智慧地铁是一个新型发展阶段,也是地铁发展的最终目标。(　　)

引导问题 5 请判断正误:车辆原本仅作为载运工具使用,而在智慧地铁中车辆有可能具有计算和决策功能。(　　)

引导问题 6 简述智慧地铁应具备的三个主要特征。

引导问题 7 简述智慧地铁运营管理工作内容。

知识储备

随着我国经济社会发展和城市群、都市圈的迅速形成,城市化建设与城市轨道交通发展深度融合。在国家战略指引下,利用信息技术开展运营管理与技术创新已成为新时代城市轨道交通高质量发展的重要路径和战略突破口。

视野拓展

2020年11月12日上午,首都智慧地铁技术研讨会暨北京地铁技术创新研究院揭牌大会在北京举行。北京市地铁运营有限公司负责人表示,成立北京地铁技术创新研究院是地铁公司践行国家创新驱动发展战略的具体行动和落实《交通强国建设纲要》的又一重要举措,地铁公司既是地铁创新的推动者和服务者,也是创新技术的使用者和受益者,下一步将坚持守正创新,智慧引领,构建首都地铁运营新模式,加快推进首都地铁高质量发展。

会议邀请了业内专家学者,围绕首都智慧地铁技术开展交流研讨,并发布了《首都智慧地铁发展白皮书(2020版)》。该书详细诠释了智慧地铁的内涵及特征,用"探路""拓路""引路"等篇章分别描绘了首都智慧地铁发展背景与新时代使命、开拓新时代首都地铁运营新模式的目标与设计规划、引领轨道交通行业高质量发展的路径与阶段任务等,并构建了首都智慧地铁高质量发展指标体系、应用场景及保障体系,是北京地铁未来一段时间开展智慧地铁建设的行动纲领。

3.5.1 智慧地铁的内涵与理解

智慧地铁源于 IBM 公司提出的"智慧地球"和"智慧城市",是"智慧"与"地铁"的有机融合。所谓智慧,是指对事物分析判断和发明创造的能力。地铁系统的本质属性是一种大容量的公共交通系统,最基本的目的是实现人和物的位移,由人、列车、设施设备和管理系统四个基本要素组成。

智慧地铁可理解为使地铁具备人的决策、学习、创新和交互能力的新型地铁位移服务系统,其核心是通过借助新一代的思想、理念和技术,在数据驱动下,重塑地铁系统中人、列车、设施设备和管理系统之间的相互关系,将人从地铁系统中"解放"出来,实现从"人适应地铁"到"地铁适应人",从"生产范式"向"服务范式",从"被动服务"向"智能服务"的转变。

首先,智慧地铁是一种新型系统。这个系统对人、列车、设施设备、管理系统进行了重构。在传统的认识中,各要素的边界是清晰的,随着技术的发展,各要素边界变得交融模糊,如车辆原本仅作为载运工具使用,在智慧地铁中车辆有可能具有计算和决策功能,这种要素功能之间的转变使得智慧地铁实现了一种交通质变。

其次,智慧地铁是一种新型发展模式。在这种模式下,地铁系统作为一个智能体,能够根据人的需求和社会环境的变化进行自主学习,不断创新进化以适应新的需求与环境,在具体功能上表现为对人和社会需求的满足,是一种全新的出行、运营和管理期望,表达了乘客、企业、政府想达到的一种未来地铁发展愿景。

最后,智慧地铁是一个新型发展阶段,作为交通系统发展的更高级阶段,是随着社会、经济和技术发展经历的一段过程,但不是地铁发展的最终目标。

3.5.2 智慧地铁的特征与定义

智慧地铁主要具备以下三个主要特征。

1. 自组织运行,自感知判断

区别于传统地铁系统主要采用人工感知和决策的方式,智慧地铁通过利用遍布各处的传感设备和智能终端,依托移动互联网等先进通信手段,实时自主感知系统中各要素的状态,并借助大数据、云计算和人工智能等技术,对海量的数据和信息进行实时、集中、准确的分析与判断,作出科学决策后智能下发命令,各系统根据下发的决策命令自动调整运行状态,实现地铁系统的自主组织与判断,这体现了智慧地铁的技术性特征。

2. 自主创新,持续进化

智慧地铁通过对大量数据、信息和知识的积累与迭代,自主辨识和学习外部环境以及乘客、企业、政府等多元主体的内在需求,持续将新技术、思想和理念融入地铁领域,整合原有业务功能,实现自主创新,并主动适应内外部条件变化持续进化,更好地服务公众出行、企业经营、城市建设与区域发展,实现需求侧的智慧响应和供给侧的智慧服务,推动行业成长与发展。因此,智慧地铁是一种开放创新的发展模式、不断融合提升的发展过程和持续适应新需求的发展状态,具备自主创新、持续进化的能力,这体现了智慧地铁的动态性特征。

3. 以人为本,高效协同

地铁具备大容量交通和公共交通的双重本质属性,大容量交通的属性使得乘客在出行时除了需要处理与列车、设施设备、管理系统的关系外,还需要处理与其他乘客、运营人员等的关系。同时,公共交通的属性使得地铁无法实现乘客起终点的"门到门"服务,需要涉及与其他交通方式的接驳,影响出行的便捷性和高效性。智慧地铁针对个体出行面临的问题,更加强调各业务系统间的资源整合与高效合作,实现乘客与列车、基础设施、管理系统和环境间的协同,以保障乘客全出行链的良好体验,这体现了智慧地铁本质性特征。

基于上述特征,智慧地铁的定义可归纳为:通过综合运用新的思想和理念,借助新一代的物联、通信、能源、材料、时空定位等赋能技术,以定制响应乘客、企业和政府等多元主体的需求为目的,在对地铁全过程、全系统、全要素进行透彻感知的基础上,建立的具有自组织能力、判断能力、创新能力、持续进化的新型地铁位移服务系统。

3.5.3 智慧地铁运营管理工作内容

智慧地铁运营管理工作内容为基于对智慧地铁业务智慧化需求的分析,进行面向智慧化运营阶段的以智慧服务、智慧运行、智慧维护和智慧管理为核心的业务功能规划,构建智慧地铁新模式,以实现公众美好愉悦出行、地铁安全高效运行、设备可靠经济服役和企业科学精细管理的发展目标。某智慧地铁运营管理工作内容如图3-5-1所示。

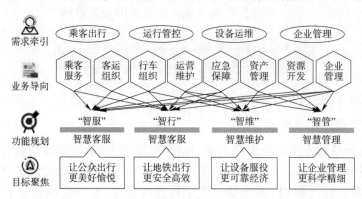

图 3-5-1 某智慧地铁运营管理工作内容

一 智慧客服

智慧客服是智慧地铁建设的出发点,是以乘客出行需求为核心,在智能诊断和科学决策的基础上,建立新型服务模式,并依托各类智能终端,打造以人为本、创新灵活的服务体系,包括智慧导航、智慧安检、智慧票务、智慧"召援"、智慧便民等,为乘客提供精准化、智能化、个性化的全过程出行服务,使公众出行更美好愉悦。

1. 智慧导航

智慧导航主要通过微信、微博、短信、其他手机应用软件等,以及乘客信息系统

(Passenger Information System,PIS)、公共广播(Public Address,PA)系统、动态地图标志标识、多媒体站台门、利用塑料基板实现的高性能柔性显示屏和传感器(Organic Liquid Crystal Display,OLCD)的车窗等,对乘客出行全过程进行信息的个性化主动推送和智能发布、应急事件路径主动调整和智能动态引导等功能。智慧导航还包括站内智能微导航,其可以地铁三维立体图为基础,通过乘客手持终端设备,实现站内"定位""搜索""导航""路径规划"等功能。

2. 智慧安检

智慧安检建立了基于乘客信用体系的安检新模式,并采用了安检-检票一体化的新型快速安检设备。

3. 智慧票务

智慧票务可通过票务服务平台、客流及乘客出行画像管理平台、一体化"无感通道"采集乘客出行需求,实现"无感支付"快速通过,提高通行效率;可通过设置多元化票种,将票款收缴及库存盘点管理平台智能联动,提高票务管控力度,减少人工作业量。

4. 智慧"召援"

智慧"召援"通过视频分析、用户画像、知识库、网络爬虫、大数据语义分析、语音应答机器人、文字服务机器人、实体机器人等技术或设备,实现普通话、方言、英文等不同场景以及微博、微信、其他手机应用软件等不同终端的24h不间断乘客服务。乘客通过手持客服终端或车站、列车上的其他客服终端,获得智能机器交互式乘客服务、面对面可视化乘客服务及智能化异常事件自助处理、服务人员的快速响应处置等服务。

5. 智慧便民

智慧便民主要包括提供无障碍预约乘车、失物招领管理、信息统一发布平台相关乘客服务、突发事件引导服务、车站内多语种人机对话智能机器人相关乘客服务、便民生活服务查询和推送、物品借存、闪送管理平台相关乘客服务等。通过这些功能,可增强运营数据的渗透情况,强化乘客信息获取途径,并提升乘客出行体验和品质。

二、智慧运行

智慧运行是智慧地铁建设的核心,在实时精准辨识车流、客流、设备设施、环境状态的基础上,围绕客流管控、列车运行、调度指挥、设备控制、应急处置等环节,进行自主学习、智能研判和决策优化,实现客流多场景全方位诱导和协同管控,网络化、集中化的调度指挥,设备自主化运行和智能化控制,以及高效精准的应急处置等,从而打造安全、高效、协同、韧性的地铁运行系统。

1. 智慧客流

智慧客流主要是基于 AFC 感知、视频感知、Wi-Fi 嗅探、App 感知等技术实现乘客精准辨识,包括乘客站内位置快速定位,车厢、车站、路网等多场景的乘客分布精准辨识及可视化展示,乘客轨迹智能追踪以及异常行为自动辨识等;在对乘客精准辨识的基础上,实现客流全息感知,包括点线面客态实时监测、客流走廊准分析、全网客流动态研判、客流智能预测预警以及客流多层级人车协同管控等。

2. 智慧调度

智慧调度通过建立网络化综合调度指挥平台,实现网络化行车智慧调度和集中化设备运行调度等功能。网络化行车指挥调度是构建客流-车流耦合的路网级协同调度平台。通过精准把握网络客流时间和空间分布规律、精准运用和配置网络资源、精准投放运力、精准监测实时列车满载率("四个精准"),建立实时客流-车流耦合的动态调度及列车控制联动机制,实现客流-车流的耦合优化和线网列车群的协同优化,形成城市轨道交通网络高效韧性运行新模式,全面提升城市轨道交通网络运行效率和网络韧性。集中化设备运行调度主要实现对电力系统、火灾报警系统(Fire Alarm System,FAS)、环境与设备监控系统(Building Automation System,BAS)等的集成调度功能,实现全网全专业多系统的快速协同联动。

3. 智慧列车

智慧列车通过采用泛在感知、人工智能、车-车通信、车地无线传输、多车数据融合等技术,在行车方面实现全自动驾驶、智能防撞、灵活编组、虚拟连挂等功能,在乘客服务方面实现车内照明、温度等智能控制和智能车窗信息互动等功能,在健康管理方面实现列车健康状态的在途监测、在线评估、故障预警和维修决策支持等功能。

4. 智慧应急

智慧应急的主要功能包括应急预案数字化、应急装备智能化、智慧联动指挥处置和应急物资智能追踪等功能。其中,应急预案数字化实现突发事件分类分级管理、应急预案智能上报与下发、预案智能化优化等;应急装备智能化实现现场信息的采集与上报、人员定位与轨迹追踪、应急通信与会商、应急预案下发接收等;智慧联动指挥处置通过多渠道的协同信息发布实现乘客智能疏散引导,通过智能联动消防、环控和列车等多系统,实现应急人员物资的自动调配与协同处置;应急物资智能追踪主要实现应急物资分布在线查看、追踪和智能调配、应急处置全过程评估等。

案例分析

京港地铁试用智能消毒机器人,进一步强化列车消毒

为进一步强化地铁环境的清洁消毒工作,更好地保障乘客及工作人员的安全,近日,京港地铁的小伙伴们迎来了一位新的"好帮手":智能双氧水雾化消毒机器人(图3-5-2)。它可在现有列车清洁消毒的基础上,进一步强化列车车厢等环境的深度消毒。

1. 全方位喷洒,无死角消毒,给乘客提供更好保护

此款消毒机器人通过自动喷洒雾化的过氧化氢消毒液对封闭环境进行消毒,可深入到人工消毒不到的细微缝隙,与普通的用消毒水喷洒、擦拭相比,能更有效地消除病毒、细菌。同时,过氧化氢消毒液是无色透明的液体,分解后产生水和氧气,无残留且消毒效果更好。此款消毒机器人的有关效能已通过相关测试并达到预期效果,可以为乘客出行提供更好的保护。

2. 全自动运作,远距离遥控,为工作人员提供更好保护

本次引入的智能消毒机器人操作简单。当要进行消毒工作时,操作人员只需预先设定需要清洁范围的平面图,一键开启后,机器人便可全自动运作;此外,操作人员也可以利用智能装置,在20m范围内进行远距离遥控操作(图3-5-3)。

图 3-5-2　智能消毒机器人

图 3-5-3　远距离操控装置

此款机器人在封闭环境下可全自动运作,加强了对工作人员的保护。

我国城市轨道交通企业高度重视乘客的安全、健康,在新冠肺炎疫情期间,严格按照国家和政府统一部署高标准做好各项防疫工作,持续高标准强化各项防疫措施,切实保障乘客安全。智能消毒机器人可在现有清洁消毒基础上进一步强化消毒工作。未来,城市轨道交通企业还将采取更多措施及技术,为乘客提供更为安全、可靠的出行环境,让乘客在出行途中更加放心。

摘编自新华网(2021年1月20日)

思考: 你所在城市的城市轨道交通企业在哪些方面体现了智慧地铁新模式的特点?

三　智慧维护

智慧维护是智慧地铁实现的关键,基于故障预测与健康管理技术(Prognostic and Health Management,PHM)、预测性维修、全寿命周期修理决策优化等技术,实现地铁设施设备的自感知、自诊断、自决策,精准、精细、精确地掌握状态劣化机理和演变规律优化养修策略和资产管理,打造状态监测、故障诊断、风险预警、维修评价和资产管理的闭环链条,降低运维成本。智慧维护主要功能包括智能感知诊断、智慧分析预警、智慧维修作业和智能资产联动,实现养护维修管理由经验支撑向数据支撑转变,维修模式由"故障修""计划修"向"状态修""预测修"转变,形成城市轨道交通网络集约维护新模式。智慧维护包括智能感知诊断、智慧分析预警、智慧维修作业、智能资产联动。

1.智能感知诊断

智能感知诊断通过视频分析、图像智能识别、智能机器人、多功能传感器、物联网、5G、边缘计算等技术对设施设备(包括轨道、隧道、桥梁、供电等)服役数据进行实时感知,包含运行/安全健康感知、身份感知、位置感知、运行环境感知等,重点攻克城市轨道交通关键装备感知增强技术,在此基础上,自动辨识评价设备设施健康状态、主动诊断报警设备设施的故障病害,并通过 BIM 技术等感知设备进行可视化管理以及状态的可视化查看,实时掌握其健康状态,为智能维修作业奠定数据基础。

2.智慧分析预警

智慧分析预警通过对感知及诊断数据进行深度挖掘,从故障数量、位置、频次等维度分析状态演化机理与规律,对设备状态数据与行车数据、客流数据、环境数据以及不同设备设施状态间数据等进行多源数据关联分析,分析劣化趋势、预测健康状态、评估使用寿命、辨识与预警安全风险,并建立相应的知识库,突破全生命周期服役评估增强技术。在此基础上,对维修策略、维修计划等进行智能编制与优化,掌握设备设施劣化机理与规律,分析故障原因,提升维修决策水平,为预防性维修作业提供决策建议。

3. 智慧维修作业

智慧维修作业基于设备履历数据、健康状态分析预警数据以及维修决策数据,重点突破网络化智能维护能力增强技术,实现一键故障报修、电子作业派发、维修资源综合配置优化以及远程维修处置与监视等功能,实现设备运维的物料管理、工单管理、故障代码管理、设备履历管理、人员岗位管理与工艺标准管理等,提高运维效率和质量,并使设备使用人员能根据作业后的设备运行状态情况,对作业质量进行跟踪与评价,实现质量控制管理。

4. 智能资产联动

智能资产联动,指加强对物资、设施设备与资产管理的统一管理,建立相应的编码,打通运维数据、物资数据与资产数据,保证设备、物资、资产和价值属性与物理属性的一致性,有效支撑物资的采购计划及订单管理、仓储管理、供应商管理、物料管理以及需求领用管理,有效支撑资产全寿命周期的购置、使用、盘点、折旧、报废、更新改造等精细化管理需求、备品备件的智能追踪和优化、资产更新改造计划的智能编制与优化等,为企业资产保值、增值,创造基础。

四 智慧管理

智慧管理是智慧地铁运营的保障,其基于智慧客服、智慧运行、智慧维护的功能规划,通过综合运用现代化信息技术和管理理念,以及信息化、数字化、智能化手段,加强各业务领域统计分析和管理,科学配置企业资源和优化企业秩序,推进治理能力和手段的智能化、现代化,构建管理精细化、运行高效化、效益最大化的智慧化管理体系,以实现对业务的有效支撑和企业的可持续发展。智慧管理包含现代化治理体系建设、闭环化安全管理、系统级态势研判、全系统全要素资源优化配置、全业务全流程智能监管。

1. 现代化治理体系建设

基于智慧地铁系统规划的整体业务,重构管理体系,重点包括组织体系、权责体系、规章制度体系和监管体系的重构,不断完善公司治理机制、企业(集团)运行机制、市场化竞争机制和考核评价机制,强化共治理念,推进诚信建设和志愿服务,携手各方参与者"共建共治共享",全面推进企业治理能力的现代化。

2. 闭环化安全管理

通过应用智能感知、在线监测等技术,对"人、机、环、管"四大要素进行提前感知、预判、预测和预警,形成以需求为牵引的超大城市轨道交通安全保障与风险闭环管控需求体系;通过分析提炼构建系统运营安全风险要素集,应用知识提取、表示、推理和专家经验等方法,建立典型场景的风险要素知识图谱;研究面向不同层次的"治-控-教"分层递阶循环控制关键技术,通过数据标准化算法建立系统运营安全风险要素和防控策略数据集,制定主动防控策略,将异常排除在运营线外,尽可能消除"在线故障",建立统一集中的超大城市轨道交通网络安全保障与主动防控系统平台,形成基于"知-辨-治-控-救"的闭环安全管理和一体化主动防控体系。

3. 系统级态势研判

基于智慧客服、智慧运行、智慧维护的数据,实现对智慧地铁业务、安全等方面的系统态势实时自主研判。通过构建在各大业务平台的传输通道,以数据分析后的指标、图示或特征等反映地铁系统的运行状态,对智慧地铁系统运行状态进行实时评估,及时发现存在的问题,并进行报警预警,为后续功能的实现提供了坚实的信息数据基础。

4. 全系统全要素资源优化配置

基于系统级的态势研判和决策结果,对各类资源的筹备状况进行全面评估,在此基础上对线网全要素进行智能化协同调控,实现在日常运行场景和异常运行场景下的全系统全要素的资源优化配置,从而保证智慧地铁系统的高效健康运行。

5. 全业务全流程智能监管

通过综合运用数字化、信息化、智能化手段,实现企业管理者对智慧地铁全业务、全流程的智能监管。同时,智能管理要按照政府的监管指标要求,智能分析汇总相关指标,并实时报送至政府监管部门,并构建以信用为基础的新型监管机制,达到全局高效响应政府监管策略的目的。

学习笔记

班级		姓名		学号	
学习小组		组长		日期	

任务实施

(1) 明确实施计划与人员分工,填写表 3-5-1。

任务实施表　　　　　　　　　　　　表 3-5-1

时　间	地　点	任　务	责 任 人	备　注

(2) 调研结论 PPT 展示。

①分析智慧地铁的特征;

②详细阐述调研的智慧地铁线路运营管理的主要内容。

任务评价

请填写表 3-5-2,对任务实施效果进行评价。

任务评价表　　　　　　　　　　　　表 3-5-2

评价指标	分值(分)	组长评价(20%)	自我评价(10%)	教师评价(70%)
1. 任务准备部分引导问题回答正确;PPT 内容充实	40			
2. 能够利用网络资源,查找相应资料	20			
3. 能够准确分析该调研智慧地铁线路的特征,并阐述该调研智慧地铁线路运营管理的主要内容	20			
4. 能够在结论推导过程中有自己独到的见解,或提出有建设性的观点	20			
任务成绩				

模块4
城市轨道交通车站综合管理

　　城市轨道交通车站作为城市轨道交通运营企业广泛存在的重要基层组织，既是运营管理的对象，又是运营管理实现的主体。车站站长（值班站长）作为基层管理者，要带领车站员工贯彻企业管理理念，执行各项规章制度，运用有效管理方法，充分激发员工工作积极性，创造良好的工作氛围，完成各项车站管理任务。城市轨道交通车站管理既包含车站行车业务管理、车站客运业务管理、车站票务业务管理、车站施工管理、车站安全管理、车站应急处理等城市轨道交通车站业务专项管理，也包括车站人员管理、车站物资备品管理等综合管理内容。

　　本模块设计了车站人员管理、车站"6S"管理、车站物资备品管理、车站员工培训与应急演练、车站班组长团队管理5个学习单元，全方位介绍车站综合管理目标及管理内容要求。

单元 4.1　车站人员管理

学习目标

1. 知识目标

(1) 了解员工考勤制度和假期制度。
(2) 掌握员工绩效考核和奖惩制度。
(3) 了解车站人员日常管理相关规定。

2. 技能目标

(1) 能够按照企业相关制度规定，了解员工日常行为规范，了解考勤、排班、绩效管理考核的基本方法。
(2) 能够按照企业管理规定，了解保洁、安检等外委人员日常管理的方法。

3. 素质目标

(1) 具备良好的职业道德，具有大局意识，勇于担当，配合企业安排，保障城市轨道交通运行。
(2) 具备良好的法律意识，遵章守纪，能遵守城市轨道交通运营相关的国家、地方政策法规及企业规章制度。

任务发布

模拟一次车站班前会，设计会议内容，对会议内容进行记录，并拍摄视频（10min）。会议内容应包含员工礼仪规范、考勤、排班、绩效等管理内容，其中绩效管理考核包含两个加分项和两个扣分项。（本任务根据本单元部分学习目标设计。在实际教学中，教师可根据本单元学习目标，灵活设计学习任务。）

任务目标

(1) 熟悉车站站务员绩效考核的重点内容。
(2) 掌握车站员工管理的基本内容。

任务分组

建议学习者组建学习小组，制订学习计划，共同完成相关任务。

姓　名	学　号	分　工	备　注	学习计划
			组长	

任务准备

引导问题 1 车站常驻部门有( )。
A. 设备设施维修工班　　　　　　　　B. 地铁公安人员
C. 银行　　　　　　　　　　　　　　D. 商铺

引导问题 2 上岗时可佩戴的饰物有( )。
A. 彩色镜片眼镜　　　　　　　　　　B. 运动手环、手链、手串、手镯、脚链
C. 文玩饰品　　　　　　　　　　　　D. 一枚简单造型的戒指

引导问题 3 绩效管理的过程通常分为五个步骤，即绩效_____、绩效_____、绩效_____、绩效_____与绩效改进。

引导问题 4 绩效考核的目的不仅仅是作为确定员工_____、_____、_____或降级的标准，员工能力的不断提高以及_____的持续改进才是其根本目的。

引导问题 5 车站保洁工作应遵循"_____、_____、_____、_____"的管理原则，确保车站环境的整洁舒适。

引导问题 6 什么是绩效管理？

引导问题 7 车站站务员月度工作绩效评分表根据员工表现情况进行扣分，扣分项目包括但不限于哪些项目？

知识储备

4.1.1 车站员工考勤与排班管理

一、车站员工考勤管理

城市轨道交通企业实行国家规定的法定公休日和节假日休假制度，按照国家规定的工作小时时间进行生产作业。员工每日工作时间不超过 8h，平均每周工作时间不超过 24h。受城市轨道交通运营时间限制，生产工作岗位员工工作性质特殊，不能实行每日 8h 工时制，而是实行综合计算工时工作制度或不定时工作制度。员工在法定标准工作时间以外，延长工作时间，在休息日、节假日工作，企业按国家规定支付加班工资或给予补休。

下文以某地铁公司为例，对车站员工考勤管理主要内容进行介绍。

1. 考勤标准

员工考勤以该员工岗位作息时间规定为标准。员工上班时间未到岗，又未办理请假手续的，视为迟到或旷工；下班时间未到，擅自离岗的，视为早退或旷工。

办理请假手续的员工必须有相应的请假单。请假单的假期类别与考勤表应保存，请假单应妥善保管。每月考勤、请假单汇总后交组织人事部，作为薪酬考核依据。

2. 考勤要求

车站站长(值班站长)需每日、每班亲自记录员工考勤情况,认真负责,实事求是,确保考勤表记录和各类请假单的准确、完整和统一,并将考勤表进行公示。

3. 员工请假手续

(1)员工因各种原因不能到岗或不能准时到岗的,应办理请假、补休手续。

(2)员工请假、补休的,应提前一天根据假期类别办理相关手续,并经车站站长同意后,方可准假。因特殊原因员工本人无法事先办理请假、续假手续的,应电话请假并说明原因,经车站站长同意后持有效证明办理补假手续。

(3)员工请假、补休期满,应及时销假。无法按时销假的,必须在原假期、补休期满前一天申请续假,并办理相关手续。

4. 假期类别和期限标准

(1)病假。员工病假应持医疗机构相关证明,办理病假请假手续。员工病休进入长假要求复工的,必须提供医疗机构的复工证明,并附员工本人要求复工的亲笔签名书面申请,由劳动能力鉴定委员会讨论决定后,视员工情况安排复工。

(2)事假。员工因私事,并有正当理由的,且又必须由员工本人亲自处理的,办理相关手续可请事假。

(3)婚假。符合法定年龄的员工结婚,可办理婚假请假手续。

(4)产假。女员工因生育或流产的,持相关医疗机构证明,可办理产假请假手续。

(5)产前假。女员工妊娠7个月以上,如工作上许可,经本人亲笔签名书面申请,可请产前假两个半月。产前假期间工资待遇按国家相关规定执行。

(6)探亲假。员工工作满1年,与配偶或父母分居两地又不能在公休假日在家居住一昼夜的,可办理相关手续享受探亲假。探亲假期间包括公休假日和法定节假日。探配偶,每年1次,假期30天(员工自愿并由本人亲笔签名书面申请2年1次的假期为60天)。未婚员工探望父母,每年1次的假期为20天(员工自愿并由本人亲笔签名书面申请2年1次的假期为45天)。已婚员工探望父母,每4年1次的假期为20天。

(7)丧假。员工的直系亲属(如父母、配偶和子女)死亡后,给予3天丧假。员工的岳父母或公婆死亡后,给予2天丧假。

(8)工伤假。员工因工负伤,经专业部门认定并出具书面工伤认定证明的,其休息时间按工伤处理。工伤假期间的待遇按国家和所在城市规定执行。

(9)迁居假。员工因居住地动迁,凭动迁主管部门的相关证明,可给予2天迁居假。

(10)少数民族习惯的节日。少数民族习惯的节日,根据国家和所在城市相关规定,少数民族持相关主管部门的休假证明,可办理相关手续后休假。

(11)带薪年休假。员工累计工作满1年不满10年的,年休假5天;满10年不满20年的,年休假10天;满20年的年休假15天。

二 车站排班管理

1. 车站排班原则

(1)根据本站客流规律与车站实际运作情况,结合各岗位的工作特点,合理安排各岗位的上岗人数与工作时间,充分利用好车站的人力资源,达到"忙不缺、闲不多"的目标,体现以下两个特点:①大客流日期的当班人数比其他日期多;②同一工作日,高峰时间段的当班人数比其他时间段多。

(2)员工排班应尽量均衡,原则上不允许出现集中上班、集中休息的现象,特殊情况下必须集中上班、集中休息时,至少要确保员工每周有1~2天的休息时间。

(3)车站在进行排班时,两个班次之间确保员工最少有12h的休息时间。

(4)当车站工作临时变化,需对员工排班进行调整时,须由站长或其授权人员,根据实际需要进行调配,并做好后续员工工时的调整安排。

(5)因车站工作需要导致员工当月超过标准工作时间或不足标准工作时间的,应在3个月内进行调整(安排补休或补班)。

(6)车站排班表须经站区长/站长确定才可发布。每周开始前公示下周最新排班表。车站如遇可预见的特殊情况需临时增加人手,应报站区长/站长批准后,及时通知员工。车站遇突发事件需增加人手时,值班站长应按车站增援计划,调集附近车站人员进行支援。

视野拓展

某地铁车站员工调班、调休规定

站务员、车站督导员调班须向值班站长提出申请,值班站长调班须向站长或站区长提出申请,原则如下:先找与其改调日期/时段相符的同事商议,进行员工值班互调申请;调班必须至少提前48h向相关负责人提出申请,填写调班申请表,相关负责人依据资源及工作要求决定批准与否;只允许同级之间调班。如因特殊情况,员工调休时段需上班的,由站区长/站长对排班表进行调整,员工必须服从安排,再择日调休;员工调休与还休均需填写调休申请表,并经站区长/站长批准方可生效。

2. 车站班制规定

(1)值班站长、值班员岗位可采用"四班二运转"的班制轮换排班,其中值班员岗位若无特殊情况,要求客运值班员与行车值班员每两个班次实现一次岗位轮换,达到均衡工作量、培养员工全面发展的目的。四班一般指甲、乙、丙、丁四个班,二运转一般指白班和夜班运转。白班:8:30—17:30。夜班:17:30—8:30。某地铁车站"四班二运转"班制运转见表4-1-1。

某地铁车站"四班二运转"班制运转表　　　表4-1-1

班别	第1天	第2天	第3天	第4天
甲	白班	夜班		休息
乙		夜班	休息	白班
丙	休息	白班		夜班
丁	夜班	休息	白班	夜班

(2)站务员(售票员、站厅巡视员)岗位一般采用"四天上班两天休息"的班制,按照长、短班搭配的方法进行轮换排班。

(3)备班人员一般采用"五天上班两天休息"的班制。

某地铁车站各岗位班次安排见表4-1-2。

某地铁车站各岗位班次安排　　　　　　表 4-1-2

岗　　位	班　　次	上班时长
值班站长	白班	12h
	夜班	12h
行车值班员	白班	12h
	夜班	12h
客运值班员	白班	12h
	夜班	12h
站务员	早班	根据实际情况确定
	中班	根据实际情况确定
	晚班	根据实际情况确定
备班人员	备班	根据实际情况确定

某地铁车站站务员排班时间如下：

早班：8：20—15：20，合计 7h，含午饭 1h，实际工时 6h。

中班：14：00—21：00，合计 7h，含晚饭 1h，实际工时 6h。

夜班：20：40—8：40，合计 12h，含早饭 1h，实际工时 11h。

备班：8：20—16：20，合计 8h，含午饭 1h，实际工时 7h。

制订车站人员的值班表是一件很艰巨的工作，站区长要耐心制订出实用性强的值班表。对于车站人员的管理，要能做到公平公正，这样才能获取员工的肯定，使员工共同努力，提供安全、可靠及高效率的车站服务。

> 视野拓展

车站员工仪容仪表管理

车站主要依据以下规范对员工仪容仪表进行管理。

1. 着装规范

（1）上岗应着识别服，不得与便服混穿。不同季节、不同类别人员的识别服不得混穿。

（2）保持服装干净整洁，无褶皱、无残破、无污迹，衣扣完好齐全。

（3）识别服内着便服时，不得外露。不得披衣、敞怀、挽袖、卷裤腿。

（4）佩戴手套时，应保持干净、洁白。

（5）佩戴领带、领结时，应系好衣领扣，保持领带或领结的平整、笔挺。（夏季不戴领带、领结时间以企业通知为准。）

（6）按季节统一穿着识别服、按规定更换识别服，不得擅自更换。换季期间，可根据地面、地下的具体情况适当提前或延后更换识别服。

（7）除工作需要或者特殊情况外，应当穿制式皮鞋或者其他黑色皮鞋，配穿深色袜子，女员工可配穿肉色袜子。不得赤脚穿鞋或者赤脚。男员工鞋跟一般不高于 3cm，女员工鞋跟一般不高于 3.5cm。鞋带系好，不可拖拉于脚上。

（8）对配发帽子的员工，在着装值岗时，除在车站室内办公区、宿舍或其他不宜戴帽子的区域外，应当戴制式帽子。帽子不得歪戴，应保持完整，不得损坏，并保持干净整洁。（夏季不戴帽子时间以企业通知为准。）

(9)在非工作时间,除集体活动或工作需要外,不得穿识别服出入公共场合和乘坐列车。

2. 发型规范

(1)男员工头发两侧鬓角不超过耳垂底部,头帘不遮盖眼睛,头发背面不超过衬衣领底线。不得留卷发(自然卷除外)、剃光头。

(2)女员工长发应盘成发髻,并佩戴制式头花。短发女员工在佩戴帽子时应将鬓角头发用发卡别于耳后,短发不可过肩。未配发头花的员工需把长发扎起来,不得披肩散发。

(3)不得梳怪异发型,不染彩发,额前头发不可超过眼睛。

3. 配饰规范

(1)按照规定佩戴肩章、臂章、胸牌,佩戴物端正不歪斜。不得佩戴与员工身份不符或与工作无关的配饰。

(2)因工作需要佩戴绶带、袖标时,绶带佩戴于左肩上,佩戴样式为左肩右斜;袖标佩戴于左臂上,距肩约15cm。

(3)上岗时禁戴彩色镜片眼镜,可佩戴一枚简单造型的戒指,不可戴运动手环、手链、手串、手镯、脚链及过多饰品,不可随身携带或手拿文玩饰品。

(4)女员工可戴一副简单造型的耳饰,以耳钉或不晃动的耳饰为宜;佩戴项链应放入识别服内;不可戴夸张、艳丽的头箍、头花。

(5)男员工不可戴耳环等饰物;佩戴项链应放入识别服内,且不得外露。

4. 卫生规范

(1)讲究个人卫生,面部干净整洁(男员工不得蓄胡须),不得文身,忌用浓烈型香水,当班上岗不得吃异味食品,保持口气清新。女员工可淡妆上岗。

(2)双手清洁,指甲修剪为椭圆形,长度不超过2mm,不染夸张颜色,保持手和指甲清洁无污垢。

5. 其他要求

(1)保洁员、安保员、站务助理、客服中心人员等为乘客直接服务的一线员工在服装、发型、配饰、卫生方面依据以上规范执行。

(2)已配发识别服的人员,应正确佩戴实名制上岗胸卡,在售票室工作时,需使用实名制上岗桌卡。对未配发识别服的人员,应着与工作岗位相匹配的服装,并佩戴相应胸卡,明示人员身份(如姓名、岗位、单位、编码等)。

4.1.2 车站绩效管理

绩效管理是指企业管理者和员工为了达到既定的战略目标,共同参与绩效计划的制订、绩效考核的评估、绩效结果的应用以及绩效目标的提升,通过激励员工取得优异成绩,从而实现企业目标的管理方法和途径。

站在企业的角度,绩效管理是企业人力资源管理的核心,是科学管理的手段和工具,是提升企业综合竞争力和可持续发展的方法和途径。站在管理者的角度,绩效管理为其提供了一个将企业目标分解的途径,使其能够对企业目标的实施情况进行跟踪并监督检查。站在员工的角度,通过绩效管理,员工能够清晰地认识到自己的工作能力,查找有待改进的地方,从而提高绩效。

📖 小故事

老鼠的心态

三只老鼠一同去偷油,老鼠们找到一个油瓶,通过协商达成一致意见,轮流上去喝油。于是三只老鼠一只踩着一只的肩膀开始叠罗汉,当最后一只老鼠刚刚爬到另外两只的肩膀上,不知什么原因,油瓶倒了,并且惊动了人,三只老鼠不得不仓皇逃跑。

回到鼠窝,大家开会讨论行动失败的原因。最上面的老鼠说:"我没有喝到油,而且推倒了油瓶,是因为我下面第二只老鼠抖动了一下。"第二只老鼠说:"我是抖了一下不错,但那是因为我下面的第三只老鼠抽搐了一下。"第三只老鼠说:"对,对,我之所以抽搐是因为好像听见门外有猫的叫声。"

"哦,原来如此呀!"大家紧张的心情顿时放松下来。原来,这是猫的责任!

启示:企业里很多人也同样具有类似心态:一出事情,大家首先想到的是推卸责任,而不是勇于担责,去思考如何解决问题。而只有具备良好的职业道德,勇于担当,具有大局意识的员工,才能在城市轨道交通车站平凡的岗位上,实现自身价值。

一 绩效管理的过程

绩效管理的过程通常分为五个步骤,即绩效计划制订、绩效实施、绩效评估、绩效反馈面谈与绩效改进。

1. 绩效计划制订

绩效计划制订是绩效管理流程中的第一个环节,发生在新的绩效管理开始时。制订绩效计划的主要依据是工作目标和工作职责。在绩效计划制订阶段,管理者和被管理者之间需要在对被管理者绩效的期望问题上达成共识。在共识的基础上,被管理者对自己的工作目标做出承诺。绩效管理是一项协作性活动,由工作执行者和管理者共同承担。绩效管理的过程是连续的过程,而不是在一年内只进行一两次的活动。

班组绩效计划的内容涉及日常工作计划和一定时期内的重要工作计划,计划中包括以下项目:工作内容、目标、完成时间、执行人(负责人、考评对象)、考评人等。

2. 绩效实施

制订了绩效计划之后,被评估者就开始按照计划开展工作。在工作的过程中,管理者要对被评估者的工作进行指导和监督,对发现的问题及时予以解决,并对绩效计划进行调整。绩效计划并不是在制订了之后就一成不变,其随着工作的开展会根据实际情况不断调整。在整个绩效管理期间,都需要不断地对员工进行指导和收集员工反馈。

3. 绩效评估

在绩效实施结束的时候,依据预先制订好的计划,主管人员对下属的绩效目标完成情况进行评估。绩效评估的依据就是在绩效管理开始时确定的关键绩效指标。在绩效实施过程中,所收集到的能够说明被评估者绩效表现的数据和事实,可以作为判断被评估者是否达到关键绩效指标要求的证据。

4. 绩效反馈面谈

绩效管理的过程并不是到绩效评估打出一个分数就结束了,主管人员还需要与下属进行一次面对面的交谈。通过绩效反馈面谈,使下属了解主管对自己的期望,了解自己的绩效,认识自己有待改进的方面;并且,下属也可以提出自己在完成绩效目标中遇到的困难,请求上级的指导。

5. 绩效改进

绩效改进是绩效考核的后续应用阶段,是分析绩效考核的结果,找出员工绩效中存在的问题,针对问题制订合理的绩效改进方案,确保该方案能够实施的过程。绩效改进是连接绩效考核和下一阶段绩效计划制订的关键环节。绩效考核的目的不仅仅是作为确定员工薪酬、奖惩、晋升或降级的标准,员工能力的不断提高以及绩效的持续改进才是其根本目的,而实现这一目的的途径就是绩效改进。

二 车站绩效考核与奖惩

绩效考核是对员工一段时间的工作、绩效目标等进行的考核,是前段时间的工作总结,同时考核结果可以为相关人事决策(晋升、解雇、加薪、奖金)、绩效管理体系的完善和提高等提供依据。

📖 小故事

什么最难画?

古代有一位画家,有一天被请去为齐王画像。画像过程中,齐王问画家:"你认为什么东西最难画呢?"画家回答说:"活动的狗和马,是最难画的,我画不好。"齐王又问道:"那你认为什么东西最容易画呢?"画家说:"画鬼最容易。""为什么呢?""因为狗和马这些东西人们都熟悉,经常出现在人们的眼前,只要画错一点点,就会被人发现,所以难画。而活动的狗和马,既有形又不定形,那就更加难画。至于鬼呢,谁也没见过,没有确定的形体,也没有明确的相貌,那就可以由我随便画,想怎样画就怎样画,画出来后,谁也不能证明它不像鬼,所以画鬼是最容易的。"

启示:动物难画,是因为人们有客观标准来检验画的结果;画鬼容易,是因为人们没有客观标准来检验画的结果。管理者在对员工进行绩效评估时,一定要设置明确的考核指标。没有明确指标的考核,容易导致不公平、不公正,更不具有说服力,同时也难以起到激励员工的作用。

绩效考核为企业的各类人员提供了一个绩效沟通的机会,可以使人们的积极性得到极大调动;绩效考核可以帮助员工找出不足和差距以便将来改进。

(一) 绩效考核指标

绩效考核指标分为关键绩效指标(Key Performance Indieator,KPI)和一般绩效指标(Common Performance Indicator,CPI)。

1. 关键绩效指标(KPI)

关键绩效指标是用于考核和管理被考核者关键绩效的可量化的或可行为化的指标。

(1) 关键绩效指标按考核周期分为年度 KPI 和月度 KPI。

(2) 按层次分为企业 KPI、部门 KPI 和岗位 KPI。

(3) 按性质分为常规 KPI、改进 KPI 和挑战 KPI。

①常规 KPI。常规 KPI 来自上级对企业的业绩合同、年度工作会议确定的重要目标任务。通过对目标、任务的分析,找出支持目标完成的关键成功因素(Critical Success Factor,CSF),对关键成功因素进行量化,建立可衡量的指标,可取得 KPI。对企业 KPI 的层层分解,可取得部门 KPI 和岗位 KPI。

②改进 KPI。对上一考核周期未达到标准的 KPI,通过绩效改进会议确定改进方案后,纳入下一个周期的指标,称为改进 KPI。对管理职责和流程中需要进行重大改进的环节,经本级组长审核同意后,也可立项作为改进 KPI。

③挑战 KPI。对于重大创新项目,经上级组织有关人员审议通过并备案。

某地铁公司 KPI 管理要求见表 4-1-3。

某地铁公司 KPI 管理要求 表 4-1-3

项　目	类　别	要　求
专业和技能	1. 专业技能/技术水平	表现高水平的专业技能和知识; 了解专业领域内的最新趋势和最佳做法; 对其他领域有广泛的爱好; 对本领域工作有丰富的经验且能够管理员工
业务管理	2. 公司和商业意识	行为表现体现公司的价值观; 参与能给公司目标带来积极结果的活动; 审查项目和程序的效益及收入; 做选择和决定时结合成本和回报参数; 了解市场及竞争者的动向和发展,以采取相应的行动,降低成本并发掘商机
项目/工作管理	3. 战略性思考	阐述和设计长期目标; 明确并按照公司未来需求行事; 分析和预测公司的重大发展可能对本部门或领域的影响; 理解不同部门如何协调构成一个整体以及相互的关系
	4. 策划和组织	做好有助于实现部门和公司长期目标的短期及中期计划; 制订工程目标和活动计划的日程表,在"里程碑"和资源分配上体现出优先性; 恰当安排工作量并能按预定时间完成; 监督员工工作和表现,确保员工能遵守有关制度、程序和日程
	5. 监督和控制	根据技术指标评估设计、材料及工作的质量; 检查和控制资源的可用性; 实施详细审查,确保符合协议和标准
	6. 分析性思考	提出问题并制定解决方法; 对口头表述和数字形式的信息,做出客观评估; 准确地分析复杂信息; 通过分析图表数据,准确预知趋势; 学习和了解本专业以外的技术问题
	7. 创造性的问题解决方法	提出新的及有创意的想法和解决方案; 制定客观的评价、审核解决方案,并采明确肯定的决策; 在缺乏足够信息时,能做出自信准确的判断; 勇于承担责任; 将知识和学问应用在目前的或新的环境中

续上表

项　目	类　别	要　求
员工管理	8. 领导力	方法灵活、公平、公开、公正； 根据实际需要和能力合理安排工作； 让员工参与解决问题并制定决策； 鼓励员工以正面及客观的态度解决问题； 给予员工定期支持和指导； 激励员工合作； 赢得员工的信任和信心； 积极和坦率地进行沟通； 带领员工适应各类工作环境
	9. 关系管理	在个人和利益相关人之间建立和谐互信关系； 激励合作并形成具有凝聚力的团队精神和人际关系； 了解同事和利益相关人的需求； 分享信息； 接受大家提出的意见； 主动提供帮助
	10. 影响力	接受上级、同事和客户的观点和建议，和他们保持沟通； 坚定地表明观点和立场，对重要问题不妥协； 勇于质疑权威意见； 有技巧地沟通和处理敏感问题
	11. 人际交往的技巧	分享信息并鼓励他人提出反馈意见； 考虑他人的观点和需求； 注意不同的文化和商业习惯，并据此做出适当调整； 建立内部和外部的联系网络； 具有社交能力
	12. 沟通	可清晰、准确和流畅地进行言谈和书写； 解释技术问题时使用可沟通的语言； 聆听时不打断对方； 坦然地接受批评，与事实不符时要澄清； 在面对公众谈话时镇定自若
工作积极性	13. 积极性	主动寻找改进机会，制定更高的目标，提高个人能力； 尝试新的工作领域； 快速地回应要求； 对过失主动承担责任； 镇定地处理压力
处理特殊问题的能力	14. 危机管理	预测可能发生的问题，并采取阻止措施或控制潜在的不利影响； 面对压力或紧急事故，以冷静、快速、恰当的方式处理； 有良好的判断和组织能力； 明确地进行沟通； 提高和维持员工的士气
	15. 安全	把安全作为一切工作的前提条件； 了解个人、客户、员工、利益相关人； 了解在工作和环境方面的安全问题以及自己管理这些安全风险的责任； 按照法规、标准的要求和风险大小，以适当和系统的方式履行安全责任

续上表

项 目	类 别	要 求
处理特殊问题的能力	16. 质量	致力于持续改进服务标准和可靠性； 以本职工作为荣，注重细节和改善缺点； 通过合作和支持，提高工作质量

2. 一般绩效指标（CPI）

CPI 是用于考核和管理被考核者高度规范化、流程化的日常工作及基础行为的指标。CPI 以过失考核为主，采取即时考核。其中基础行为的考核依据是企业制定的各类规章制度。

（二）绩效考核种类

员工的绩效考核一般有三种类型：年度考核、平时（月度）考核、专项考核。

1. 年度考核

年度考核是指管理者对于所管理人员就过去一个年度内的工作绩效作出考核。各级组织和员工的考评结果与月度和年度奖金挂钩，并作为各级组织和员工"评先选优"的主要依据。对年度考评中发现的问题和差距，各级主管应与员工进行正式的沟通面谈，帮助员工分析原因，指明改进方向，形成绩效改进计划，并作为改进指标列入下个周期的绩效计划。

员工对考评结果有不同意见，通过与主管沟通不能达成共识的，有权填写员工绩效沟通申诉表进行逐级申诉。

2. 平时（月度）考核

平时（月度）考核是指管理者对于所管理人员就平时工作、能力、品德、知识、敬业精神等，在平时（或每月）进行考核，并在平时（月度）考核记录表上记录下来，以便作为年度考核或专项考核的重要参考资料。

某地铁车站采用站务员月度工作绩效评分表记录员工当月表现情况，每月绩效分数满分 100 分，根据员工表现情况进行扣分及加分。该地铁车站站务员月度工作绩效评分表见表 4-1-4。

某地铁车站站务员月度工作绩效评分表　　　　　表 4-1-4

车站：　　　　　　　　　　　姓名：　　　　　　　　　　　日期：

评分项目	评分内容	评分标准（每次）	日期	考核人1	考核人2
处罚	1. 每得到一次书面警告	扣 30 分			
	2. 每得到一次口头警告	扣 20 分			
行为规范	3. 参加公司级、部室级业务考试等补考不合格	扣 20 分			
	4. 受到公司相关部门通报批评，构成处罚	扣 15 分			
	5. 受到部室级领导口头批评或部室内部通报批评	扣 15 分			
	6. 在票务室以外的地点清点票款，或不在监控范围内进行操作	扣 15 分			
	7. 未按规定执行开、关站相关检查和准备工作	扣 15 分			
	8. 业务知识、实操技能掌握不熟练，或内部培训、演练、考试不合格	扣 10 分			

续上表

评分项目	评 分 内 容	评分标准（每次）	日期	考核人1	考核人2
行为规范	9. 未严格执行考勤管理制度	扣10分			
	10. 个人工作失误，导致公司物资、物品、工具、文件等丢失或损坏，未造成严重影响	扣10分			
	11. 仪容仪表、行为举止等不符合规范要求	扣10分			
	12. 当值期间，携带与工作无关的私人物品上岗	扣10分			
	13. 未能及时反馈工作进展	扣10分			
	14. 未按规定使用相关设备及系统	扣10分			
	15. 信息报送不够及时准确，未造成严重影响	扣10分			
	16. 未严格遵守岗位一日工作流程	扣10分			
	17. 未按岗位轮值表开展工作	扣10分			
	18. 未做好换班交接，情节较轻	扣10分			
	19. 未使用本人工号登陆工作管理系统	扣10分			
	20. 当值期间，未能主动处理乘客意见	扣10分			
	21. 未按规定关闭票务设备	扣10分			
	22. 责任区内未认真履行区域防控职责	扣10分			
	23. 未按要求巡查、检查设备导致给车站运营服务带来影响，情节轻微	扣10分			
	24. 未严格执行票务相关规定，造成票款差异及相关票据丢失	扣10分			
	25. 允许与工作无关的人员进入票务室等重点区域	扣10分			
	26. 未按规定流程核发福利票	扣10分			
	27. 站台执岗期间，接发车动作不规范	扣10分			
	28. 考勤期内累计3天及以下病假	扣10分			
	29 考勤期内累计3天以上病假	每超出1天扣5分			
	30. 考核期内请事假	每请1天扣5分			
	31. 未认真监控列车及设备运行状态	扣5分			
	32. 客流高峰期，未认真宣传疏导乘客	扣5分			
	33. 私事占用公务电话，导致车站电话未能接通，或未按规定使用手持无线通信设备情节轻微	扣5分			
	34. 未按规定保持内务整洁	扣5分			
	35. 填写报表、记录台账时字迹潦草、肆意涂改、漏填错填	扣5分			
	36. 票款设备或专用设备未及时上锁	扣5分			
	37. 未按工作票相应规定进行使用、登记、领用、归还、补办	扣5分			

续上表

评分项目	评 分 内 容	评分标准（每次）	日期	考核人1	考核人2
行为规范	38.未对AFC故障设备及时处理	扣5分			
	39.未按要求使用公司办公系统或工作邮件处理不当	扣5分			
	40.当值期间，未严格执行车站施工管理流程，未造成影响	扣5分			
	41.未经核实，错误回答乘客问询，或给予乘客错误指引	扣5分			
	42.未按规定播放日常服务广播或播放不及时	扣5分			
	43.车站通告、标签、标志等张贴不符合公司要求	扣5分			
	44.未能按照"6S"管理要求检查重要岗位的内务工作，设备摆放不整齐或环境不整洁	扣5分			
	45.下发的文件未及时学习、签阅或没有掌握	扣5分			
	46.未按规定引导乘客正确使用车站相关设备	扣5分			
	47.未在保洁员清扫AFC票务室时现场监督	扣5分			
	48.未按规定报告故障，并及时跟进故障处理情况	扣5分			
	49.车站告示牌、警示牌、围栏等客运设备摆放不符合车站客流组织要求	扣5分			
突发事件	50.演练过程中不认真，无法达到学习效果	扣10分			
	51.在演练过程中出现人为因素导致的错误	扣10分			
	52.未能按有关规定应对记者、媒体采访，未造成影响的	扣10分			
加分项	53.代表公司参加外界（如政府、行业）相关比赛获得一等奖	加20分			
	54.代表公司参加外界（如政府、行业）相关比赛获得其他奖项	加15分			
	55.参加公司或运营部业务技能比赛获得优胜奖	加15分			
	56.在部室内部业务技能比赛获得奖励	加10分			
	57.工作表现突出，如妥善处置突发事件，受到部室经理及以上领导表扬，尚未达到运营部级及以上奖励标准	加10分			
	58.接受政府或行业部门检查，得到表扬，并经公司确认	加10分			
	59.及时发现并报告安全隐患或线路、设备异常等，且妥善处理，有效避免对运营服务的影响，尚未达到勉励奖标准	加10分			
	60.及时发现并制止违章作业，避免人为因素风险	加10分			
	61.工作（包括故障处理）完成效率、质量优于部室相关工作标准	加10分			
	62.事件处理中，果断采取有力措施，避免列车延误，或有效缩短影响时间范围，尚未达到运营部级及以上奖励标准	加10分			

续上表

评分项目	评分内容	评分标准（每次）	日期	考核人1	考核人2
加分项	63. 在部室效率比赛中所在车站获得第一名	加10分			
	64. 在部室班组评比中所在班组获得第一名	加5分			
	65. 主动承担上级安排的临时性工作（或非职责范围内工作）并能克服工作中存在的困难	加5分			
	66. 提出有关安全、服务、内部管理或成本节约等的合理化建议，并经评估被采用	加5分			
	67. 当值期间，受到有效外部（含乘客）表扬	每次加5分			
	68. 在乘客服务工作中表现突出，以良好的服务和配合意识，带领团队成员妥善处理乘客服务问题，避免冲突，赢得乘客赞誉，未达到勉励奖标准	加5分			
	69. 岗上培训员培养的学员一次性通过技能认证考试，具备上岗资格	每达标一名学员加5分			
	70. 岗上培训员培养的学员补考通过技能认证考试，具备上岗资格	每达标一名学员加3分			
	71. 获特殊贡献者每次加20分，获勉励奖者加10～15分（在以上加分项中已体现的，不重复加分）				
	月度得分：基础分－扣分项＋加分项＝＿＿＿＿分	扣分： 加分：			

被考核人（站务员）：　　　　　　　　　考核人（站长）：

日期：　　　　　　　　　　　　　　　　日期：

3. 专项考核

考核年度内，员工具有特别优秀或特别恶劣的行为时，可安排专项考核，并随时进行。

（三）考核与奖惩机制

为维护企业劳动纪律和各项规章制度执行，保障企业各项工作正常进行，更好地调动、发挥全体员工的劳动积极性和创造性，提高企业管理水平并健全岗位考核标准，企业必须制定相应的奖惩制度与考核制度，做到考核有据，奖惩公开。

1. 考核与奖惩应遵循的原则

（1）客观公正的评价原则。车站站长进行员工考核时必须公平、客观地进行评定考核，考核过程和考核结果公开。考核与奖惩的措施和结果满足相应规章制度要求。

（2）实事求是、注重科学、讲求实效的原则。在制定考核标准和奖惩规定时，要从实际出发，科学制定，合理设置考核指标和分值，有序开展考核工作。

（3）鼓励先进、鞭策后进的激励原则。考核本着鼓励先进、激发干劲的目的，最大限度发挥员工的工作积极性、主动性、创造性，以先进带动后进，实现总体服务水平的提高。

2. 考核的程序和作用

(1) 考核的程序。车站站长在日常管理过程中必须落实责任制,形成"工作开展到哪里,考核就到哪里;过错发生在哪里,问责追究就跟到哪里"的考核机制,将责任具体落实到每一个岗位,实现制度、机构、岗位、人员、责任的有机结合,在部门之间、岗位之间建立起一种齿轮传动式的工作机制。车站站长开展岗位考核工作时,要实事求是,防止形式主义,避免草率从事。考核工作的全过程要贯彻"以定量为主,定性为辅,定量和定性相结合"的原则。考核结果必须以书面通知,并送达被考核人,由其本人签名确认。

(2) 考核的作用。企业将车站站长对每个员工的考核作为员工岗位升降、职务任免、职称或技能等级聘任、工资分配、解除或续订劳动合同以及各类先进评比表彰的主要依据。

某地铁车站部分考核规定见表4-1-5。

某地铁车站部分考核规定(行车岗位)　　　　　　　　表4-1-5

考 核 内 容	扣 罚 对 象
未按规定保管、填写行车报表,行车报表出现漏填、错填现象	责任人
未按要求保存行车备品、抢险备品,存在备品不全或无法使用的情况	责任人
综合控制室(综控室)负责管理的钥匙丢失	责任人,值班站长
综合控制室(综控室)必备规章不全	责任人,主管副站区长
未按作业流程、规章办理作业,未造成后果	责任人,主管副站区长
车站管辖范围内的设备故障,未报修	责任人

4.1.3 车站其他常驻单位及人员管理

一、车站其他常驻单位及人员

车站其他常驻单位一般称驻站部门,驻站部门主要为车站日常运作和服务工作提供支持。车站其他常驻单位有设备设施维修工班、银行、商铺,常驻人员有地铁公安人员、安保员、保洁员等。

1. 设备设施维修工班

设备设施维修工班隶属运营维修部门,一般设置在企业专业设备设施较集中的车站,兼顾各区段,日常对专业设备设施进行维护,在其故障情况下对其进行抢修。设备设施工班,需服从车站整体管理。

2. 银行、商铺

银行和商铺都通过招租方式进驻车站,为乘客提供便民服务。在车站运营安全受到威胁或客运组织不畅时,银行、商铺都必须无条件执行车站指令,进行限制或停止营业。

车站与驻站部门之间应建立良好的合作关系,定期组织召开协商会议,共同商讨综合管理方面存在的问题。车站可成立以站长为组长,与车站接口的相关驻站部门负责人为组员的综合治理小组(简称综治小组)。综治小组每月至少组织一次会议,协调车站相关工作。站长负责与综治小组成员沟通协调,并要定期组织综治小组成员学习车站应急处理程序,按规定对驻站人员进行安全管理及行为约束;站长、值班站长可调动驻站设备维修人员、地铁公安人员、商铺人员参与车站客运组织和应急处理。

车站其他常驻单位驻站人员(简称驻站人员)管理是指安保员、保洁员、车站助理工作人员等的管理。值班站长负责驻站人员的日常管理,发现有违反规定的行为,值班站长有权制止并报告上级部门。紧急情况时,驻站人员须服从值班站长指挥,参与前线救援。

3. 地铁公安人员、安保员、保洁员

许多城市成立了地铁公安分局或大队,专门负责城市轨道交通网络或线路的治安工作。为了方便公安人员开展工作,车站专门设置警务室,一方面乘客可就近报警,另一方面车站有需要时也可就近联系到警务人员。如北京市公安局公共交通安全保卫总队(简称公交总队)在地铁车站会有派驻民警、巡逻警察等公安人员。地铁公安人员负责车站治安,以及乘客打架斗殴等事件的处置。另外,每个车站均有安保员(安检员、保安员等)、保洁员。安检人员会驻站进行安检作业。保洁员具体服务内容包括日常保洁、夜班集中保洁、定期保洁、消毒杀菌等。

发生突发治安事件、刑事案件时,车站应及时将情况通报给公安人员/安保员;发生重大运营事故、意外事件、跳轨事件、大客流冲击等突发事件时,安保员可被调用以协助人员疏散、撤离;遇车站进行大客流客运组织时,安检人员应配合车站做好进出站客流的引导工作。

📖 **案例分析** --------------------------------

某地铁车站突发事件应急处理

事件经过:

某日某车站值班站长按规定巡视车站,到车站 B 出入口时,发现 63 号广告灯箱没有上锁,且处在通电工作状态。为保障乘客安全且节约用电,值班站长将灯箱的电源切断。在操作过程中,灯箱上部四个固定的合页突然脱落,致使整个灯箱外盖砸落下来,把值班站长压倒在地,右手四个手指和左手手背受伤,头部被玻璃砸伤流血。

原因分析:

(1)广告灯箱的安装质量存在问题,合页没有固定好,合页脱落致使打开外盖时,外盖整体掉落。

(2)广告灯箱管理责任未落实清楚,经营商未尽到管理责任。车站工作人员基于客运服务的考虑,代替操作导致事件发生。

整改措施:

(1)责成经营商对全线广告灯箱进行巡查和整改,特别是站台轨行区广告灯箱,其在活塞风作用下,易松脱而导致行车事故,应重点整改。

(2)明确责任接口,广告灯箱维护维修由经营商全权负责,车站只负责提示和通报。

(3)建立限时修复机制,广告灯箱出现问题时车站与相应责任人联系,经营商须在规定时间内修复。

影响及点评：

该次事件源于广告灯箱的安装存在问题，导致员工受伤，通过该事件，促使经营商对全线进行全面的检查和改造，消除存在的安全隐患。但深层问题更需要引起重视，即明确责任接口，理顺与驻站部门的关系，不缺位也不越位。

二、车站安保员、保洁员管理

城市轨道交通车站安保员、保洁员的管理方式一般有两种：内部管理或外委管理。内部管理是指城市轨道交通运营单位将车站安保员和保洁员作为车站内部定编员工进行管理；外委管理是指城市轨道交通运营单位与安保、保洁等外委公司签订劳务协议，由外委公司派工作人员负责车站的安保或保洁业务。就目前各城市轨道交通系统的运营情况看，安保和保洁外委管理已成为一种发展趋势，为越来越多的城市轨道交通企业所采纳。它主要有以下几个优点：有利于精简机构；有利于提供专业化服务；有利于节约成本。

（一）车站安保员管理

由于城市轨道交通车站业务的特殊性，在车站提供服务的安保员，除了维持车站秩序外，还需要掌握一些车站的基本业务，如引导乘客购票、进出闸机、站台门的状态判别、消防设施的巡视等。根据服务场所的不同，车站安保员分为站厅安保员和站台安保员。

车站对安保员实行考勤绩效管理。根据协议约定，安保公司每月派遣规定数量的符合资格要求的安保员。车站负责安保员的工作布置，以自然月为单位安排排班表。安保员上班后，先到车站控制室签到，接受本班工作要点布置、领取岗位备品后上岗。在岗间不得擅自离岗，确有特殊情况需要离岗时，必须征得车站控制室同意，并在接替岗位人员到位后方可离开。下班时，在接班人员到位、岗位工作交接完成后，方可离岗，到车站控制室签字。车站负责安保员的考勤和岗位表现评价，每月汇总出安保员当月出勤情况和绩效考核建议。安保公司根据车站提供的建议予以奖惩。对于不符合车站要求或有违章、违纪行为的安保员，车站可以直接提出换人或重新培训的要求。

（二）车站保洁员管理

1. 管理原则

针对城市轨道交通车站的管理特点，车站保洁工作应遵循"分区包干、加强巡视、随时处理、保持为主"的管理原则，确保车站环境的整洁舒适。

（1）分区包干。各车站应根据本站保洁员的配置情况，合理划分保洁工作区域，安排相应保洁员，确保包保区域内的环境卫生。

（2）加强巡视。保洁员在日常工作中应加强对包保区域的巡视，特别是应加强对车站出入口、通道、站台等保洁重点区域的巡视，及时处理巡视中发现的问题。在巡视频率方面，车站可根据客流量大小及运营时间灵活制定巡视频率要求，但在车站客流量较大及运营高峰期内，保洁员对车站重点区域的巡视间隔不得大于15min。

（3）随时处理。对于在巡视过程中发现的问题，保洁员应随时处理，对于不能独立处理的问题，应及时向保洁主管或车站工作人员请求支援，同时应加强现场防护，不留隐患。工作中，保洁员应服从车站工作人员的工作安排，随时响应车站的保洁要求。

（4）保持为主。运营时间内,保洁员的工作重点应放在包保区域环境卫生的保持,针对自动扶梯、站台门、盲道等设备设施的专项保洁应在非运营时间内进行。

2.工作要求和考核管理

车站卫生除了公共区地面、墙壁、服务设施的清扫清洁外,还包括设备区设备房的清扫清洁。车站出入口、通道、站台、公共区洗手间等区域客流量较大、保洁难度大,是车站保洁工作的重点区域。车站要给乘客提供一个整洁舒适的乘车环境,确保车站环境卫生清洁、舒适、美观,树立城市轨道交通良好的窗口服务形象。

车站站长对保洁工作进行检查和监督,定期或不定期对保洁员的工作提出考核建议。

车站站长每月末对本站保洁工作的整体情况做出评价,并填写车站保洁服务考核表,转交保洁主管部门进行工作绩效考核。保洁员请假或调班,需要经保洁班长同意、车站站长批准。对于违章违纪的人员,车站可直接提出换人要求。

> 📖 学习笔记

班级		姓名		学号	
学习小组		组长		日期	

任务实施

填写班前会会议记录表(表4-1-6),并展示拍摄的视频(10min左右)。

班前会会议记录表　　　　　　　　表4-1-6

会议时间		参会人员		记录员	
会议主持人		会议主题			
会议内容摘要					

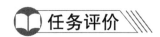

请填写表4-1-7,对任务实施效果进行评价。

任务评价表　　　　　　　　表4-1-7

评价指标	分值(分)	组长评价(30%)	自我评价(30%)	教师评价(40%)
1. 会议内容设计合理	10			
2. 会议内容设计完整充实	10			
3. 会议记录填写规范准确	10			
4. 会议视频拍摄内容完整	20			
5. 视频人员演出认真规范(礼仪、语言等)	40			
6. 视频拍摄画面清晰	10			
任务成绩				

总结反思

单元 4.2 车站 "6S" 管理

📖 学习目标

1. 知识目标
(1) 正确认识 "6S" 管理的内涵。
(2) 明确 "6S" 管理实施的过程及具体要求。
(3) 了解 "6S" 管理的要求并掌握车站 "6S" 管理规范。

2. 技能目标
能够按照企业 "6S" 管理要求与考核标准,对车站各区域实施 "6S" 管理。

3. 素质目标
(1) 遵守规章制度,提升职业素养,培养良好素质和习惯。
(2) 践行企业精神,在平凡岗位上体现人生价值。

📖 任务发布

调研某地铁车站公共区域 "6S" 管理的基本情况,制作调研报告并用 PPT 进行展示。(本任务根据本单元部分学习目标设计。在实际教学中,教师可根据本单元学习目标,灵活设计学习任务。)

📖 任务目标

(1) 熟悉车站公共区域 "6S" 管理的基本规范。
(2) 掌握 "6S" 管理基本内容。

📖 任务分组

建议学习者组建学习小组,制订学习计划,共同完成相关任务。

姓　名	学　号	分　工	备　注	学习计划
			组长	

📖 任务准备

引导问题 1　车站 "6S" 管理要求(　　)。

A. 车站生产和管理用房内各类设备、物品应按定置管理要求摆放,做到物各有位,物在其位

B. 车站工作区域和生产区域应进行严格划分,不在工作区域摆放与工作无关的物品

C. 车站应保持生产和管理用房环境清洁、优美，做到各类生产和管理用房内及通道内无烟蒂、无垃圾、无杂物、无积灰、无污渍

D. 车站在生产及管理用房区域内进行施工作业的，应做到施工区域与非施工区域严格区分，标志明显，同时做好隔离，施工区域物品应摆放整齐

引导问题2 可用黄黑胶带定位的是（　　）。
A. 安检处告示牌　　　B. 灭火器箱　　　C. 垃圾桶、告示牌及便民服务点
D. 车站危险源　　　　E. 防爆桶、防火毯

引导问题3 "6S"管理六大元素简单概括就是_____、_____、_____、_____、_____、_____。

引导问题4 简述值班站长（简称值站）工作区的电脑显示屏、文件架、文件夹及办公用品等应固定摆放的位置。

引导问题5 _____就是使每位员工养成良好的习惯，其目的在于"提升人的品质"。

引导问题6 车站管理用房"6S"管理的内容有哪些？

引导问题7 填写"6S"管理每项管理的内涵及管理目的（表4-2-1）。

"6S"管理每项管理的内涵及管理目的　　　　　　表4-2-1

"6S"管理	内　　涵	管理目的
整理		
整顿		
清扫		
清洁		
素养		
安全		

知识储备

4.2.1 车站"6S"管理基础知识

"6S"管理是企业生产现场管理的基础活动，其实质是对生产现场的环境进行全局性的综合考虑，并实施可行的措施，即对生产现场实施规范化管理，以保证在生产过程中有一个干净、美观、整齐、规范的现场环境，继而保证员工在工作中拥有较好的精神面貌和保证所生产产品的质量水平。

一　"6S"管理的内涵

"6S"管理的内涵简单概括就是整理（SEIRI）、整顿（SEITON）、清扫（SEISO）、清洁（SEIKETSU）、素养（SHITSUKE）、安全（SAFETY）。

（1）整理（SEIRI）。"整理"就是区分"要"与"不要"的东西，并将"不要"的东西清出现场。整理的目的在于腾出空间防止误用，塑造整洁有序的工作场所。

(2)整顿(SEITON)。"整顿"就是将必要品按规定定位、定量摆放整齐,明确标识并置于任何人能立即取到和立即放回的状态。整顿的目的,在于使工作场所一目了然,工作秩序井井有条,避免浪费时间。

(3)清扫(SEISO)。"清扫"就是清除工作场所的所有脏污,定期擦拭维护机器设备,保持设备的状态良好。长久保持工作现场的干净、整洁。

(4)清洁(SEIKETSU)。"清洁"就是将前面"3S"实施标准化、制度化,并维持效果。清洁的目的,在于形成惯例,成为制度化的基础,并作为企业文化的开端。其真意为强调贯彻实施,即"制度化、标准化、持续化"。

(5)素养(SHITSUKE)。"素养"就是使每位员工养成良好的习惯,其目的在于"提升人的品质"。让员工遵守规章制度,培养具备良好素质和习惯的人才,营造团队精神。

(6)安全(SAFETY)。"安全"就是消除风险,保证员工安全和生产正常运行,防止各类事故的发生,减小经济损失,创造安全的工作环境。

"6S"管理的具体内容见表4-2-2,每个"S"之间关系图见图4-2-1。

"6S"管理的具体内容　　　　　　　　　　　　　　　　表4-2-2

管理内容	管理对象	活动要点	活动目的	核心管理目标
整理	空间	清除不要的东西;对污垢源采取措施;使基础管理条理化	减少库存量;物品不会遗失;有效利用空间;消除资源浪费	提高工作效率
整顿	时间	使物品使用、存放方便;进行拿取、存放训练;环境美,设备亮	减少不必要作业和时间浪费;增加安全系数;缩短换线、换工装的时间;现场一目了然	消除"寻找"时间
清扫	脏乱	提高清扫效率	提高设备性能;贯彻保养计划;消除设备故障;减少生产误用;提高和稳定产品质量	提升作业质量
清洁	异常	在目视管理上下功夫,及时发现异常,即时处理,提倡"彩色管理"	美化工作环境;减少风险;遵守安全法规;延长设备寿命;增强客户信心	创造卫生明朗的生产现场
素养	人员	使被管理人员重视素养的培养	遵守规定事项;培养良好的人际关系	遵守规章制度
安全	人员、设备、工序	制定、培训、执行安全操作规程,检查、监督安全意识	排查安全隐患;确保操作安全	预防工伤事故、减少工作事故

6个"S"之间的关系可以用这么几句口诀来表达:
只有整理没整顿,物品真难找得到;
只有整顿没整理,无法取舍乱糟糟;
整理整顿没清扫,物品使用不可靠;
3"S"效果怎保证?清洁出来献一招;
标准作业练素养,安全生产最重要;
日积月累勤改善,企业管理水平高。

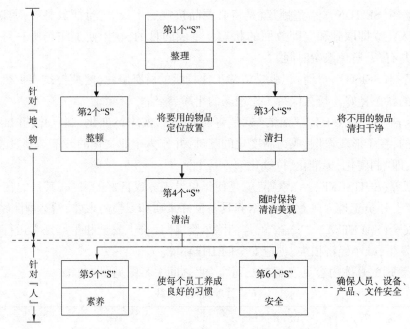

图 4-2-1 "6S"中每个"S"之间关系图

二、车站"6S"管理的基本内容

本小节以某地铁车站"6S"管理为例对车站"6S"管理基本内容进行介绍。

(一) 车站"6S"管理目的

全面规范车站管理,提高车站员工的工作效率,为员工打造更舒适、良好的工作环境,为乘客提供更优质的服务。

(二) 车站"6S"管理要求

(1) 车站生产和管理用房内各类设备、物品应按定置管理的要求摆放,做到物各有位,物在其位。

(2) 车站工作区域和生产区域应进行严格划分,不在工作区域摆放与工作无关的物品。

(3) 车站应保持生产和管理用房环境清洁、优美,做到各类生产和管理用房内及通道内无烟蒂、无垃圾、无杂物、无积灰、无污渍。

(4) 车站在生产及管理用房区域内进行施工作业的,应做到施工区域与非施工区域严格区分,标志明显,同时做好隔离,施工区域物品应摆放整齐。

(三) 车站"6S"管理内容

1. 车站管理用房

(1) 做到各类办公用具、台账等物品不零散、不破损,整齐摆放在指定位置,并根据使用情况进行分类摆放。

(2) 应保持工作台干净、整洁,工作台上各类工作中需使用的物品应做到分类有序摆放。

(3) 各类工作电话、广播设备、监控设备等应明确标识、摆放整齐、保持表面清洁。

(4)管理用房的房门应处于锁闭状态,避免无关人员随意进出。

(5)不得在管理用房工作区域内摆放茶杯、饭盒、面纸等各类生活用品,应在指定区域内饮食。

某地铁车站钥匙柜"6S"管理实施效果见图4-2-2。

2. 车站机房和设备用房

(1)各类机房和设备用房内设施设备的摆放等,应严格按"6S"管理要求进行管理。

(2)工作人员进出各类无人值守机房、设备用房时应利用门禁系统进行登记,未设置门禁系统的各类无人值守机房、设备用房,工作人员应在车站综控室进行人工登记或联系相关控制中心驻勤值班员进行电话登记。当工作人员离开无人值守的机房和设备用房时应关好门窗,利用门禁系统或人工方式进行销点。非当班工作人员进出有人值守机房、设备用房时,应在值班员处进行登记,离开时进行销点。按台账保存时限规定做好台账的保存工作。

图4-2-2 某地铁车站钥匙柜"6S"管理实施效果

(3)各类机房和设备用房的管理责任单位负责所管辖范围的环境卫生保洁工作,设施设备的管理责任单位负责所管辖设施设备的表面和内部保洁工作。

三 车站"6S"管理要求与考核标准

(一)车站"6S"管理要求

1. 办公桌物品

(1)办公桌物品"6S"管理应依据企业相关规定,如"6S"管理细则(办公区域)进行。办公桌物品可根据各自专业特点及日常工作进行分类、定置摆放。办公桌下、侧面、后面无堆积物、多余物等。

(2)办公室内办公桌上摆放的文件夹(盒)规格、颜色应一致。公共台账类文件夹(盒)内文件在10份以上的,要有文件索引目录。

(3)办公桌面放置的文件资料均是当日使用的;桌面物品要保证正常办公需要;下班前要将办公用品归位,将资料分类装夹;桌面上公共台账类文件夹(盒)内的文件资料必须分类装夹;文件夹(盒)上有打印标识,并具体反映出夹内资料名称,标识清楚,易于查找;文件夹(盒)内禁止放置零散纸张及其他物品。

(4)办公桌内允许放置四大类物品:文件资料、办公用品、个人用品、生活用品。

(5)办公桌上允许放置的物品为:电话、小型文件柜(筐)、文件夹(盒)、笔筒、电脑、水杯、绿植等。

(6)文件资料柜每层如果放置两件以上物品,每件物品都必须有标识;柜内文件、资料、书籍按层定置,分类放置并保持整洁。某地铁车站文件资料柜"6S"管理实施效果见图4-2-3。

图4-2-3 某地铁车站文件资料柜"6S"管理实施效果

2. 生产场所物品

(1) 主要生产作业区域均应有"6S"管理图(消防疏散图)、绿色安全区、黄色提示或警示、灰色生产区、橙色危险区。某地铁车站安检区域"6S"管理实施效果见图4-2-4。

a)

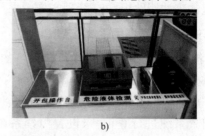
b)

图4-2-4 某地铁车站安检区域"6S"管理实施效果

(2) 作业区域按工艺布置(生产、检修、堆放等),明确划分通道、作业、仓储等区域,并有明显的标识。

(3) 区域内各种物品按品种、规格、安全要求存放(包括检修拆下来的备件也要实行定置摆放),做到有物必有区,有区必有标示卡。堆放要成行成线,整洁有序。原则上无任何无用物品。

(4) 各种活动设备(如手推小车、运输叉车等)、工艺装备(如周转架等)定点存放。

图4-2-5 某地铁车站微型消防柜

(5) 工、器具定点摆放合理,工具间、工具箱(柜)内的物品存放有序,内外整洁。

(6) 会议室、交接班室等区域桌椅用品摆放整齐、干净整洁。

(7) 消防器材、安全设施定点放置,器材完好,安全消防通道畅通。车站可设置微型消防柜,见图4-2-5。

(8) 各种作业用车定点停放,摆放整齐,标识醒目。

(9) 残废料、废品定置存放,分别标记,定期清理。

(10) 生产现场公共通道随时保持畅通,不允许侵占。通道、栏杆、楼梯可使用色彩区分。

(11) "6S"管理区域责任人负责物品管理和定期清扫,做到厂房内干整洁;使用的卫生工具(扫把、拖把、皮管、清洁桶等)要定置摆放。

> **视野拓展**
>
> **如何保持工地整洁与安全?**
>
> (1) 妥善放置物料和易燃物品;清除所有易燃易爆废料和火源;隔离电源;完工后清理工地,确保安全清洁。
>
> (2) 任何情况下,不得在供电设备房或其他有电气装置的房间存放未获批准的物品。
>
> (3) 除非获值班站长或当值主管工程师授权,否则,不得在铁路范围任何地点存放易燃易爆物品。

(二) 车站"6S"管理检查标准及考核办法

地铁公司一般会制定车站"6S"管理检查标准及考核办法,某地铁车站"6S"管理检查项目及扣分标准见表4-2-3。

某地铁车站"6S"管理检查标准及考核办法　　　表 4-2-3

序号	检查项目		扣分标准
1	地面标识	地面通道没有标识	每处扣 1 分
		地面通道标识不明确	每处扣 1 分
		地面涂层有人为损坏	每处扣责任部门 1 分
2	工位器具	工位器具上有灰尘、油污、垃圾	每个扣相关部门 1 分
		工位器具上存放的零件与工位器具不符合	每个扣 1 分
		现场有工位器具损坏没有及时报修(或负责修理部门没及时给予修理)	每个扣相应责任部门 2 分
		工位器具上存放的零件数与工位器具设计存放零件数不符	每个扣相应责任部门 1 分
		工位器具上存放的零件没按存放要求存放	每个扣相应责任部门 1 分
		工位器具摆放乱	每处扣 1 分
3	目视板	车站无目视板	每少 1 块扣 1 分
		目视板表面脏(如灰尘、污垢、擦拭不干净)	每处扣 2 分
		目视板损坏	每块扣 3 分
		目视板牌面乱,塑料袋破损,未更换	每处扣 1 分
		目视板有栏目,但内容空白	每处扣 1 分
		目视板牌面信息过时	每处扣 1 分
		目视板无责任人	每块扣 1 分
		目视板未定置存放或未放于规定位置	每块扣 1 分
4	工具箱	工具箱不清洁	每个扣 1 分
		工具箱上面或下面放有杂物	每个扣 1 分
		工具箱内没有物品清单或物单不符	每个扣 1 分
		箱中物品摆放乱,取用不便	每个扣 1 分
		工具箱损坏没有及时修理	每个扣 1 分
5	现场区划	定置线内无定置物	每处扣 1 分
		现场没有设置不同物件存放区域或区域无标识、标识不明确	每处扣 1 分
		现场存放物件与区域标识不一致	每处扣 1 分
6	垃圾及清运	工位上的包装垃圾没有放于指定的垃圾箱	每处扣 1 分
		垃圾箱(桶)内垃圾外溢	每处扣 1 分
		垃圾箱没有放于规定的位置	每处扣 1 分
		工业垃圾和生活垃圾混放	每处扣 1 分
7	工艺文件	有过期的或者不必要的文件	每件扣 1 分
		文件没有按规定的位置摆放	每件扣 1 分
		文件摆放混乱、不整齐	每处扣 1 分
		文件不清洁,有灰尘、脏污	每件扣 1 分
		文件被撕裂和损坏	每件扣 2 分

续上表

序号	检查项目		扣分标准
8	设备	设备有损坏或松动且没有及时维修	每件扣1分
		设备没有按规定位置存放	每件扣1分
		设备污脏	每件扣1分
		设备上放有杂物	每处扣1分
9	工作台	工作台不清洁,有积尘、油污	每张扣1分
		工作台没按规定位置摆放	每张扣1分
		工作台上物品摆放混乱	每张扣1分
		工作台上放有杂物	每张扣1分
10	库房	库房没有定置图	扣5分
		物资没有按定置图规定定置摆放	每处扣1分
		物资没有标识或标识不明确	每处扣1分
		物资摆放混乱	每处扣1分
		物资没有摆放在规定的架、箱、柜、盘等专用或通用器具上	每件扣1分
		仓储物资不清洁、有积尘或蜘蛛网	每处扣1分
11	照明	照明设备污脏	每处扣1分
		照明设备损坏没有及时修理(根据具体扣相应责任单位)	每处扣1分
12	水、电、气等各种线管	使用过程中,线管污脏	每处扣1分
		有跑、冒、滴、漏等损坏或连接松动的	每处扣2分
13	生活卫生设施	更衣室不整洁、污脏	每处扣1分
		更衣室内物品摆放无序	每处扣1分
		卫生间不清洁、有异味	每处扣1分
		洗手池不清洁、有异味、污垢等	每处扣1分
		卫生间内有杂物	每处扣2分
		清洁用具没有放于指定的位置	每处扣1分
14	人员素养	员工现场打闹,举止不文明	每人次扣1分
		员工说脏话,语言不文明	每人次扣1分
		违反工艺,野蛮操作	每人次扣2分
		没有按规定佩戴劳保用品	每人次扣1分

4.2.2 车站各区域"6S"管理实施

本小节以某地铁车站各区域"6S"管理实施方法及实施效果为例进行说明。

一 办公区域

1.会议室

会议室内桌子用黄色胶带对其4个角进行定位,其余物品如微波炉、电冰箱和垃圾桶等均需用黄色胶带定位。电冰箱上方不允许放任何物品,电冰箱内物品保持整洁无异味。椅子沿桌子四周整齐摆放,在不使用时应推入桌子下方。某地铁车站会议室"6S"管理实施效果见图4-2-6。

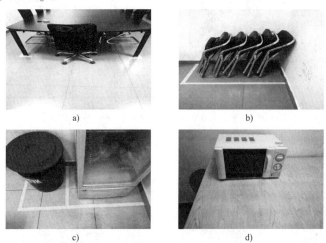

图 4-2-6　某地铁车站会议室"6S"管理实施效果

2.更衣间

(1)更衣间除衣柜外其他可移动物品均需用黄色胶带进行定位,衣柜上方不得放置任何物品,并保持更衣间清洁无异味。

(2)更衣间衣柜标签根据车站更衣柜标签相关要求进行打印粘贴。

某地铁车站更衣室"6S"管理实施效果见图4-2-7。

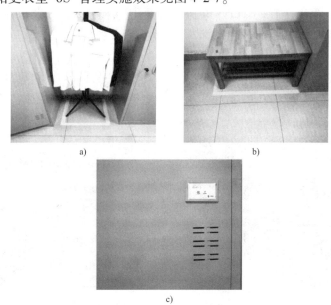

图 4-2-7　某地铁车站更衣室"6S"管理实施效果

二　生产区域

1.客服中心

(1)客服中心工作台面物品整齐摆放后用黄色胶带进行定位,工作台面除可放置个人水杯外,不得放置其他个人物品,见图4-2-8。

图4-2-8 某地铁车站客服中心工作台面"6S"管理实施效果

(2)地面雨伞放置盒、垃圾桶及其他需要放置在地面的物品均需用黄色胶带进行定位,见图4-2-9。

图4-2-9 某地铁车站地面物品"6S"管理实施效果

2. 车控室

(1)工作台面。

行车值班员(简称行值)工作区:电脑显示屏、广播控制盒及闭路电视(CCTV)控制盒整齐摆放,用黄色胶带进行定位;鼠标在不使用时应放置于电脑显示屏的右下方,见图4-2-10。

通信区:调度台、环境控制(简称环控)系统电话、公务电话、固定台、电梯报警电话及可视化门禁设备等可根据各站实际情况进行位置调整,但需整洁有序摆放并用黄色胶带进行定位,见图4-2-11。

图4-2-10 某地铁车站行值工作区"6S"管理实施效果

图4-2-11 某地铁车站通信区"6S"管理实施效果

值班站长(简称值站)工作区:电脑显示屏、文件架、文件夹及办公用品等应固定摆放位置,用黄色胶带定位。其中文件架、文件夹和文件抽屉柜的标签版式按照车控室文件架标签版式、车控室文件夹标签版式和车控室文件抽屉标签版式相关要求打印使用,见图4-2-12。车控室工作台面上不得摆放与工作无关的物品。

图 4-2-12　某地铁车站值站工作区"6S"管理实施效果

（2）茶水柜。

长边一侧用黄色胶带进行定位，当班人员的水杯放在黄线内，其余人员的水杯整齐码放在茶水柜第一层中，第二层可放置一次性纸杯等饮用用具，见图 4-2-13。

图 4-2-13　某地铁车站茶水柜"6S"管理实施效果

（3）钥匙柜。

钥匙柜挂置于临窗工作台附近墙面，底边距地面 120cm，原则是距离行车值班员（简称行值）较近方便取用，见图 4-2-14。

（4）文件柜。

文件柜中文件盒根据文件盒编号依次摆放，文件盒标签根据车站台账目录（文件盒）相关要求使用，见图 4-2-15。

图 4-2-14　某地铁车站钥匙柜"6S"管理实施效果　　图 4-2-15　某地铁车站文件柜"6S"管理实施效果

（5）物品柜。

物品柜包括劳保用品柜、行车备品柜、应急备品柜和其他物品柜。柜门右上角应张贴物品柜名称标贴，柜内物品应该用黄色胶带划分区域放置，贴好标贴，物品必须整齐摆放。劳保用品柜、行车备品柜和应急备品柜需张贴车站备品清单，统一张贴在右边柜门内侧，见图 4-2-16。

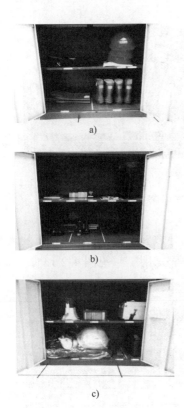

车站备品清单

序号	备品名称	数量(单位)	位置
1			
2			
3			
4			
5			
6			
7			
8			
9			
10			
11			
12			
13			
14			
15			
16			
17			
18			
19			
20			

图 4-2-16　某地铁车站劳保用品柜、行车备品柜和应急备品柜"6S"管理实施效果

3. 票务室

票务室的物品摆放以方便车站票务作业为指导原则,物品整齐摆放后用黄色胶带进行定位。票务室工作台面文件架和文件夹的标签按照相关要求打印使用。某地铁车站票务室工作台面"6S"管理实施效果见图4-2-17。

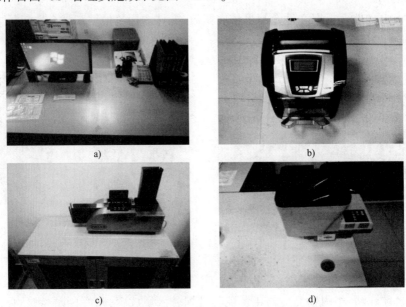

图 4-2-17　某地铁车站票务室工作台面"6S"管理实施效果

票务室地面摆放的物品均需用黄色胶带进行定位,见图4-2-18。

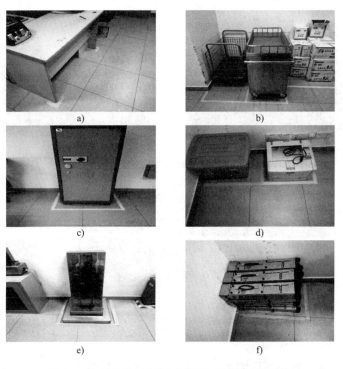

图 4-2-18　某地铁车站票务室地面"6S"管理实施效果

4. 备品间

（1）备品间（三角间）的物品摆放以车站实际情况而定，原则上将常用物品和较重、较难搬运的物品摆放在离门口近的地方，并需在门后张贴车站备品间物品清单，见图 4-2-19。

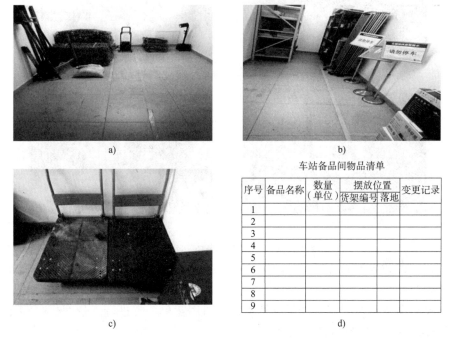

图 4-2-19　某地铁车站备品间"6S"管理实施效果（一）

（2）部分车站备品间为水泥地面，可用粉笔在地面划区域对其进行定位，见图 4-2-20。

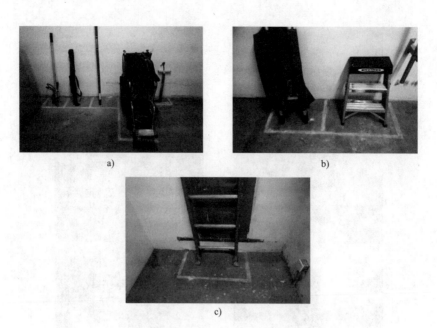

图4-2-20 某地铁车站备品间"6S"管理实施效果(二)

5. 公共区

（1）垃圾桶、告示牌及便民服务点等需要用黄色胶带进行定位,见图4-2-21。

图4-2-21 某地铁车站公共区"6S"管理实施效果

（2）汛期的防洪沙袋及收起的防滑垫应整齐码放在出入口附近,用黄色胶带进行定位,见图4-2-22。

（3）站台服务台及乘客座椅可对其4个边角用黄色胶带进行点位,服务台上的乘客意见簿也需用黄色胶带进行定位,见图4-2-23。

（4）对于车站危险源可用黄黑胶带定位并用告示牌的方式提醒乘客,见图4-2-24。

（5）安检区域告示牌用黄色胶带进行定位,防爆桶、防火毯等用黄黑胶带进行定位,见图4-2-25。

图 4-2-22　某地铁车站出入口"6S"管理实施效果

图 4-2-23　某地铁车站站台"6S"管理实施效果

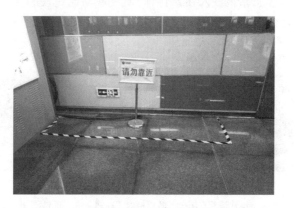

图 4-2-24　某地铁车站危险源"6S"管理实施效果

图 4-2-25　某地铁车站安检区域"6S"管理实施效果

（6）车站所有灭火器箱均需用红白胶带进行定位，见图 4-2-26。

图 4-2-26　某地铁车站灭火器箱"6S"管理实施效果

素养小课堂

北京市地铁运营有限公司企业精神之忠诚、担当

1970年,北京市地铁运营有限公司的前身——中国人民解放军铁道兵北京地下铁道运营管理处正式成立,负责对地铁运营统一组织和管理,主要职能是以满足战备需求为主,兼顾满足交通需求。自此,公司"服从命令、听从指挥、军令如山"的军队管理特点十分突出,并形成了"高度集中、大联动机、半军事化"的管理思想和工作作风,孕育了"高大半"的团队文化,培养了北京地铁人团结协作、高效联动的过硬作风。北京市地铁运营有限公司轨道检修工在寒冬中践行忠诚、担当的企业精神,见图4-2-27。

a)

b)

图 4-2-27　北京市地铁运营有限公司轨道检修工在寒冬中践行忠诚、担当的企业精神

摘编自千龙网(2019年6月27日)

思考:

(1)在车站平凡甚至单调的岗位工作中,如何践行忠诚与担当的企业精神?

(2)在车站节假日客流高峰忙碌的岗位工作中,如何践行忠于岗位、勇于奉献的企业精神?

班级		姓名		学号	
学习小组		组长		日期	

任务实施

调研某地铁车站公共区域"6S"定置管理的基本情况，制作调研报告并用PPT进行展示。

任务评价

请填写表4-2-4，对任务实施效果进行评价。

任务评价表　　　　　　　　　　　　　表4-2-4

评价指标	分值(分)	组长评价(40%)	自我评价(20%)	教师评价(40%)
1. 车站区域定置管理思路科学合理	40			
2. 图片内容充实	20			
3. PPT报告内容总结合理充分	20			
4. PPT报告制作良好	10			
5. 全员参与,准时完成	10			
任务成绩				

总结反思

单元 4.3　车站物资备品管理

学习目标

1. 知识目标

(1) 了解车站物资备品入库、存放及报废的基本管理程序。
(2) 掌握行车备品种类及管理。
(3) 了解车站客运管控物资、车站应急救援物资及车站消防物资的使用管理。

2. 技能目标

(1) 能进行车站物资的接收、发放、保存、盘点、借用管理工作。
(2) 能按规定对车站(损坏)废旧物资进行定期更换、登记上交等工作。
(3) 能够根据"6S"管理办法,对车站物资备品规范管理。

3. 素质目标

(1) 具备良好的设备安全使用常识。
(2) 具备良好的环境保护意识,从自身做起,积极践行环保理念。

任务发布

按小组准备车站物资备品(20个)的图片并打印,背面标出名称、用途及存放位置;由其他小组同学辨识图片并说出背面内容。(本任务根据本单元部分学习目标设计。在实际教学中,教师可根据本单元学习目标,灵活设计学习任务。)

任务目标

(1) 熟悉车站物资备品的名称、用途及存放要求。
(2) 掌握车站物资备品管理的基本规定。

任务分组

建议学习者组建学习小组,制订学习计划,共同完成相关任务。

姓　名	学　号	分　工	备　注	学习计划
			组长	

任务准备

引导问题1　不得在以下地点存放工具和物料。(　　)

A. 行车钢轨之间、接触轨或附近
B. 车站站台或公众人士可进入的其他地方

C. 任何可能影响通风设备操作的位置

D. 站台边沿 2m 之内

引导问题 2 手推车、梯子、操作平台和其他手提设备不需使用时,必须(　　)。

A. 移离可能构成隐患的地方

B. 用铁链和挂锁或其他锁定装置固定

C. 未经许可的人士不得使用

引导问题 3 从管理的需求来分,车站物资备品可分为_____物资备品和_____物资备品。

引导问题 4 车站行车备品包括_____、_____两大类。

引导问题 5 钩锁器、手摇把、信号旗、下轨梯、拾物钳等放在_____。

引导问题 6 行车备品柜内物品摆放有哪些要求?

引导问题 7 行车备品如何进行维护?

知识储备

因车站业务复杂,车站物资备品具有种类繁多、用途广泛、形式多样等特点,有用于行车业务的、票务业务的、客运业务的,还有用于综合治理的。为了方便管理,便于日常和紧急情况下的使用,车站物资备品必须建账立册,专人管理。

从管理的需求来分,车站物资备品可分为在用物资备品和库存物资备品。

车站在用物资备品是指已经投入使用的物资备品,如工器具、抢险物资和劳保用品等。

车站库存物资备品是指暂未投入使用,存放于库房的物资备品,存在随时投入使用的可能,如消耗材料、备品备件等。

4.3.1　车站物资备品管理概况

原则上,车站物资备品由当班值班站长负责管理,车站另指定一名兼职材料员,由兼职材料员定期检查、核对车站物资备品管理情况,发现问题,及时提出或改进。

一　车站物资备品入库

根据车站运作需求及配备标准,车站从物资部门领取物资备品,以物资部门的物资出单作为车站入库记账凭证,在库存物资台账明细表中做好登记、填制物料管制卡,同时做好物资的标识及上架工作。

车站库存物资备品应按规定办理入、出、存手续,建立相应的台账,并定期进行盘点,做到标准(或实际需要)、清单和实物相一致,各类统计表需记录每笔入、出账,作为账务数据的主要依据。加强单据管理,严格实行分类登记存放,做好单据归档工作,各类原始账务单据必须由责任人妥善保管,作为查账凭证。

站务室需对车站库存物资的存量进行严格控制。原则上每一项物资的车站存量不应超过该站两个月的用量。

二 车站物资备品存放

(1)未经许可不得存放任何物品,除非获得地方主管批准。

(2)车站物资备品统一存放于车站备品间。在用物资备品和库存物资备品应分别做好标识分开存放,在管理上也应采取与其属性相适应的措施,注意防火、防潮、防虫、防盗,并对仓储的场所进行经常性的检查。

(3)公用工器具、公用劳保用品和抢险物资的项目和数量具有相对稳定性,不得混放,按要求统一存放在指定地点,按规定填写相应的公用工器具表、公用劳保用品明细表和抢险物资明细表,贴于货柜或货架上,并定期按标准进行检查、核对。

(4)不得在以下地点存放工具和物料:轨行区钢轨之间、接触轨或附近;车站站台或乘客可能进入的其他地方;任何可能影响通风设备操作的位置。站台边沿 2m 之内不得摆放任何设备。

(5)道路车辆和其他装置不需使用时,必须停放在远离轨道和建(构)筑物,以及其他获认可的位置。

(6)必须妥善摆放设备以免发生意外。手推车、梯子、操作平台和其他手提设备不需使用时,必须移离可能构成隐患的地方,用铁链和挂锁或其他锁定装置固定,未经许可的人士不得使用。

> **视野拓展**
>
> **某地铁车站物资备品"6S"管理规则**
>
> (1)生产物资与其他类物资(如办公物资、安监部发放的消防物资)原则上要分开存放,至少在货柜、货架做到分层摆放。
>
> (2)生产备品库存放区标志分为货柜/货架标志及货位标志两种,需按"6S"管理标准做好统一规范,统一使用黄色标签打印纸。货柜名称的标志沿着柜门边缘统一贴于柜子的左上角;货架名称的标志统一贴在货架左上角或货架侧面上方正中间,依据房间布局而定,以清楚易见为宜。
>
> (3)针对大件无法上架的物资,需在地上贴黄色地标纸,以规划其放置的范围,并在墙上贴上标志,墙上标志可用"在用工器具 A""在用工器具 B"等表示。
>
> (4)货柜或货架需贴货位标志,标志排号原则为:柜(架)号位/层号(由下至上)/位号(由左至右)。货位标志统一贴于各货位的中间,货位与货位之间,需贴黄色地标纸,以划分存放区域。
>
> (5)物资台账、单据须分类放于物资台账盒中,以便妥善保管,物资台账盒的侧封面需贴标志,明确台账盒所存放的文件类别。物资台账盒的侧封面标志,贴于盒子侧面正中央,上下所留空位尽量一致。

三 车站物资备品报废

车站物资备品损坏报废时,做好相关记录,定期报部门专职设备管理员,按其指示送至指定地点。

> **视野拓展**

某地铁公司工具及设备使用规定

所有员工不得在无人看管的情况下,将任何设备、物料等留在可能构成隐患的地方,尤其在轨道或公众人士可进入的范围;不得使用状况不良的工具或设备;不得使用需要接受定期检查但没有标明已于指定期限内接受检查的设备;不得不正确使用或拆除任何护罩、围栏、隔板、护目镜、机械控制装置、调节器或工作部件使用的其他装置。

所有员工必须在有缺损的工具和设备上贴上标签,并将其移离工作区域。

某地铁公司废旧物资管理规定

依据公司废旧物资管理办法,结合车站情况,贴近实际,细化操作流程,编制客运部车站废旧物资实施细则或规定,使员工对废旧物资报废流程更加容易理解,便于现场操作。

根据物资属性进行划分,结合产生的废旧物资是否为危险废旧物资、有价值或无价值进行区分对待,建立废旧物资目录及制作报废流程图,将相应的目录及报废流程图公示(贴上墙),做到可视、直观。同时确保公示的目录预留相应的空间,以方便后期目录拓展。

车站废旧物资的回收及保管具体要求:

(1)为了确保废旧物资堆放现场符合公司"6S"的管理要求,同时满足物资管理部门的分类要求,需对车站废旧物资的回收及保管明确要求。

(2)生产过程中产生的废旧物资,各车站应及时收集和清理,按照废旧物资分类暂时分开存放、保管,并做好台账登记。

(3)具有危险废旧物资属性的物资各中心提报部门先按报废流程申请,审批流程结束后,各车站再按危险废旧物资分类存放、保管。

(4)各中心配合部门按照物资部预约时间完成废旧物资集中回收工作,按废旧物资分类配合物资部做好回收交接工作。

(5)废旧物资审批表审批完毕后,废旧物资按要求合理摆放,严禁乱丢乱放,对于未经审批的物资禁止直接送至物资部废旧物资堆放场地。

(6)容器类危险废旧物资需确保容器内无明显残留物后保管。

(7)带有地铁公司标志字样的废旧物资,需将地铁公司标志字样去除后转交物资部。

4.3.2 车站行车备品管理

一、车站行车备品种类

车站行车备品包括员工劳动保护用品、车站专用器具两大类。

员工劳动保护用品包括:安全帽、防毒面具、绝缘手套、安全带、反光衣、口笛、手电筒、强力探照灯及其充电用具、反光护栏、臂章等。

车站专用器具包括:钩锁器、手摇把、信号旗、信号灯及其充电用具、红闪灯及其充电用具、无线通信设备及其充电用具、手提广播、调度命令、路票、无障碍渡板、出入口防洪挡板、沙袋、直流接地线、直流验电器、拾物钳等。

某地铁车站部分行车备品见表 4-3-1。

某地铁车站部分行车备品　　　　　　表 4-3-1

物品名称	实物图	功能	物品名称	实物图	功能
安全帽		保护施工人员头部安全	无线通信设备		通信
绝缘手套		安装接地装置时佩戴,起到绝缘防护作用	无障碍渡板		连接站台与车辆,供轮椅乘客使用
反光衣		进入轨道范围时必须穿着,保护员工安全	出入口防洪挡板		当暴雨、洪水发生时,阻挡车站进水
信号旗		展示相关信号	沙袋		隔离积水,防止影响车站设备,可配合出入口防洪挡板使用
信号灯		展示相关信号	直流接地线		用于轨行区施工人员断电施工时进行接地保护
红闪灯		处理紧急事件或中号红闪灯故障时使用小号红闪灯;安装在接地棒上起警示作用要安装中号红闪灯;过程领域限界处放置大号红闪灯	直流验电器		用于轨行区施工人员断电施工前进行验电测试

二 车站行车备品存放

（1）行车备品的存放要做到整齐、有序、安全和易于寻找,摆放的地方做到干净、清爽。

（2）行车备品中的公用物品要统一存放,且要存放合理,不准乱堆、乱放;个人用品放进个人专用柜子。

（3）反光护栏、防毒面具、反光衣、口笛、信号灯及其充电用具、手电筒及其充电用具、强力探照灯及其充电用具、无线电台、红闪灯及其充电用具、手提广播及其充电用具、臂章、调度命令等放在行车备品柜的下层(非透明部分),路票放在行车值班员就近随手可拿的地方。文件盒可以放在行车备品柜的上层(应具备可直视条件,比如使用玻璃门)。防毒面具分散放在车控室、会议室、更衣室、站务室、站长室等房间。

（4）行车备品柜摆放在车控室,位置以不影响整个车控室美观为准。行车备品柜要有统一标志,柜子左门内上方贴上备品目录表,标明备品名称、数量和负责人,柜内物品要摆放整齐有序。

（5）钩锁器、手摇把、信号旗、下轨梯、拾物钳等放在站台监控亭。

三 车站行车备品使用

（1）正确穿戴劳动保护用品。

（2）带电备品(如红闪灯)按照其说明提示使用。充电时应在指定位置进行,摆放整齐,充完电后立即收起放回备品柜。

（3）使用过程中,要珍惜爱护用品,不得随意乱扔,不得损坏。

四 行车备品维护

（1）所有行车备品都需要注意日常维护。

（2）铁器备品防止生锈,发现生锈现象应立即打磨,加油维护。

（3）带电备品应经常保持有电,负责人每周检查一次。

（4）不常用的备品,车站应定期盘查清点,防止发霉、生锈、损坏等情况。

（5）每班交接班时应进行行车备品的交接,检查数量与性能及摆放状态。

案例分析

某地铁车站突发事件应急处理

事件经过：

某日15:20左右,站台安保员值班时,突然听到站台监控亭方向传来一声异响,马上赶到现场查看,发现放在监控亭里的棉大衣和手提广播设备在冒烟,安保员立即踩灭大衣火星,同时叫另一安保员去拿灭火器。安保员刚踩灭大衣火星时,又听到一声异响,这时另一安保员用灭火器将大衣火星扑灭。安保员立即向车控室报告情况,值班站长接到通知后赶到现场查看,发现是正在充电的手提广播电池爆炸,火星引燃棉大衣,爆炸时站台监控亭周围无乘客。在了解清楚情况后,值班站长通知车控室将爆炸原因通报行调,并组织现场清理。

原因分析：

（1）直接原因。站台安保员在使用手提广播时,发现没电,直接在站台监控亭进行充电,误用信号灯的充电器,导致电流过大,烧毁手提广播充电电池。

(2)间接原因。该充电器没有按照标准化管理的统一要求,张贴充电器名称标签,在使用中误用而没有察觉。

整改措施:

(1)车站对行车备品进行全面检查,确保备品状态良好,并张贴标签。

(2)车站加强备品管理,对备品的摆放位置、数量进行科学、合理的安排,确保紧急使用时迅速,可靠。

(3)车站对充电器进行重点检查,并加强充电过程的巡视。

(4)各站划定集中充电的位置,原则上不在站台、站厅公共区域进行充电。

4.3.3 车站其他物资管理

一 车站客运管控物资

某地铁车站部分客运管控物资见表4-3-2。

某地铁车站部分客运管控物资　　　　　　表4-3-2

物品名称	实物图	使用方法
扩音器 (小蜜蜂)		车站助理于早晚高峰佩戴; 站务员进行客运组织时佩戴; 员工在其他需要的情况下也可佩戴
扬声器 (大喇叭)		员工在进行客运组织或在其他需要的情况下佩戴
运营延误指路卡		此卡是运营延误时应急使用的物品; 发放的对象是需要换乘其他交通工具但是不了解如何换乘的乘客; 除必要的格式信息外,不得在卡片上面涂画其他文字和图案
乘客致歉信		用车站站名章预先将站名盖好; 使用日期章盖好日期; 填写致歉信发放登记表

续上表

物品名称	实物图	使用方法
通告		可设计三种颜色表示不同通告信息：红色表示对运营有影响的通告信息，绿色是安全方面的通告信息，蓝色是其他通告信息

二 车站应急救援物资

某地铁车站部分应急救援物资见表4-3-3。

某地铁车站部分应急救援物资　　　　　表4-3-3

名　称	实　物　图	使用方法
急救箱		发现乘客受伤时，携带急救箱赶往现场；存放在应急事故箱中或易取的位置；因涉及药品有效期，因此建议将药品名称和有效期张贴在急救箱上
防潮垫		放于潮湿环境防潮
软担架		移动行动不便的人士时可以使用
伤者信息牌		询问受伤乘客信息后填写，并将此卡贴在受伤乘客身上

三 车站消防物资

某地铁车站部分消防物资见表4-3-4。

某地铁车站部分消防物资　　　　表 4-3-4

名　称	实　物　图	使 用 方 法
抢险毛巾		紧急情况下发放给乘客使用
呼吸器		正压式呼吸器有效时间是 30min；使用时应检查压力是否处于正常状态，按规定压强小于 25MPa 时对压力进行补充
半面罩/滤盒		将滤盒安装好后才能使用；滤盒一旦拆封不可再次使用

素养小课堂

京港地铁"环保在路上"公益文化宣传

2012 年 5 月 28 日，京港地铁在 4 号线人民大学站内举行"环保在路上"公益文化宣传活动。京港地铁邀请北京服装学院的设计师们，以日常生活中常见的报纸、塑料瓶、电池等废旧物品为原料，制作成环保主题雕塑向乘客展示环保理念。大学生环保志愿者们引导乘客用废旧物品制成算盘、月琴等艺术品，让乘客在等车之余践行环保。京港地铁相关负责人称，废旧品均来自乘客的丢弃物，由员工日常收集而来，见图 4-3-1。

思考：守护生态环境已成为全球共识。我国一直积极参与全球环境治理，共谋全球生态文明建设。城市轨道交通工作者如何从自身做起，践行环保理念？

图 4-3-1　废旧品做成的环保作品

班级		姓名		学号	
学习小组		组长		日期	

📋 任务实施

按小组准备车站物资备品(20个)的图片并打印,背面标出名称、用途及存放位置;由其他小组同学辨识图片并说出背面内容。

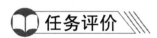

请填写表4-3-5,对任务实施效果进行评价。

任务评价表　　　　　　　　　　　表4-3-5

评价指标	分值(分)	组长评价(30%)	自我评价(30%)	教师评价(40%)
1. 提供图片内容合乎要求	10			
2. 提供图片打印清晰好辨认	20			
3. 提供图片背面标注准确完整	20			
4. 准确识别图片物资名称和用途	20			
5. 准确说出图片物资存放位置	20			
6. 小组全员参与制作与答题	10			
任务成绩				

📖 总结反思

单元 4.4　车站员工培训与应急演练

学习目标

1. 知识目标

（1）了解车站培训的内容和培训形式。

（2）了解车站应急演练组织内容和演练形式。

（3）掌握车站突发事件应急处置预案的内容。

2. 技能目标

（1）能对车站员工进行专业技能、职业操守、服务规范培训及安全培训，不断提升服务品质。

（2）能按照应急演练计划，完成突发事件、专项事件的应急预案的演练，定期考核，确保员工专业水平达标。

（3）能熟练掌握及执行车站各项应急预案。

3. 素质目标

（1）具备学习能力，能够不断提升职业素养和业务能力。

（2）具备创新思维能力，能通过日常积累与工作总结，提出合理化改善建议，提高工作成效。

（3）学习大国工匠精神，专注耐心，执着钻研，精益求精，立志岗位成才，为城市轨道交通事业贡献力量。

任务发布

参考地铁应急预案，编写车站突发紧急情况（如乘客受伤晕倒）应急处理脚本，可在实训室进行应急演练，或进行桌面应急演练，并拍摄视频。（本任务根据本单元部分学习目标设计。在实际教学中，教师可根据本单元学习目标，灵活设计学习任务。）

任务目标

（1）能按照简单应急演练计划，以小组为单位完成突发事件应急演练。

（2）熟悉车站各项应急预案及组织演练过程。

任务分组

建议学习者组建学习小组，制订学习计划，共同完成相关任务。

姓　名	学　号	分　工	备　注	学习计划
			组长	

任务准备

引导问题1 以单项知识(技能)的传授为主,由站长或值班站长在现场给员工边讲授、边演示,使员工掌握该项知识技能的培训方式是(　　)。

A. 岗位练兵　　　　B. 师徒教学　　　　C. 案例教学　　　　D. 一事一训

引导问题2 适应性岗位培训包括:(　　)。

A. 岗前培训　　　　B. 转换岗位培训　　　　C. 应急培训　　　　D. 提高培训

引导问题3 岗位培训分为_____和_____。

引导问题4 车站日常培训由_____负责组织实施,根据内容不同,分为_____培训、_____培训、_____培训;根据方式不同,分为_____培训、_____培训;根据培训对象不同,又可分为_____培训、_____培训。

引导问题5 对比三种应急演练——运营应急演练、桌面应急演练、突发事件应急演练的不同效果。

引导问题6 车站培训形式主要有哪些?

知识储备

4.4.1 车站员工培训

岗位培训就是根据岗位要求所应具备的知识、技能而为在岗员工安排的活动。其目的是提高在岗员工的业务知识,服务态度和专业技能。岗位培训分为适应性岗位培训和规范化岗位培训。

> **思考时间**
>
> "培训投入一小时,就可以有效减少在一百个小时中犯错误的可能。"请谈谈你对这句话的看法。

一 车站培训计划

车站培训工作由站长负责组织实施,车站培训面向具体岗位人员,按岗位需要培养和提高员工的能力,从实际出发,面向生产,强调针对性、实用性,注重实效。根据部门关于培训的工作要求,建立一套完整的培训制度,对班组培训的重点内容、培训方式、培训周期、培训考核等做出规定。车站在每月月底制订出下月的培训计划,包括培训、应急演练等方面。计划制订后,应严格按计划执行并定期检查执行情况。还需建立一套相对完整的培训考核体系,针对一线员工的业务制订各种培训、重温、考核计划,笔试与实操相结合,及时跟踪员工业务能力,保证上岗人员业务人人过关。

车站应制订车站培训计划,监督培训执行,整理培训记录,抽查员工业务知识,完善车站培训计划。

某地铁车站××年度培训计划,见表4-4-1。

某地铁车站××年度培训计划　　　　　　　　　　表4-4-1

序号	培训项目内容	培训月份安排	培训要求	培训方式	参加培训人员	考核方式
1	服务规范相关内容、票务管理制度	1月	1. 掌握规范着装、仪容仪表规范等相关管理要求 2. 掌握车站卫生检查标准 3. 掌握票务相关制度	讲授	全员	笔试
2	服务纠纷现场处置方法、乘客守则、互联网使用规则	2月	1. 掌握车站现场服务纠纷处置原则 2. 掌握乘客守则相关条款 3. 掌握互联网业务规则			
3	服务乘客规范相关内容、英语培训材料、关于落实优化提升市民服务热线反映问题"接诉即办"工作实施方案	3月	1. 掌握乘客问询、遗失物品等问题的处理方法 2. 掌握乘客提出的建议、投诉等问题的处理方法 3. 掌握地铁实用英语 4. 掌握"接诉即办"相关要求			
4	重温服务规范相关内容、单程票互联网票务服务规则、单司机值乘车门故障处置办法	4月	1. 掌握AFC设备进行售票、结账、售卡、换福利票等作业的要求和标准 2. 掌握问题票卡的处理要求和标准 3. 掌握AFC设备的使用要求和操作方法 4. 掌握管理认证卡的使用要求和方法			
5	特殊乘客服务规则、无障碍服务手册	5月	1. 掌握特殊乘客的服务技巧、急救常识 2. 掌握无障碍设备设施的使用方法			
6	重温服务规范相关内容;回顾上半年乘客来电来信反映的投诉、建议、表扬等服务案例	6月	1. 掌握车站卫生检查标准 2. 熟知各岗位规范要求 3. 总结上半年乘客建议、投诉,对典型案例进学习			
7	路网限流规范、英语教学相关内容	7月	掌握路网限流规范、地铁实用英语			
8	导向标识管理办法、票务管理制度	8月	1. 掌握导向标识内容 2. 掌握AFC业务操作规则			
9	站台值岗工作标准、客运组织、应急预案	9月	1. 掌握站台作业巡视标准 2. 掌握接发列车标准 3. 掌握车站客运组织方案以及突发事件应急处置流程			

续上表

序号	培训项目内容	培训月份安排	培训要求	培训方式	参加培训人员	考核方式
10	路网自动售检票(AFC)系统业务操作规范(日常业务)、手语培训内容	10月	1.掌握计程票价使用规则 2.掌握移动通信、积分转移设备的使用 3.掌握手语基本内容	讲授	全员	笔试
11	重温服务规范相关内容、规范服务车站评定及规范服务站区星级评定办法(试行)、运营安全条例	11月	熟知各项规定的相关内容			
12	新开通线路车站名称、线网情况、换乘线路;回顾全年乘客来电来信反映的投诉、建议、表扬等服务案例	12月	1.熟知地铁新开通线路、周边交通等信息 2.总结全年乘客建议、投诉,对典型案例并进行讲授			

二、车站培训内容

1.适应性岗位培训

(1)岗前培训。车站员工应先培训,后上岗。当员工掌握相关岗位技能后再安排相应工作。

(2)转换岗位培训。对于一些转换岗位、岗位晋升的员工,车站站长应安排员工进行新岗位培训,适应新的要求。

(3)应急培训。根据岗位需要,车站应制订相应的应急预案,车站站长利用班前会进行培训,并组织进行相应的应急演练、技术比武活动。

(4)提高培训。根据企业出台的新要求、新规范,车站站长需要不断对在岗在职人员进行新知识、新技能的继续教育,以提高其适应能力。

2.规范化岗位培训

规范化岗位培训就是根据岗位规范,在达到一定学时培训后,进行严格考核、发证的资格培训。规范化岗位培训注意事项如下:

(1)培训对象具有全员性和各异性。

在实行全员培训时,要做到因岗因职而异,即按千差万别的各个不同岗位、不同职务的不同需要,安排级别不内容不同、层次不同的培训,并使之有机地结合起来,形成体系。

(2)培训要求具有规范性。

凡是岗位培训,都应有岗位或技术等级标准,有培训目标,有培训计划,有严格的考试、考核,有岗位职务证书。

(3)培训内容具有全面性和实用性。在培训中要做到培训环境与工作环境一致,使员工尽快进入角色。同时干什么学什么、缺什么补什么,以适应本岗本职的需要。

(4)培训方式具有多样性和灵活性。

按不同岗位职务的需要,进行多内容、多层次、多规格的培训,根据生产工作情况的变化,灵活地加以安排。在培训中加强员工之间相互交流和体会。

(5) 培训进程具有阶段性和延续性。

每个岗位的规范都有一定的标准要求,这个标准要求不能天天变,应持续一个阶段。岗位培训对每个人来说又具有由低到高的延续性,不能一次完成,一劳永逸。

> **视野拓展**
>
> **某地铁车站员工培训案例**
>
> 为培养员工树立正确的、符合企业服务理念的服务意识,某地铁车站积极利用以下途径开展形式多样的教育培训:
> (1) 员工会、交班会。
> (2) 定期案例学习(学习正面案例、反面案例)。
> (3) 日常检查反馈。
> (4) 员工谈心(正式谈、闲聊谈)。
> (5) 每月服务工作分析、处理结果分析。

三 车站培训形式

车站日常培训由当班值班站长负责组织实施,根据性质不同,车站培训可分为新业务培训、旧业务重温培训;根据内容不同,分为安全培训、规章文本培训、设备培训;根据方式不同,分为理论培训、操作培训;根据培训对象不同,又可分为岗前培训、岗上培训。

车站培训主要形式有:

1. 师徒教学

师徒教学这种传统的培训方式,是提高员工技术业务水平最简单最有效的方法。其主要优点是在班组里不脱产地进行,能在生产实际中培养员工的技能技巧。师徒教学必须签订师徒合同,合同包括培养目标、培养期限、教学内容、教学要求,并应编制教学进度计划。合同期满后进行严格的考试鉴定。

2. 岗位练兵

遵循"按需施教"的原则,干什么学什么,缺什么补什么,使每个员工都能达到"上标准岗,干标准活,交标准班"的要求。一般采用"能者为师,互教互学"的方式,紧密结合生产实际,组织单项技术表演、举办专题技术讲座或采取每日一题、每周一题、每月考核等形式。

3. 案例教学

从生产实践中选择适合本班组需要的安全生产的关键问题对员工进行案例剖析、讲解,使之获得理论知识和实践经验。其特点:①更有直观性、明显性,员工易学易懂;②更有实用性、教育性,员工不仅学到了经验,而且受到了教育,增强了安全意识和质量意识;③对操作要领、操作方法加深了理性认识,从而提高了处理应急事件的能力。

4. 一事一训

根据某一特定事件、特殊任务,车站站长应加强相关培训,遵循"按需培训"和"干什么学什么,缺什么补什么"的原则。一事一训以单项知识(技能)的传授为主,由站长或值班站长在现场给员工边讲授、边演示,使员工掌握该项知识技能。

5. "学标、对标、达标"训练

"学标、对标、达标"训练是车站开展全员培训的主要形式,是安全生产标本兼治的有效措施。因此班组要做到:

(1)组织员工学习好本岗位应知应会知识技能,以及防范与处理安全事故措施,掌握非常情况下应急处理办法;

(2)认真执行单位和车间制订的培训计划,坚持班组的学习注重实效;

(3)严格执行有关奖惩制度,对不达标的员工,要利用各种形式组织学、反复练,直至达标为止。

素养小课堂

感动中国2016年度人物:大国工匠李万君

李万君,中车长春轨道客车股份有限公司高级技师。为了在外国对我国高铁技术封锁面前实现"技术突围",李万君凭着一股不服输的钻劲儿、韧劲儿,一次又一次地试验,取得了一批重要的核心产品试制数据,积极参与制定几十种高速车、铁路客车转向架焊接规范及操作方法,先后进行技术攻关100余项,填补多项国内空白。

作为高铁工人的杰出代表,工作30多年,李万君凭借自己精湛的技艺成为公司转向架制造中心的焊接大师、首席操作师,同时还获得了中华技能大奖,被人们称为"工人院士"。但他更看重"师傅"这个名称:经他培训的400多名学员,全部考取了国际焊工资格证书,为打造一批"大国工匠"储备了坚实的新生力量……

"高铁有394道工序,每一道都不容失误,我们要坚持工匠精神,做好自己的本职工作,使我们的团队技术更加成熟,保证高铁又稳又快地'奔跑',同时打造具有我国自主知识产权的品牌。"他说,他就是一名技术工人,离开了生产一线啥也不是。他这辈子很幸运,能分配到长客,赶上了高铁发展的时代,才让他这样的技术工人有机会报效国家,回报企业。所以,他下决心干好工作,变中国制造为中国创造,让每一个技术工人都能当上创新主角,像动车组一样,节节给力,人人添彩!

学手艺——一年磨破了五套工作服。"我现在一听焊接的声音,就知道哪个徒弟或是员工在焊接,还能判断焊缝是宽还是窄、焊接质量好不好……"这样的境界,可是经过千锤百炼才能达到的。

为了攻克各种各样的困难,他成立了一个攻关团队,遇到焊接难题,整个团队都会群策群力,攻坚克难,将技能和智慧紧密地结合在一起,突破一个又一个难关。"其实,我的追求很简单,我希望每一位焊工都把焊接标准熔到骨子里,把产品质量升华到极致,从而形成一件件艺术品……"李万君说。

摘编自搜狐网(2018年5月30日)

思考: 大国工匠精神表现在哪些方面?对于城市轨道交通车站工作人员而言,工匠精神又如何体现呢?

4.4.2 车站应急演练

为提高车站员工应急处理能力,及时处理车站突发事件,车站必须加强日常应急演练。车站每年必须进行的应急演练项目包括毒气袭击应急演练、道岔故障应急演练、大客流应急演练、发现可疑人员及物品的应急演练、电扶梯摔人应急演练、列车车门故障应急演练、电话闭塞法应急演练、站厅站台火灾应急演练、站台门故障处理应急演练、自动售票机故障应急演练、车站进/出站闸机故障应急演练、自动扶梯群伤事故应急演练、水淹出入口应急演练等。

车站应急演练根据演练的组织形式不同,分为运营应急演练、桌面应急演练、突发事件应急演练;根据应急演练组织级别及参与部门的不同,可分为企业级、部门级、站区级、车站级等。

某地铁车站某年度应急演练计划,见表4-4-2。

某地铁车站某年度应急演练计划　　　　　　　　　　表4-4-2

月份	应急演练内容	月份	应急演练内容
1月	车站内拥挤踩踏事件应急演练	7月	车站装饰面脱落、栅栏门损坏应急演练
1月	电扶梯摔人应急演练	7月	站台门系统故障应急演练
2月	爆炸、电气火灾应急演练	8月	大风、雨雪天气现场应急演练
2月	长时间无车导致突发大客流组织应急演练	8月	临时清人应急演练
3月	人员与列车碰撞导致异物侵入限界,临时封站应急演练	9月	异物侵入限界影响运营应急演练
3月	列车在区间着火导致区间疏散应急演练	9月	个人极端行为、劫持列车(人质)应急演练
4月	乘客打架应急演练	10月	列车救援、列车临时清人应急演练
4月	水管爆裂、给排水系统设备故障应急演练	10月	AFC设备无法使用应急演练
5月	照明熄灭、大面积停电应急演练	11月	乘客随身物品爆燃导致列车在站台着火应急演练
5月	劫持列车、生化恐怖袭击应急演练	11月	车站无手机信号时乘客进出站应急演练
6月	车站结构渗漏导致AFC设备无法使用应急演练	12月	雪天应急演练
6月	防汛应急演练	12月	重污染天气、突发公共卫生事件应急演练

(一) 运营应急演练

运营应急演练是指在模拟事故、事件情境或真实设置故障的情况下,在生产场所组织演练人员操作救援设备,按应急预案程序开展的救援模拟行动。

1. 演练组织

运营应急演练须设演练观察人员,人员由演练组织单位指定。应急演练前演练组织部门须检查演练方案安全措施的落实情况,并对相关人员进行培训,符合要求后方可实施演练。演练实施过程中,演练观察人员须随时监控演练人员和设备设施的安全情况,一旦发现异常,立即停止演练,并迅速汇报。演练结束后,演练组织部门须清点人员、设备数量,设备维修部门负责设备设施技术状态的检查工作,确保人员安全和设备设施状态正常。在隧道内演练时,须确认人员、设备出清情况正常,方可宣布演练全部结束。

2. 演练效果

此类应急演练通过实际决策、行动和操作,完成真实应急处理的过程,从而检验和提高相关人员的现场组织能力、各部门配合程度、应急处理技能和后勤保障等应急能力,能使一线员工能得到充分锻炼,操作相关的设备设施。缺点是必须在运营结束后进行演练组织,且耗费人力物力较大。

(二) 桌面应急演练

桌面应急演练是指在模拟事故、事件情境的情况下,在非生产场所组织演练人员采用口述对话、模拟操作设备等形式,按应急预案程序开展的救援模拟行动。

1. 演练组织

桌面应急演练主要由站长/值班站长组织,在白班交接班会进行,针对事先假定的演练情境,组织员工讨论和推演应急决策及现场处置的过程,从而促进员工掌握应急预案中所规定的职责和流程,提高现场指挥和协同配合能力。车站组织桌面应急演练必须认真填写车站应急演练登记表,对演练当中存在问题进行详细记录,并提出改进建议,跟踪落实;对演练中本岗位的作业职责掌握不合格的人员持续跟进,直到掌握相关内容为止。车站应急演练登记表须存档备查。

2. 演练效果

此类演练车站自行模拟故障,不需要其他部门配合,通过现场角色扮演,设备模拟操作,使一线员工得到锻炼,能够较为真实地熟悉应急处理流程和车站设备操作流程等。缺点是必须在运营结束后进行,且相关设备无法进行实际操作,检验不出员工的现场处理和设备操作能力。

(三) 突发事件应急演练

突发事件应急演练是指在被考验者完全不知道时间、地点和内容的前提下,组织者突发性地模拟事件、事故、设备故障或真实设置故障,在生产场所组织演练人员操作救援设备,按应急预案程序开展救援模拟行动。

1. 演练组织

突发事件应急演练一般由演练主管部门在不影响车站正常的工作下,模拟突发事件/事故、设备故障或真实的设置故障,检验车站人员应急处理和设备操作能力。为保证突发事件应急演练效果,配合部门、组织人员需对知晓的内容予以保密。演练主管部门负责安排人员对演练过程进行观察,做好记录,完成演练评估报告。

2. 演练效果

突发事件应急演练真实性与运营应急演练相当,在参加人员不知情的情况下,能够更加有效地检验出车站员工的应急处理水平,发现员工的不足之处。其缺点是为了不影响车站正常运营,通常安排在晚上运营结束后,耗费部分人力物力。

班级		姓名		学号	
学习小组		组长		日期	

任务实施

(1) 完成脚本设计及演练安排分工,请填写表4-4-3。

脚本设计及演练安排分工表　　　　　　　　表4-4-3

任务分工	责 任 人	任 务 内 容	备　　注
脚本设计			
演练角色1(如站厅巡视员)			
演练角色2(如维修人员)			
演练角色3(如受伤乘客)			
演练角色4(如值班站长)			
视频拍摄			

(2) 展示脚本和视频,并对演练中存在的问题提出改进建议。

任务评价

请填写表4-4-4,对任务实施效果进行评价。

任 务 评 价 表　　　　　　　　表4-4-4

评价指标	分值(分)	组长评价(30%)	自我评价(30%)	教师评价(40%)
1. 脚本内容设计合理	20			
2. 应急信息报告准确	10			
3. 演练处置措施规范	10			
4. 客伤处置合理	10			
5. 现场证据留存	10			
6. 视频人员演出认真规范(礼仪、语言等)	10			
7. 视频拍摄画面清晰	10			
8. 车站演练登记表填写认真	20			
任务成绩				

总结反思

单元 4.5　车站班组长团队管理

学习目标

1. 知识目标

（1）了解成功团队的特征和团队建设的目标。

（2）掌握与不同人员沟通的要点。

（3）正确认识压力与挫折，了解情绪管理的有效方法。

2. 技能目标

（1）能正确传达上级政策及精神，做好资讯宣传/教育；及时收集员工信息，熟练使用办公软件，做好信息上传下达。

（2）能高效与运营部门及设备设施相关部门沟通协作；妥善处理乘客投诉；掌握团队内部人员沟通的技巧。

（3）能够正确面对压力和挫折，对不良情绪进行积极自我调节；掌握车站员工思想动态和情绪波动，及时进行心理疏导，缓解员工压力。

3. 素质目标

（1）具备良好的抗压能力和情绪调节能力。

（2）具备沟通能力和团队合作能力，能够进行良好的工作与服务沟通。

（3）弘扬社会主义核心价值观，发挥团队协作优势，做乘客知心人。

任务发布

1. 请学习者模拟以下情境中，班组长与其他岗位工作人员利用无线电通信设备进行沟通的内容

（1）情境1：车厢内有乘客发生肢体冲突；

（2）情境2：登乘列车巡视区间设备时发现一处漏水点；

（3）情境3：站台紧急停车按钮被按下。

2. 沟通练习

模拟情境：春节将至，夫妻双方都想对方跟着自己回自己老家过年。请学习者以两人一组，饰演一对夫妻，选择合理方式进行有效沟通，要求既不委屈自己又不强加于人，最终达成共识。

任务目标

（1）掌握站务员与车站值班员或行车调度员使用无线电通信设备进行通话的规范用语。

（2）掌握处理人际冲突的沟通技巧。

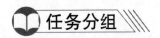

建议学习者组建学习小组，制订学习计划，共同完成相关任务。

姓　名	学　号	分　工	备　注	学 习 计 划
			组长	

任务准备

引导问题 1　手台通话与日常对话主要的区别体现哪几个方面？（　　）
A. 数字　　　　　　B. 称呼　　　　　　C. 术语　　　　　　D. 格式

引导问题 2　在无线电通话过程中，必须采取以下哪些方法确保信息准确？（　　）
A. 引起注意　　　　　　　　　　B. 传送简明的信息
C. 明确要求或有关行动　　　　　D. 澄清信息内容

引导问题 3　与行车调度员沟通的要点主要体现在四个方面：_____、_____、_____、_____。

引导问题 4　一个成功高效的团队通常具备的特征有：_____、_____、_____、_____、_____。

引导问题 5　处理乘客投诉第一步是_____；第二步是_____；第三步是_____；第四步是_____。

引导问题 6　与行车调度员就运营事件进行沟通的内容主要有哪些方面？

引导问题 7　与乘客进行服务沟通的原则是什么？

引导问题 8　不良情绪的自我调节方法有哪些？

4.5.1　打造成功团队

一　成功团队特征

团队是一种为了实现某一目标而由相互协作的个体组成的正式群体。团队的成功在于成员相互协作、彼此支持从而实现共同目标。

车站是城市轨道交通运营管理系统的基本单元，车站全体成员可以看作一个基层团队。车站实行轮班制,不同值班站长领导的班组也可以看作一个团队。

班组长平时要细心观察,了解、掌握每个组员的性格特征,然后根据他们的性格特征选择合适的方式方法去与他们沟通交流。即便是抓住了他们的缺点要进行批评,也不能一味地简单化、直接化、公开化,应在维护其自尊心、不伤其积极性、避其锋芒的前提下,以多做工作、说服劝导为主。只有在彼此达到有效沟通的基础上扬长避短、有的放矢地开展帮教工作,才能避免管理上的盲目性,减少与组员之间的冲突和矛盾,使问题和不足在和风细雨的氛围里得到解决和纠正。

小故事

为什么选唐僧当领头人?

暑假里,电视台正重播《西游记》。这一天,小李和小王就《西游记》中谁最厉害展开了激烈的争论。小李说:"明摆着,孙猴子最厉害!一路上降妖伏魔功劳最大。唐僧肉眼凡胎,连点自卫能力都没有。要是让悟空挑头取经,一个筋斗就把经取来了,还用费这个劲!"小王却不以为然,他说:"唐僧虽没有法力,可他懂经。悟空懂经吗?再说了,唐僧取经信念坚定,哪个能比?要是悟空当了头,底下人一定心服口服吗?"两人谁都不服气。

提问:你认为谁应该当领头人呢?

分析:《西游记》中唐僧师徒四人的取经团队历经千难万险,终于取得真经,并修得正果。他们无疑是一个成功的团队。让我们来看一下他们团队的成员及其分别充当的管理角色。

唐三藏:师傅,"取经项目经理"。孙悟空:大徒弟,"业务骨干、技术带头人"。猪八戒:二徒弟,"团队开心果、公关主任"。沙悟净:三徒弟,"普通员工"。

唐僧当领导当之无愧。原因有三:

一是对事业具有坚定信念。唐僧取经目标明确坚定,矢志不移。不管是狼虫虎豹、妖魔鬼怪,还是女儿国国王的真情诱惑,都挡不住他西行的脚步。相比较而言,大徒弟孙悟空曾两度"含冤离职"(被师父误解后回到花果山),二徒弟猪八戒更是动辄要回高老庄。

二是擅于用人。唐僧最突出的能力是能让一个非常之人(齐天大圣)为我所用。而其控制手段既包括"惩罚措施"——紧箍咒,又包括"非权力因素"——关心疼爱徒弟的个人魅力,尤其是救员工于水火之中(五行山下解救孙悟空)。

三是具有良好的人脉。观音菩萨等大力支持唐僧,为他们西行提供便利。

一个成功团队通常具备以下特征:

(1)清晰的目标。一个团队必须有一个清晰的目标,团队每个成员都知道这个目标对于整个团队的重要意义,并理解和认同它。正是凭着这个目标,团队才有了一种方向感,团队成员清楚地知道希望他们做什么工作。共同的目标能够确定基调和方向,同时激励团队成员把个人目标升华到团队群体目标中去,有助于团队把精力集中在团队最希望实现的结果上。

(2)互补的技能。成功团队需要一群有能力的成员,因而团队应该培养起正确的技能组合,而且团队里面每一种技能都是为完成团队目标所必需的能相互补充的技能。如果在组建团队时忽略某些技能、缺少某些必备的技能,团队就不能起步,达不成团队的目标;反之,如果团队中有相同技能可以相互代替的人,就会造成资源的浪费和人浮于事。

(3)相互的信任与合作。合作就是互相认同,取长补短,这样放大了各成员的优点,而缩小了各自的缺点,互相倾听和认同,充分体现团结互助。合作过程中建立明确的责任分工,并相互承担责任。责任和信任是支持团队的保证,团队成员对团队的各方面工作有表达自己意见的权利,自己的观点也应受到公平对待和有益倾听。成员间相互信任,每个成员对其他人的品行和能力深信不疑。通过建立开放、诚实、协作的办事原则,建立互信合作的团队文化。

(4)高昂的士气。士气是内心满足的感觉,团队成员的身上散发着挡不住要参与的热情,相当积极主动。团队成员赞同、拥护团队目标,他们会觉得自己的要求和愿望在目标中有所体现;对工作非常热爱、感兴趣,而且工作也适合个人的能力与特长,对工作能产生满足感。有高昂士气的团队气氛良好,每个人以成为团队的一员为荣。他们一起庆祝成功并总结失败,将失败当作学习的机会并且努力在下一次做得更好。

(5)良好的沟通。沟通是开放和坦诚的,员工开诚布公地发表意见,不同的思想和方法都能够被深入探讨,形成畅所欲言、互相倾听的沟通氛围。团队成员可以通过合作发现并处理分歧。小组的所有成员都参与决策,而且小组可以做出正确决策,推动工作向前。

(6)有力的支持。要成为高效团队还必须依靠内外部环境的有力支持。内部需要有支持团队的人力资源管理体系,包括恰当的绩效考核系统、合理的薪酬和晋升体制等;外部则需要管理层对于团队所需各类资源的供给。

二 领导力提升方法

管理者打造成功团队,需要从多个方面努力提升自己的领导力。

1. 力求使团队具有共同的目标和价值观

团队管理中,由于看问题的角度不同,不同角色成员的目标和期望值是不一致的。在日常工作中,班组长要关注班组成员的思想动态,理解他们的需求,洞察不利于组织目标实现的思想苗头,及时沟通,统一认识,使得团队的努力形成合力。

📖 **小故事**

一条猎狗将兔子赶出了窝,一直追赶它,追了很久仍没有抓到。一牧羊人看到此种情形停下来,讥笑猎狗说:"你们两个之间小的反而跑得快很多。"猎狗回答说:"你们不知道我们两个跑的原因是完全不同的!我仅仅为了一餐食物而跑,而它却为了性命而跑呀!"

这个寓言揭示了:兔子与猎狗做一样的事情,都拼命地跑步,然而,他们的目标是不一致的,其目标不一致,导致其动力也会不一样。

2. 明确团队原则,获得大家认同,并带头执行

国有国法,团有团规。团队原则是团队成员应该遵循的基本规范以及触犯这些原则后的处罚措施,是团队价值观的具体体现。它对于管理团队中的无序和随意化起到很好的约束作用。必须通过立规矩、建标准来实现制度管人。一个强劲的管理者首先是一个

团队规范的制定者。

团队规范既包括规章制度,如:纪律条例、组织条例、财务条例、保密条例和奖惩制度等,也包括潜在的团队规则。好的规章制度可能体现在,执行者能感觉到规章制度的存在,但并不觉得规章制度会是一种约束。团队规范制定要体现以下几点:

(1)取得认同。大家参与制定团队原则和规范,对其内容高度认同。

(2)及时处理。及时处理,恰当运用"火炉效应"。

(3)公正一致。不论什么人,什么时候,都坚决执行团队原则。

> **视野拓展**
>
> ### 破窗理论
>
> 如果有人打破了一个建筑物的窗户玻璃,而这扇窗户又得不到及时的修理,别人就可能受到某些暗示性的纵容去打烂更多的窗户玻璃。久而久之,这些破窗户就会给人造成一种无序的感觉。这个理论说明,对于违背规章制度的行为,应该及时制止,否则长期下来,在这种公众麻木不仁的氛围中,一些不良风气、违规行为就会滋生、蔓延。班组长虽然是规章制度的制定者或者监督者,但更应该成为遵守规章制度的表率。如果班组长自身都难以遵守,如何要求团队成员做到?

3.高度重视班组成员技术、技能水平的发展,并为班组成员创造机会

班组长要不断努力加强班组内各种技术的磨合,同时提高各种技术水平。因为,如果在班组所需的各种技术、技能和实际班组具备的技术、技能之间存在着严重的缺口,那么,没有任何一个班组能够获得成功。因此,班组长要不时地对班组成员具有哪些能力进行评估,帮助他们进行职业生涯规划,为每个团队成员创造进一步发展的机会,提高他们的能力,同时培养起团队成员对团队的忠诚。

4.努力培养班组成员的忠诚与信心,提高士气

班组长要抓住一切机会向班组展示各成员现出色的方面,鼓励人们尊重彼此的能力和技术,而且,当班组成员主动采取行动时,班组长要表明自己欣赏和鼓励的态度。通过这些做法,激励每个人更加忠诚,同时也激励他们具有责任感和自制力。在团队中营造相互尊重、积极主动的风气,营造积极进取团结向上的工作氛围。

为了形成这种氛围,班组长需要做这些努力:奖罚分明公正,对于工作成绩突出者一定要让其精神物质双丰收,对于出工不出力者受到相应的惩罚;让每个成员承担一定的压力,班组长不应该成为"所有的苦,所有的累,我都独自承担"的典型,班组长越轻松,可能说明管理得越到位;在问题讨论上,要民主要平等,不搞"一言堂",充分调动每个成员的积极性。在生活中,班组长需要多关心多照顾班组成员,让大家都能感受到团队的温暖。

只有按照这些原则做事的班组长,才能真正扮演好团队领导者角色,从而激励团队成员形成一种凝聚力。特别是通过亲自参加工作使所有成员感到自己是为一个统一体而共同工作,并且每个人都拥有自己的地位。同时,培养了班组成员的忠诚和信心,增强了他们的职业道德感。

5.区分对待不同团队成员

(1)引导老员工树立"把简单的事做到位就不简单"的工作理念。

不可否认一名老员工在原岗位工作时间越长,其经验就越丰富、技艺越娴熟,但与此同时工作热情会消退,积极性也会降低,因此需要重视发挥老员工的潜能,引导其树立"模范带头"作用,充分肯定其经验与技巧,如:多交流一些管理方面的想法,对其有益的一些建议尽量采用,若暂时用不上的也应给予鼓励;适当安排其给班组新员工培训(模拟服务、案例分析、现场演练等);通过绩效考核,肯定其经验、技艺的优良;强调"丰富的经验和娴熟的技艺"是优质服务的必备条件。

(2)正确对待"明星员工"。

团队需要的是整体的行动力、执行力、目标完成率等。团队的个体之间技能必须具有互补性。正是因为个体差异导致了明星员工的出现,其表特征为:个人能力强大,能独当一面,在团队中常常以绝对的技术经验或销售业绩跃跃领先于团队其他成员,但组织纪律散漫,好大喜功,目空一切,自身又经常定位于团队功臣之列。

明星员工的业务能力是团队所需要的,因此面对这种矛盾时,常常令组织的领导者无所适从,经常采用的办法是:放之任之,采用有别于团队其他成员的特殊政策,明星员工对团队有一定负面作用,长期采用放纵策略其结果会破坏团队的凝聚力,引导团队的组织愿景向非团队发展,甚至瓦解团队组织。

团队是因工作任务挑战性高而且环境不确定性而建设的组织,成员差异性非常大,个人素质、工作技能常常也有区别,这需要组织领导者正确领导、全面沟通,把明星员工融入团队精神、团队文化中,建立明星员工正面形象,同时要把明星员工的分力转为团队的合力,用团队的价值观、团队的约束力等对明星员工作出正确的管理。

(3)积极引导团队中的非正式组织。

团队是全体成员认可的正式组织。而非正式组织的产生有两种原因,一是团队的领导故意行为;二是团队成员在价值观、性格、经历、互补性产生某种一致时产生的。前者是管理者强化自身管理职能的需要,培养亲信,增强管理效力,客观上形成的非正式组织,虽然表面上能够很好进行日常动作,能够提高团队精神,调和人际关系,实施假想的人性化管理,在团队发展过程中,基本上向有利于团队的方向发展,但长期而言,会降低管理的有效性,降低工作效率,从而造成优秀团队成员流失,这种非正式组织通常是松散型组织。而后者则是紧密型非正式组织,其愿景通常与团队愿景不一致,在团队中常常不止一个这样形式的非正式组织,随着这种组织的产生,团队的瓦解之日就会不远。这种紧密型非正式组织会偏离团队的价值观,破坏团队文化,阻挠团队的创新精神的和开拓精神。因此团队领导者在团队中建立非正式组织是不可取的,是基于一种管理水平低下同时对团队极不信任的结果。

如果团队中出现了紧密型非正式组织怎么办?首先,考查评估该紧密型非正式组织的愿景与团队愿景是否一致,对实现团队目标有何影响;其次,影响该紧密型非正式组织的行为规范,融入该组织,对其骨干成员施以影响,并积极引导该组织的活动,从而实现对该组织的有效管理。

素养小课堂

全国三八红旗手姚婕:地铁好站长,乘客知心人

2004年,20岁的姚婕入职武汉地铁,成为一名普通的站务员。姚婕始终坚持"知你心忧,懂你所求"的服务理念,待乘客如亲人。她在平凡的岗位上用实际行动自觉践行社会主义核心价值观,把武汉地铁"拼搏赶超,有诺必达"的企业精神融入工作。多年来姚婕始终坚持工作在客运服务一线,共帮助乘客解决各类问题2000余件,为价值20余万元的900多件失物寻回了失主,接到全国各地近百名乘客送来的锦旗和感谢信,在平凡的岗位上书写了不平凡的工作业绩。姚婕在一线岗位上严格要求自己,用实际行动彰显武汉地铁"楚楚动人,处处精彩"的品牌理念,是名副其实的"最强站长"。为了让每名乘客来得开心,走得舒心,在她的带领下,汉口火车站地铁站创建了"知心姐姐"服务驿站,车站服务三星及以上人员加入了"知心姐姐"团队,并推出了"预约出行、极速导航、安行救急、定位寻物、母婴无忧"等"一站式"服务,不断提升服务品质和服务体验。成立"姚婕创新工作室"。姚婕根据不同乘客的需求进行精准服务,逐渐摸索总结出了一套"点心工作法"——笑容多一点,真心;专业精一点,诚心;行动快一点,热心;说话轻一点,爱心。姚婕"点心工作法"的推广与武汉地铁微笑服务品牌结合,全面提升了武汉地铁运营服务水平。

2015年开始,武汉地铁在姚婕"点心工作法"服务乘客的基础上,结合轨道交通运营线网规模快速扩张的特点,启动"微笑服务"品牌创建工程,营造"顺人心、暖人心、稳人心、聚人心"的良好氛围,力求用有温度的服务满足广大乘客出行需求。武汉地铁"微笑服务"获评中国运输领袖品牌,姚婕负责管理的汉口火车站地铁站班组获评为全国轨道交通行业劳动竞赛先进班组、湖北省工人先锋号、湖北省文明示范窗口、武汉市五一劳动奖状、武汉市青年文明号、武汉市巾帼文明岗等。

面对地铁发展的全面提速,她更加注重育新人、带队伍的光荣使命,将"知心"服务范畴延伸到车站内部,帮助员工形成正确的职业观,不断壮大优秀骨干人才队伍。几年来,共有65名优秀青年在她的带领下先后走上了值班站长的岗位。作为湖北省劳模创新工作室的带头人,她带领"姚婕(劳模)创新工作室"团队发明了"地铁自动售票机单程票缓存装置",极大地提升了工作效率,并已由国家知识产权局受理专利申请。以"第七届世界军人运动会"为契机,创新优化了最美"微笑十分钟"交接班仪式,融合"三语"服务、作业标准和礼仪形象等内容,提高了员工兴趣和对职业的尊崇。她和同事利用休息时间,把全市近百所高校跑了一遍,制作出"武汉地铁高校导乘图"。

"服务无小事,件件要走心",唯有如此,才能真正"知乘客所需,懂乘客所求"。作为姚婕志愿服务总队负责人,几年来,她带领着志愿服务小组利用休息时间参加各类公益、志愿活动数百场,用自己的爱心播撒安全常识,用和风细雨般的耐心灌输学生安全出行、文明乘车的思想。

2020年,新冠肺炎疫情席卷全球,武汉成为重灾区。2月,姚婕和同事们下沉基层后,当起了社区的"守门员""宣传员""服务员"。3月28日,武汉地铁恢复运营。结合疫情防控的现状,姚婕带着员工一起设置异常处置区、张贴实名认证二维码标志、细化消杀标准、确定免洗洗手液放置位置……

姚婕说:"为落实疫情防控工作,我们要慎终如始,不漏一人,但是严格之外,更需要我们用有温度、有人情味的共情心、同理心作为底色,这才是最正确、最优秀的客运服务。"我们既生逢其时,又重任在肩。我们"既是追梦者,又是圆梦人",追梦需要激情和理想,圆梦更需要奋斗和奉献。而正是凭借对轨道交通事业的热爱、奉献与坚守,姚婕赢得了"地铁好站长,乘客知心人"的赞誉,多年来屡获殊荣。

姚婕将继续搭乘"时代的列车",像每一个平凡的你我一样,在追梦路上不负韶华,用实际行动为武汉地铁高质量发展贡献自己的力量!

摘编自武汉地铁青年(2017年5月)

思考:你心目中优秀的团队领导者是什么样子的?请绘制车站值班站长的领导者素质模型。

4.5.2 团队沟通与协作

一 与上级沟通

(一)企业内部沟通形式

大多数企业提倡以开放及双向的形式沟通。例如沟通日、员工大会(或职代会)、公告板、内刊、内部网络、电子邮件及员工活动等。

以某地铁公司为例。若员工通过向其直接主管以口头形式沟通,不能得到令人满意的结果,可以采取以下沟通方式:向其直接主管呈交一份书面说明,若问题仍得不到解决或答复员工不满意,可向其高层主管说明,主管副总,或会同人力资源部进行答复。员工申诉程序如下:首先与直接主管进行讨论、协商;若得不到解决,提交上一级主管协商,人力资源部聆听;若仍未解决,提交职代会或工会与总经理协商解决。

(二)工作汇报方法

工作汇报,分为口头汇报和书面汇报两种。班组长身为管理者,千万不能认为工作汇报只是一个例行工作,它是你与上级沟通的重要方式,也是自我表现的一种绝好工具。

1.口头汇报

如果只是口头汇报,要开门见山,先说结论。不要把时间和精力用来描述你做的事,而首先直接把结果告诉他,报告上级最关心的事情,这叫"利益销售法"。如果时间允许,再进一步详细说明过程。报告内容尽可能简明扼要。

如果是好消息,建议汇报时先感谢他人,再提自己的功劳;报告时信心十足,不含糊;最后,除了向你的上级汇报,最好同时也把好消息告诉你部属、同事等让他们来分享。

如果是坏消息,建议汇报时直截了当地阐述实际情况。如果上级不知道消息,切记不能冒冒失失、大惊失色、惊慌失措,唯恐天下不知,一定要沉住气,先看自己是否可以控制局面,及时更正,如果可以,马上着手补救在先,报告在后;如果自己不可以控制局面,则第一时间向上级汇报,但是最好是单独汇报,不要在人前。

2.书面汇报

书面汇报方面,班组长做得最多的就是周报、月报和专题会议报告了。写书面汇报,需要掌握以下几个原则:

(1)结论放在最前面。不要让上级看了半天,也不知道你到底要说些什么,或者一定要看到最后,才在角落里找到你要表达的结论。

(2)紧扣主题,不要杂乱。汇报时不要漫无边际、杂乱无章。汇报的问题一定要有顺序,轻重缓急有所侧重。

(3)文字简洁,条分缕析。应尽量紧紧扣住所要阐明的中心问题,简明、有条有理。切忌罗列太多琐碎的数字。不要卖弄文采、洋洋洒洒、长篇大论,用平实的文字把事情说清楚就行了,最后标上序号分条说明。

3.汇报时机

完成工作时,立即汇报。工作进行到一定程度时,中途汇报。预料工作将拖延一定时间或出现意外的情况时,及时汇报。

4.汇报准备

汇报前需要梳理以下问题:

我这次找领导谈话主要想达到什么目的?

领导布置工作时是怎么说的?情况发生了什么变化吗?

我现在的工作成效与领导当初的要求有什么距离?什么原因造成的?下一步该采取些什么措施?

> **视野拓展**
>
> #### 电子邮件(E-mail)沟通注意事项
>
> (1)输入信件所必需的头部信息。在电子邮件的"主题"或"标题"一栏,一定要写清楚信件的主题或标题。
>
> (2)信件内容要尽可能简短明了。在撰写内容时,应遵照普通信件或公文所用的格式和规则。邮件正文要简洁,不可长篇大论,以便收件人阅读。用语要礼貌,以示对收件人的尊重。
>
> (3)必要时输入表意符号。
>
> (4)应当定期打开收件箱查看邮件,以免遗漏或耽误重要邮件的阅读和回复。一般应在收到邮件后的当天予以回复。如果涉及较难处理的问题,要先告诉对方你已收到邮件,来信处理后会及时给以正式回复。
>
> #### 微信沟通注意事项
>
> (1)尽量不用语音。除了不方便听,更重要的是:①不利于形成切实的文字/记录;②文字经整理思路/措辞再发送,不会有口误情况发生;③语音通常效率低下(领导有习惯或者要求的除外)。
>
> (2)说明一件事时,编辑文字不要发很多条,而是最好不超过3条。第一条:自报职务/姓名等信息,说明要汇报什么事;第二条:主要事情;第三条:结尾,如"希望尽快得到回复,谢谢"等措辞。二三条合并也可。
>
> (3)若对方未及时回复,通常不要催促;一段时间仍未回复,确是紧急事情再短信、电话询问。

二 与下级沟通

掌握与下属员工沟通的技巧和艺术,对团队领导者无疑有着举足轻重的意义。那么,怎么做才能与下级沟通有成果呢?首先,要信任员工,其次;多了解下属工作状况。

作为上级必要时要提供方法,同时紧盯过程。除此之外,还要学会与不同类型员工沟通,见表 4-5-1。

与不同类型员工沟通　　　　　　　　　　　　　　　表 4-5-1

类　型	特　点	沟 通 要 点
"刺儿头"	有本事但不听话,恃才自傲。我行我素、爱找碴儿、桀骜不驯,难以掌控,优点突出,缺点也明显;拒绝合作,损害团队精神	1. 以激励手段为主,看到他们的长处。给他们些有挑战性的、但做成了回报也比较高的工作。制定比较高的工作标准。要求他们及时汇报。 2. 不承诺,少征求其意见。出现问题及时指出,并做让他心悦诚服的批评。让他们感觉到别的员工也有比他强的地方。让他们意识到这件事不是非他不可。 3. 如果这种态度影响到其他员工,应严肃处理,给他压力
"暴脾气"	脾气暴躁,易生气。有时当面顶撞领导,使人下不来台,影响领导的权威	1. 他火你一定不能火,情绪激动时不要急于做决定。在他们发脾气的时候暂时回避,或者故意低声缓和局面。理解他们的想法与情绪。用委婉的语言提出试探性的问题,找到发火的真正原因。 2. 鼓励他们自己来做决定。 3. 注意表扬他们做得好的部分,哪怕是一件小事。平时用各种方式与他们增进感情。开诚布公地请他们发表反对意见,给他们一个倾诉的机会
"不求上进者"	业务能力平平,对自我要求不高。工作不积极,但也不故意捣乱。	1. 重视他们的意见。事先与他们商量,让他们有参与感,尽量用"咱们"一词,对他们的贡献表示真诚的谢意。 2. 为他们制订个人发展计划。定期帮助他们总结。 3. 加强感情上的交流。给他们一些实际的帮助
"老油条"	对本职工作熟练,但又升迁无望,前途暗淡,故而态度消极,心不在焉,凡事无所谓,通常因资格老不把"新科"的班组长放在眼里。表现为逃避责任。大错不犯,小错不断,不求有功,但求无过,影响团队士气	1. 先礼后兵。首先,在他的优势方面,给予足够的尊重与关注。如作业技巧、熟练程度等,给他机会成为实操的培训示范者,甚至是技能讲师等。接着跟他约法三章,明确告诉他你的要求和期望,恩威并施,彻底收服他的心。 2. 必要时,进行批评甚至处罚

三　与行车调度员沟通

在车站运营工作中,除了车站工作人员(简称车站)之间需要经常沟通外,还需要经常与行车调度员(简称行调)进行沟通。车站工作人员与行调之间的沟通主要围绕运营事件展开,因此沟通的有效性至关重要。

(一)与行调沟通的内容

车站与行调主要围绕运营事件的沟通。运营事件发生时,车站应及时将现场情况报告行调。具体表现为:

(1)报告发生事故具体的位置(上下行/头尾端/门编号/设备编号)。

(2)报告有无乘客受伤,报告是否需要拨打 120/119/110。

(3)报告列车运行是否受到影响;报告已经采取的措施;给出合理建议。

(4)执行调度命令后,报告现场的情况(报告问题是否得到解决;报告乘客是否得到救援或者疏散完毕;报告现场是否具备完全行车条件)。

(二) 与行调沟通的要点

与行调沟通,要求做到3点,即简明、准确、规范。

(1)简明:沟通时内容表达明白、清楚;简要、简洁;语序合理。

明白、清楚即吐字清晰、消除歧义。如北京话有"吃"字和儿化音重的特点,有时候吐字就达不到清晰。如"西红柿炒鸡蛋",说成"凶柿炒鸡蛋";"中央电视台"说成"装垫儿台"。

简要、简洁即避免啰唆、排除无关信息。

语序合理是指先说重要的,后说细节;先说结论,后说过程和原因;先回答行车调度员问的,后说自己想说的。

> **练一练**
>
> 姥爷堂上一面鼓,鼓上一只皮老虎;皮老虎抓破了鼓,就拿块破布往上补;只见过破布补破裤,哪见过破布补破鼓。

(2)准确:明确表述位置和对象;说明即将/已经采取的措施以及是否影响行车。

明确位置,可以通过找参照物来具体定位。

如设备故障表述:位置+设备+状态+即将/已经采取的措施+是否影响行车。

如人员意外表述:位置+人员+状态+即将/已经采取的措施+是否影响行车。

表述过程要求客观描述,即说你看到的;对搜集到的信息加以整理;在行车调度员需要的情况下适当给出自己的建议,不要臆测。除此以外,还要注意通过记录或复诵的方式,与行车调度员确认一致。

(3)规范:沟通用语规范。注意使用名词、设备编号、手台呼号。

与行调沟通的主要方式是通过无线电通信,将手台及时调正线。

在无线通信过程中,必须采取以下方法确保信息准确:引起注意;传送简明的信息;明确要求或有关行动;澄清信息内容。

为加强信息的清晰度,表述时需要注意的内容如下:

要点:先说主要内容;

节奏:保持正常谈话般的自然节奏和模式;

速度:传递整段信息时,保持速度平稳并稍慢于正常谈话时的速度;

音量:切勿呼喊,亦切勿在句子尾段逐渐减弱声量;

音调:音调须较正常谈话时稍微提高。

四 与乘客沟通

城市轨道交通企业一般以优质服务为信念,奉行以人为本、优质服务、务实进取、追求卓越的服务理念。

(一) 企业服务原则

某地铁公司企业服务原则如下:

始终以顾客需求为导向,以建设"人文型"地铁为目标。

坚持"以人为本"的服务理念,树立代表城市形象的意识;坚持服务窗口无小事的"窗口意识";坚持一切以尊重乘客为先的"服务意识"。

坚持"以客为尊,有礼有节;首问负责,微笑服务;遵章守纪、作业标准;坚持原则,灵活处理"的服务原则。

(二)与乘客沟通原则

某地铁公司与乘客沟通的原则如下:

一切以安全运营为着眼点;充分理解并解决乘客急需解决的问题;重视每一个细节;抛却成见,对事不对人;忍耐并思考5秒。

(三)与乘客沟通方式

车站与沟通方式主要有口头沟通、通过车站通告及标签进行沟通、通过车站广播进行沟通。

(四)与乘客沟通技巧

某地铁公司在员工培训中,列举了以下与乘客服务沟通的技巧:保持微笑,亲切热情;积极主动,提供帮助;认真聆听,找准需求;感同身受,表示同情;避免冲突,化解矛盾;有礼有节,自尊自信。

(五)乘客服务信息处理流程

1. 处理原则

(1)营销部由服务专业主管,负责受理信息服务中心转办的各类服务事件,在1个工作日内转发至责任单位,配合责任单位做好录像资料调取工作,并对责任单位回复的服务事件进行回访追踪,最终在规定时间内回复信息服务中心。

(2)站区/中心由主要领导、主管领导作为服务负责人,对服务事件进行调查、亲自与乘客沟通、在规定时间内回复营销部。

2. 处理流程

营销部接到信息服务中心下发各类事件后,1个工作日内转发至责任单位,由责任单位服务负责人亲自调查事件情况,并与乘客进行沟通,在乘客满意的基础上,将最终的事件基本情况、处理意见、各类影音图像资料、整改措施在规定时间内回复营销部。某地铁车站乘客信息处理流程见图4-5-1。

(六)乘客投诉处理

乘客投诉能够暴露工作中存在问题,也是鞭策车站工作的助力。车站在努力提高服务水平,提高乘客满意度的同时,也要充分重视乘客投诉,认真关注乘客需求。

1. 难应付的乘客类型

无法满足型:常常要求你给予过分的关注。

怒气蛮横型:借着一腔怒气希望意愿得逞。

深不可测型:不会告诉你他们想要什么。

自以为是型:爱支配别人,指指点点,常常看不起服务人员。

2. 一般投诉者的心情

失望:"呀,又要再等呀!又要排队。"

困扰:"有没有搞错呀,整日排长队,快点啦,我赶时间。"
愤怒:"怎么搞的,这么慢,旁边那个口为什么不开?"

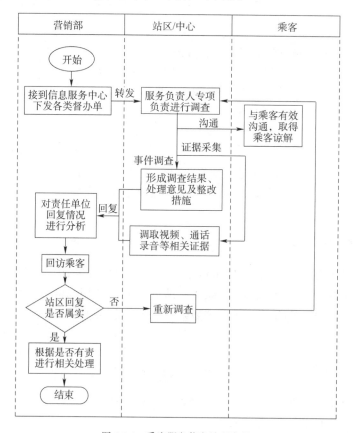

图 4-5-1　乘客服务信息处理流程

注:凡出现车站晚开大门、员工行为举止不礼貌、与乘客发生肢体冲突等情况时,责任单位均需提供视频资料。

3. 处理投诉时沟通要点

不要:争辩、否认感受、过分承诺、主观臆断、不适当的面部表情、找证明和借口、说企业的不是、过分处理等。

必须:有准备、细心聆听;必要时澄清;感同身受;作出道歉;复述及总结;采取即时行动;多谢意见;跟进。

4. 处理乘客投诉的沟通步骤

某地铁车站处理乘客投诉的沟通步骤见表 4-5-2。

某地铁车站处理乘客投诉的沟通步骤　　　　　　　　　　　表 4-5-2

主要步骤	沟通要点
1. 用心聆听并表示理解	保持冷静;从顾客的角度设想;认同顾客的感受,不应表现出抗拒的姿态; 先让对方说完,不作批评或反驳; 在适当时候致歉表示乐意效劳
2. 了解顾客的不满	用心聆听,不作胡乱猜测,亦不应与顾客理论; 利用肯定的身体语言表示你正在细心聆听,如保持眼神接触、面向顾客、点头示意等; 通过提问来澄清不肯定的地方; 复述重点,确保自己理解正确

续上表

主要步骤	沟通要点
3. 提供满意的方案	不但解释原因,还提供解决方案; 如有需要,即时采取适当行动,需要时寻求其他同事协助或请示上级; 如要转介到有关方跟进,可向顾客解释行动详情并达成共识; 如顾客的要求未能满足,可尝试提供其他解决方案; 询问顾客是否满意或需要进一步协助
4. 致谢,从而建立长远关系	多谢顾客提出意见; 重申企业持续改善的服务精神

4.5.3 压力与情绪管理

一 正确认识压力

压力通常总带有负面的含义,似乎这是一件必须避免的事,因为它使我们不舒服,甚至可能导致严重的疾病。这是对压力缺乏了解而产生的认识,其实压力也有积极的正面作用。有时人们需要一定程度的压力来激发自己振作起来去干事。

课堂小测试

压力小测试

请回想一下自己在过去一个月内是否出现下述情况:

(1) 觉得手上工作太多,无法应付。

(2) 觉得时间不够,所以要分秒必争。例如过马路时闯红灯、走路和说话的节奏都很快;觉得没有时间休息,终日记挂着工作。

(3) 遇到挫折时很易发脾气。

(4) 关注别人对自己工作表现的评价。

(5) 觉得上级和家人都不欣赏自己。

(6) 担心自己的经济状况。

(7) 有头痛、胃痛等毛病,难于治愈。

(8) 需要借助烟酒、药物、零食等抑制不安的情绪。

(9) 需要借助药物去协助入睡。

(10) 与家人/朋友/同事的相处令你发脾气。

(11) 与人倾谈时,打断别人的话题。

(12) 上床后觉得思潮起伏,被很多事情牵挂,难以入睡。

(13) 不能每件事做到尽善尽美。

(14) 空闲时轻松一下也会觉得内疚。

(15) 做事急躁、任性而事后感到后悔。

(16) 觉得自己不应该享乐。

计分办法:(1)至(16)条内容,每条内容若从未发生过计 0 分,间或发生计 1 分,经常发生计 2 分。总分:0~10 分说明精神压力程度低,但可能生活缺乏刺激,比较简单沉闷,个人做事的动力不高;11~15分说明精神压力程度中等,虽然某些时候感到压力大,仍可应付,也说明生活有动力;16分或以上说明精神压力偏高,应反省一下压力来源和寻求解决之道。

1.压力的级别

压力包含三个级别:压力不足、健康压力和压力过度,见图4-5-2。

(1)压力不足。

当没有要求也没有压力促使人们行动时,人们就会感觉无精打采和没有劲头。正像有句话说的"人无压力轻飘飘",人总是需要一些压力的。当压力逐渐升高时,人们可获得能量,自身活动能力逐渐上升。

(2)健康压力。

在这个区段,我们的活动能力上升到了顶峰。这时候,我们感觉到"刺激、兴奋以及由机遇引发的需求量所导致的挑战力,并能对压力实施恰当的控制,自身各种反应的变化得体适度"。

(3)压力过度。

当压力进一步增加,或者持续时间很长时,人们开始变得过分紧张,活动能力降低,感到需要调动的能量过大,导致生理、精神和行为发生变化。

进入压力过度状态之后,会出现一两个小时无法承受压力的情况,但一般并不会有太大伤害。如果压力过度形成长期状态,人们就很难承受了。

因为,对于压力,每个人都有一套自己独特的反应方式,也就是每个人的压力曲线的形状各不相同。找出自己响应压力变化的曲线,有助于改善自己处理压力的策略。

2.对压力的反应

"一般适应性反应"理论认为,人遇到压力状况会出现三个反应阶段:警告、抵抗和衰竭,见图4-5-3。

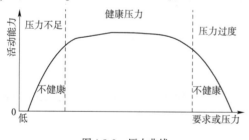

图4-5-2 压力曲线

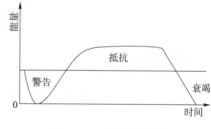

图4-5-3 一般适应性反应

警告阶段,只要时间不太长,并且配合锻炼身体和休闲放松的活动,仍然能使身心恢复均衡协调,一切正常,不会发生什么问题。抵抗阶段,在没有出现什么伤害症状之前,必须进行经常性的娱乐、休闲、放松和休息,人们有机会使自己的应变能力与遭遇的压力相适应。衰竭阶段,可能会导致慢性疾病。

压力过度会导致的后果:厌恶工作;疾病;精神健康问题;吸毒;酗酒;家庭关系、朋友关系破裂;事业荒废;厌烦、无聊、精神不振;不满、抱怨;不愉快、不高兴等。

压力不足会导致的后果:劲头不足、活动懒散;厌烦、无聊、精神不振;平庸琐碎,看不到前景等。

3.压力的来源

压力的来源十分广泛,包括:家庭生活、社会生活、工作场所、个人性格以及内心深处的一些想法。班组长作为一名管理者,必须了解压力来源的相关知识,例如,员工在家庭生活中所感受到的压力,如果隐藏在心中,很可能会带到工作场所,对工作产生负面作用。

城市轨道交通运营企业在面临工作环境变化时,会给不同主体带来一系列工作压力。如冬天下大雪时,不同主体面临不同的压力如下:

政府关心:地铁是否故障或中断运行?交通是否瘫痪?

城市轨道交通运营企业担心:列车无法运行;道岔被冻住;高峰期列车满载率过高造成列车车门故障;列车运行间隔大或设备故障;客运组织难度大;车站防滑用品不够、效果不好,可能造成乘客摔伤事件;水管冻裂;人多拥挤时服务质量变差等。

下文以某城市轨道交通系统列车故障为例,分析压力的形成。

某城市轨道交通系统列车在1号线国贸站至大望路站上行突发故障,无法运行,造成国贸站至四惠东站上下行停运,列车运行区段临时变更为苹果园站至平安里站。

(1)工作变化为非常态化工作,工作量剧增。常态化工作主要包括安检、售票检票、站台巡视等。非常态化工作包括出入口只出不进的客运组织、退票、发放延误证明、临时清人、广播宣传等。

(2)资源压力增大,主要表现在人力、物力、财力方面。如常态化工作需要站务员6人,安检、售检票工作需要2人,车站控制室监控设备工作需要2人,需要值班站长1人。非常态化工作需要站务员13人,出入口客运组织工作需要4人,退票、发放延误证明工作需要4人,临时清人工作需要3人,广播宣传工作需要1人,需要值班站长1人。退票需要大量现金特别是大量零钱,需从邻站借调、从超市兑换等。

(3)恢复准点运行压力增大。若乘客越来越多,影响会越来越大,宣传解释处理难度会越来越大。

(4)安全行车风险大。临时终点站平安里站是无道岔车站,列车需要在国贸上行站前道岔折返,司机需要通报车次、核收命令、汇报现场情况。

(5)突发事件演变非常快,需要随机应变。

二 从容应对压力

一旦找到自己压力的来源,认清自己对压力的反应方式,就应当考虑运用哪一种方法应对压力。

1.减少压力来源

当压力超过自身承受能力,就应当设法消除一些压力的来源。在工作中,可以选择适当机会和方式从某项工程撤出,或者向自己的上级解释清楚,请求减轻工作负担。运用说"不"的能力也是减轻累积压力的一条途径。

从紧张的环境中解决一个问题,常常会对其他压力的缓解带来意外的效果。例如,纠正了奢求尽善尽美的毛病,一方面减轻了工作压力,另外还能改善与家庭和同事的关系,随之还会有其他良好的连锁效应。

2.增强对压力的适应能力

如果你感觉对自己的要求与自己的承受能力之间的差距不算太大,那么可以改进自己的适应能力。

(1)消除影响较小的压力。消除方法:深呼吸三次;伸懒腰、活动腰腿、散步;冷静自问,下一周或下个月,这点小事是否不再影响工作。使这些方法形成习惯,可以避免紧张因素日复一日地累积。

(2)改善生活习惯。改善生活习惯可增加抗压适应能力,有利于对付现存的和新产生的压力。改善生活习惯的要点大致包括:进行全天放松,比如,可以找时间临时小睡;进行定时的深度放松,例如按摩,一周三次;体能锻炼,每次应达到心跳加速时间 20min,比如跑步、游泳、跳舞或其他运动;采用合理的食谱,每天都摄入新鲜水果和蔬菜,具有低盐、低糖、低饱和脂肪、丰富的纤维素的食物。

(3)减少自身引起的压力。压力的影响与自身对压力的反应方式有关。学会把消极的想法(如不恰当的内省)改变成积极的想法(如恰当的内省)是行为果断的基础。改变有害的想法包括如下几方面:辨明不恰当的想法,一件紧张事件过后,反省当时头脑中存在的想法,发现有任何一点不适当之处,都要把它写下来;找出一种更为恰当的信条或对策,把它写下来,目标瞄准"双赢"效果。

3.急性压力管理及松弛技巧

处理突发事件时,惊慌会导致一系列问题。惊慌的代价主要表现为:视野缩窄、妨碍回忆、降低创意及缩窄思想范围、降低解决问题能力、增加错误等。因此松弛在应变时特别重要。

(1)基本松弛技巧。呼吸(用于繁忙时间之后,惊慌之后。呼吸时使用稳定及有节奏的横膈膜呼吸法——保持胸部不动,腹部呼吸);松弛肌肉(不要使肌肉过度紧张);保持放松不紧绷的姿势;冥想(专注身体每一部分;回想美好的景象,逐个回忆)。

(2)面对紧急事故。冷静地呼吸(三次深呼吸);松弛肌肉(保持舒服及有效的姿势);对环境保持适当的视野接触;回忆解决方法的景象并遵行其步骤;保持平稳呼吸及肌肉松弛。

三 挫折管理

挫折是指个体愿望遭受到阻碍之后所引起的心理行为变化。挫折在超出个体可能经受的不满意程度时才表现出来。挫折是一种主观感受,对某一个人构成挫折的原因,对另外一个人来说并不一定构成挫折,它与每个人承受挫折的能力密切相关。

1.挫折产生原因

(1)客观原因。客观原因包括自然环境与社会的原因。自然环境的原因,如洪水、旱灾等;社会的原因,如社会风气、制度等。

(2)个人内因。个人内因,如个人的主观感受。心情比较压抑的人,总是会有一种挫折感,感到自己事事不如意和顺心。

2.挫折容忍力

不同的人对挫折的容忍能力不同,有的人灰心丧气,有的人百折不挠;惜才的人能承受工作中的挫折,却不能容忍自尊心受到伤害;有的人能忍受别人的侮辱,但面对环境障碍却焦虑不安。遭受挫折时免于行为失常的能力称为挫折的容忍能力(挫折的承受能力)。通常人的挫折容忍力高低将受下列三个方面的影响：

(1)生理条件。身体健康、发育良好的人心胸都比较开阔，承受挫折的能力也相应地比较强。

(2)过去的经验与学习。挫折在某种意义上是一所学校，过去所受的一些磨难和挫折可能对今后的工作或事业是一个更好的激励，使人变得更加成熟。

(3)对挫折的认知和判断。由于个人的经验不同，对事物的认知也有比较大的区别，感受和反应也就不同。有的人对挫折的反应非常敏感，而有的人则能比较淡然地看待这些挫折。作为一名管理者，尤其要提高自己抵抗挫折的能力，应该以更加平常的心态来对待工作中和生活中的挫折。

3. 受到挫折的反应

(1)攻击。有人受到挫折以后容易产生攻击行为，包括直接攻击对方；也有人攻击自己，这实际上是一种自虐行为；还有人攻击不相关的人。这种攻击性行为常常会影响工作质量和服务质量。例如，像服务性行业，民航、铁路、公交等行业的职工中的个别人，有时会对旅客有一些不礼貌的行为，其原因在于受到了不公正的待遇，于是把旅客当作了出气筒。如果不能进行良好的挫折管理，那么员工带着情绪，可能就会给客人提供劣质的服务，作为一名班组长尤其应该注意这一点。

📖 **小故事** ————————————————————————————

控制自己的坏情绪

某个企业的老板针对员工上班迟到下了一个命令，以后谁迟到就扣谁的奖金，可是偏偏在这一命令生效的第一天，老板由于在上班的途中闯红灯被罚款了，而且自己也迟到了，一肚子无明火不知道朝谁发，又不好意思说。来到办公室以后，老板正在生闷气，主管向他请示工作，这时老板把一肚子的无明火朝主管发泄，把这个主管训了一通，主管被骂得一头雾水。老板把恶劣的情绪传染给了主管，主管带着一肚子无明火回到部门，一进门，秘书来了，向他请示问题，主管把秘书当作出气筒。秘书不知道为什么挨了一顿骂，把一股恶劣的情绪带回了家，这时她儿子扑到她怀里，一边喊着妈妈，一边撒娇，秘书把儿子往旁边一推，责骂儿子。儿子受了委屈，只能向更弱者发火，正好这时猫在小孩旁边撒娇，小孩踢了猫一脚。这是一种典型的坏情绪的传染过程。坏情绪传染危害不小，甚至伤到自己，一定要尽力规避。

(2)不安。不安常表现为失去信心，乃至绝望、茫然、担忧，生理上表现为头疼、冒冷汗、心跳加速、胸部紧缩、脸色苍白。

(3)冷漠。有人受到挫折以后以一种非常冷漠的态度对待周围的人和环境。

(4)固执。固执又称为钻牛角尖或偏执，可能会导致一些完全错误的，甚至盲动的行为出现。

4. 防卫方式

文饰，即找出一些理由为自己辩护；逃避，即假装生病，逃避挫折；压抑，把自己的不安、欲望强压下去，喜怒不形于色；投射，即把自己的动机和想法转嫁到别人身上；替代和升华，即转移注意力，努力争取其他方面的成就；容忍和反向，严重时发展为伪装，即表面上与对方同心同德,实际却是离心离德。

5. 不良情绪的自我调节

不良情绪的来源多种多样,常见的如:你弄错了,顾客觉得自己全对;顾客想得到特别优待;顾客在公众地方大声投诉;"我要见你们领导"。

生活中人人都会碰到不良情绪的困扰。一个心理健康的管理者能用理智驾驭自己的感情,排遣、宣泄、控制和调适不良的情绪,做自我调节情绪的主人。通常有如下调节方法:

(1) 合理排遣与宣泄。

"喜怒不形于色",压抑自己的情绪反应,不仅会受到不良情绪的困扰,还会导致产生某些心身疾病。因此对不良情绪的排遣宣泄是自我调节的一种好方法。不过情绪的宣泄应该是合理的。迁怒于人,找替罪羊,往他人(丈夫、妻子、孩子、顾客、同事)身上发火、出气;或摔壶碎碗,把气撒在东西身上;或发牢骚、讲怪话、甩手不干,往工作上出气等,都是不可取的。合理的宣泄方法有:心中有委屈、愤怒、不平的事,可向领导、同事、亲人倾诉;矛盾双方开诚布公、交换意见、解开疙瘩、消除误会;大哭一场,释放积聚的能量,调整肌体的平衡;用运动或干体力活的方法,累得满头大汗,精疲力竭,也是一种能量的释放。

(2) 理智消解法。

缺乏理智容易与人发生矛盾,产生冲动行为。在失败、挫折、冲突、困扰面前,用理智消解法可以控制个人的情绪。例如,当受批评而不服气的时候,如果冷静地检讨反省,可以减轻心理紧张;与人发生争执时,理智地站在对方立场上设想,会变得心平气和;当受他人的干扰、欺负而感到委屈时,若理智地谦让,不与对方一般见识,可以缓解矛盾;在矛盾激化时,"三思而后行"。

理智消解法主要表现为:正面思考及理解问题;控制冲动的言语及行为;提醒自己冲动的后果;如果情绪太激动,可能的话,暂时停止处理问题,交由其他人处理(易人处理);先处理情绪(聆听、分享),后处理问题(澄清、建议、行动);防止对方情绪激动;避免恶性循环;避免侮辱性言语;保持对方面子;避免增加对方压力;避免要对方实时做决定或表态。

(3) 注意转移法。

当火气上涌时,有意识地转移话题或做点别的事情来分散注意力,便可使情绪得到缓解;当悲伤、忧愁情绪发生时,先避开某种对象,不去想或遗忘掉,可以消忧解愁;在余怒未消时,可以通过运动、娱乐、散步等活动,使紧张情绪松弛下来。注意转移的原理是在大脑皮层产生一个新的兴奋中心,通过相互诱导、抵消或冲淡原来的优势兴奋中心(即原来的不良情绪中心)。

(4) 升华法。

升华法是将消极情绪导向比较崇高的有利于建设与创造的行为的方法,这是较高级水平的宣泄,是将情绪激起的能量引导到对社会有利的活动方面去的方法。例如,歌德年轻时,曾因失恋而绝望,后来抑制了这种轻率行为,把自己的爱情遭遇作为素材,写出了世界名著《少年维特之烦恼》。这是艺术升华的典型。当亲人或师长去世时,产生悲哀情绪是人之常情,但是过于悲痛容易伤身并使人精神不振。化悲痛为力量,用工作与事业的成就来寄托人们对亡者的哀思,也是一种升华。遇到不公平的事情,一味地发牢骚、生气、憋气是无济于事的,正确的态度应该是"立志、争气",将挫折变成动力,做生活中的强者。

(5)自我安慰的方法。

当碰到某种不顺心的事件时,为了减少内心的失望与痛苦,人们常找某种"理由"来安慰自己。主要的自我安慰法有:"酸葡萄心理"和"甜柠檬心理"自我安慰方法。这是用某种理由来冲淡内心不安与痛苦的方法。偶尔使用有缓解情绪的作用,但不建议经常采用。

> 学习笔记

班级		姓名		学号	
学习小组		组长		日期	

任务实施

1. 手持通信设备(手台)对话练习

(1)情境1:车厢内有乘客发生肢体冲突。

(2)情境2:登乘列车巡视区间设备时发现一处漏水点。

(3)情境3:站台紧急停车按钮被按下。

2. 沟通练习

模拟情境:春节将至,夫妻双方都想对方跟着自己回自己老家过年。请学习者以两人一组,饰演一对夫妻,选择合理方式进行有效沟通,要求既不委屈自己又不强加于人,最终达成共识。

任务评价

请填写表4-5-3,对任务实施效果进行评价。

任务评价表　　　　　　　　　　　　　　　　　　表4-5-3

评价指标	分值(分)	组长评价(40%)	自我评价(20%)	教师评价(40%)
1.情境1用语规范标准	10			
2.情境2用语规范标准	10			
3.情境3用语规范标准	10			
4.沟通练习中的用语合乎情理,并能达成共识	30			
5.视频人员演出认真规范	20			
6.视频拍摄画面清晰	20			
任务成绩				

总结反思

参 考 文 献

[1] 周三多,陈传明,贾良定.管理学——原理与方法[M].7版.上海:复旦大学出版社,2005.
[2] 陈琳,龚秀敏.管理学原理与实践[M].北京:国防工业出版社,2013.
[3] 吴戈,关秋燕.管理学基础[M].2版.北京:中国人民大学出版社,2019.
[4] 张星臣.城市轨道交通运营管理[M].北京:高等教育出版社,2017.
[5] 毛保华.城市轨道交通系统运营管理[M].北京:人民交通出版社,2006.
[6] 颜景林.城市轨道交通运营管理[M].成都:西南交通大学出版社,2014.
[7] 徐杰.城市轨道交通运营管理[M].北京:中央广播电视大学出版社,2015.
[8] 永秀.城市轨道交通车站运作管理[M].2版.北京:机械工业出版社,2016
[9] 张景霞.班组管理基础[M].北京:中国电力出版社,2008.